大学体育选项教程

冯　伟　主编

苏州大学出版社

图书在版编目(CIP)数据

大学体育选项教程 / 冯伟主编. —苏州：苏州大学出版社，2020.7(2023.8 重印)
ISBN 978-7-5672-3197-9

Ⅰ.①大… Ⅱ.①冯… Ⅲ.①体育—高等学校—教材
Ⅳ.①G807.4

中国版本图书馆 CIP 数据核字(2020)第 104360 号

大学体育选项教程
冯 伟 主编
责任编辑 周建兰

苏州大学出版社出版发行
(地址：苏州市十梓街 1 号 邮编：215006)
常熟市华顺印刷有限公司印装
(地址：常熟市梅李镇梅南路218号 邮编：215511)

开本 787 mm×1 092 mm 1/16 印张 18 字数 394 千
2020 年 7 月第 1 版 2023 年 8 月第 5 次印刷
ISBN 978-7-5672-3197-9 定价：46.00 元

若有印装错误，本社负责调换
苏州大学出版社营销部 电话：0512-67481020
苏州大学出版社网址 http://www.sudapress.com
苏州大学出版社邮箱 sdcbs@suda.edu.cn

《大学体育选项教程》编写组

主　编： 冯　伟

副主编： 刘　超　殷洁森　董爱霞　李林朱

成　员：（按姓氏拼音为序）

曹　宏　常　华　华宝元

李　博　李　铎　李　凡

刘　玲　盛　鑫　时国兴

唐　益　王海波　王　坤

谢友成　赵子林　周玉亮

前言

Preface

根据《全国普通高等学校体育课程教学指导纲要》和《教育部关于印发〈高等学校体育工作基本标准〉的要求》，全面贯彻落实新时代学校体育工作的重要使命和目标，帮助学生在体育锻炼中享受乐趣、增强体质、健全人格、锤炼意志，培养德、智、体、美、劳全面发展的社会主义建设者和接班人，我们组织了有丰富体育教学工作经验的教师，结合我国高等学校体育课程改革的研究实践，编写了《大学体育选项教程》。

本书共有 20 章，从高职院校体育教学的实际出发，以学生为本，将当前学生喜爱的一些运动项目编入其中。本书紧紧把握“健康第一”的指导思想，在追求科学性、时代性的同时，兼顾知识性、娱乐性和趣味性，力求实现体育与健康教育的深度融合。此外，本书在内容和结构上突出学生的主体地位及教材的使用价值，在文字上力求通俗易懂，在表达形式上尽力做到图文并茂，以更好地激发学生的学习兴趣，助推学生运动技能的形成，培养学生的终身体育意识，促进学生的身心健康发展。

本书在编写过程中参阅了大量相关文献资料，在此谨向相关作者致以衷心的感谢。

由于编者水平有限，书中难免存在不妥之处，敬请有关专家和广大读者批评指正。

目　录
contents

第一章　体育概论

体育在我国是社会主义现代化建设事业中的重要组成部分，对增强人民体质、培养良好的道德品质和心理素质具有重要的作用，在改革开放进一步深入和市场经济进一步发展的新形势下，体育更显示出它的特殊功效。

第一节　体育的产生与发展

一、体育的起源与发展

体育是人类社会出现以后才逐渐形成的一种社会活动。了解体育的产生和发展概况，就可以帮助我们认识体育的本质。

（一）体育起源于生产劳动

早期的人类还不懂得耕种，只能过着渔猎生活，以狩猎和采集植物的果实、根茎等维持最基本的生活。人类在求生存的斗争中，逐步发展了走、跑、跳的生活技能。今天的各种体育运动项目，多半与走、跑、跳有关，并以此为基础，组成各项运动。早期的人类社会，“人少而禽兽众”，在围捕或防御凶猛野兽侵袭时，有时徒手与动物搏斗，有时手持棍棒与动物搏斗，这样，就逐渐形成了徒手的和器械的攻防格斗技术。

原始社会末期，部落间为了争夺地盘，经常发生战争，武术就是在长期的生产劳动和军事斗争中逐渐形成、发展和完善的。

古人去采集野果，要登山爬树，这就发展了攀登和爬越的技能。为了捕鱼，古人学会了在水中沉浮的技术，这就是人类最早的游泳。

以上这些就足以证明今天的体育源于生产劳动，同时，生产劳动又促进了体育的发展。体育是根据人类生存和人类社会的需要而产生的。

（二）体育的发展

随着人类社会的不断进步，人们通过劳动实践和日常生活积累了相当多的劳动知识技能和生活经验，使得劳动所得有了剩余，人们不需长年累月、起早摸黑地劳动，也可以得到基本的生活保障。这时人们就利用空闲时间，通过做游戏的方式，学习基本知识和技能。

体育的发展与军事密切相关。一些项目既是军事内容，又是体育项目。例如，大约在1340年，欧洲出现了首批炮兵队伍，当时所用的炮弹是一个圆球，重约16磅

(1 磅=0.453 592 4 kg)。士兵们利用和炮弹形状、重量相似的石头，做投掷游戏的比赛，后来把石头球改成了金属球，逐渐变成了现在的铅球，于是产生了铅球运动。

体育的发展与人们的休闲娱乐有着密切的联系。许多体育项目是人们在休闲娱乐中发展起来的。例如，1891 年，美国旧金山体育教师詹姆斯·奈史密斯，在健身房看台的栏杆两边挂上竹篮，把人分成两组，往竹篮里投球，当时只是一种娱乐游戏，后来演变成如今风靡世界的篮球运动。

体育的发展与教育紧密相连。在教育形成独立的体系后，体育始终是教育的重要组成部分。奴隶社会时期出现了学校这种专门的教育机构之后，体育就成为学校教育的重要内容。我国殷商时期“学宫”中的射箭，古希腊雅典教育体系中的“五项竞技”（角力、赛跑、跳跃、掷铁饼、投标枪）等内容就是例证。

二、现代体育的发展趋势

随着现代科学技术的迅猛发展，体育在当今社会也得到了迅速发展。随着体力劳动强度的降低，营养的相对过剩，现代人需要从根本上改变生活方式，提高生活质量，进而推动以健身娱乐和休闲为目的的大众体育蓬勃兴起，人们对体育活动能助长发育、增强体质、防治疾病、延年益寿等效能的认识不断深化，因而使体育的内涵得到了进一步的充实和发展。在现代社会，体育已成为社会文明和健康生活方式不可缺少的重要组成部分。

1. 体育日益成为人们生活的需要

现代社会的生产和生活方式，使体育日益成为人们迫切的需要。首先，社会高度自动化、电子化、信息化后，人们的体力活动日益减少，工作时间缩短，余暇时间增多，营养过剩，以致出现了现代社会的“文明病”，如心血管系统疾病、肥胖症等，而防治疾病最积极有效的办法就是参加体育锻炼。其次，随着物质生活越来越丰富，人们必然需要更多、更高的精神文化生活，其中包括体育活动。体育成为提高人们生活质量，满足人的机体需要和精神享受的一个重要手段，成为人们文明、科学、健康的生活不可缺少的组成部分，甚至可能上升为人们业余生活的第一需要。据统计，在一些发达国家，经常参加体育活动的人口已达到总人口的 60%~70%。

2. 竞技运动向高水平、职业化方向发展

国际体育竞赛吸引着成千上万的群众，并产生着多方面的影响，因此受到各国普遍重视。经过现代化的科学训练之后，专业运动员的运动技术水平已达到相当高度，竞技运动成为只有少数具有很高天赋条件的人才能参加的事业，并向着专业化、职业化的方向发展。竞技运动作为社会活动，将逐步脱离体育的健身物质功能，而向精神功能转化，即成为人们精神激励和观赏、娱乐的方式之一。因此，运动技术的发展将更加取决于它的观赏价值，那些富于艺术性的、健美的、变化多端的技术和项目将更受人们的欢迎，将会得到更好的发展。

3. 体育科学研究迅速发展

现代科学技术被广泛地应用于体育运动的实践，这是现代体育发展的重要特点。体育科学已成为一门综合性的学科。运动训练是一个多因素、多变量、多层次的系统工程，运动能力的增强牵涉运动员的体形、体质、素质、机能、心理、技术、智力以及许多社会因素。要最大限度地挖掘人体的潜能，必须依靠哲学、社会学、教育学、心理学、医学、管理学、预测学、情报学、生理学、遗传学、生物学、生理化学、控制论等多门学科的综合研究，并广泛运用电子计算机、光电技术、遥控遥测等最新科技成果。因此，人们常说，竞技运动是科学技术的展示，运动场上的竞争实质上是科学技术的较量。

第二节　体育的地位与功能

一、体育的地位

（一）社会体育的地位

社会体育涉及众多的参与人群，各个阶层、不同年龄阶段以及不同性别的人都有参与。另外，社会体育与社会生活的各个方面都有密切的关系，如经济发展、城市建设、体育教育、精神文化建设等方面都与体育密切相关。因此，社会体育具有非同一般的地位。

1. 大众化的地位

所谓大众化，就是将社会上少数人参与的体育运动逐步扩展到多个社会阶层，使得大众都参与其中，这是体育运动由少数人走向多数人的过程，在这一过程中，体育运动逐渐普及大多数人的日常生活中。

纵观体育运动项目的发展过程，不难发现，很多体育运动是从贵族阶级的特权文化逐渐发展而来的。真正意义上大众化的体育运动是从工业革命开始的。在这一发展进程中，体育运动逐渐由资产阶级的富裕阶层向普通大众普及，成为在社会上广为流行的运动。

20 世纪以来，体育运动的大众化发展趋势所表现出来的特征为：很多国家将竞技体育作为一种发展体育运动的平台，来推动本国体育运动的发展和普及。国家充分利用竞技体育精英的引导和模范作用，尽可能地吸引大众参与其中，推动体育运动的大众化发展。随着人们生活水平的提高，人们的体育参与需求进一步增强，各国也逐渐认识到体育大众化对增强国民体质以及发展国家经济的重要推动作用。因此，体育大众化的发展趋势更为明显。

2. 社会化的地位

体育运动的大众化和社会化是相互联系的统一体，随着大众化的推进，体育运动的社会化进程也逐步加快。所谓体育社会化，是指体育运动逐渐由过去的国家和教育机构兴办转变为依靠整个社会的力量兴办。近年来，体育运动蔓延至各行各业，社会团体、组织机构、家庭、个人等都开始开展相应的体育运动。

随着竞技体育和体育教学的深化，面向大众的社会体育逐渐分化出来。大众体育极大地满足了人们增强体质和健康的需求，对于现代人具有重要的意义。竞技体育、学校体育与社会体育三者之间是密切相关的统一整体，它们相互影响，共同促进。随着现代文明的进步，竞技体育开始出现，它是以创造优异成绩为主要目的的体育运动形式。竞技体育促使人们不断激发自身的潜能，有效地促进了运动技术和技能的发展，并且其高度的观赏性也吸引了众多人的目光。正是竞技体育具有吸引人们注意力的性质，并且能产生巨大的商业利益，促使其得到了更加快速的发展。学校体育则实现了体育知识的发展和传承，促进了人们正确体育观念的形成，如终身体育理念。社会体育是学校体育、竞技体育强大的基础，没有全社会成员对于社会体育的广泛参加，学校体育和竞技体育的发展将会举步维艰。

需要指出的是，虽然竞技体育能够在较为广泛的范围内吸引人们的注意力，但是其吸引人们注意力的作用是阶段性的，其所起到的实际作用带有一定的局限性。参与竞技体育的人数较少，人们对于竞技体育也可能仅限于观赏这一层次。而社会体育所起到的作用是深远而巨大的，社会体育使得整个社会的不同群体共同参与其中，并且具有较长的持久性，对于人们的实际效用也更为突出。

（二）学校体育的地位

体育和德育、智育有机结合，构成学校教育的主要内容。学校体育是一种独具特点和多功能的社会活动方式，它对个体学生和整个社会都有着重大而深远的影响。

1. 学校体育是贯彻社会主义教育方针，培养德、智、体、美、劳全面发展人才的一个重要方面

在我国，学校培养人才的质量标准和目标是使学生在德、智、体、美、劳等方面得到全面发展，使之成为有理想、有道德、有文化、有纪律的社会主义建设者和接班人。

社会主义现代化建设要求学生既要有坚定正确的政治方向，热爱中国共产党，热爱祖国，全心全意为人们服务，又要具备一定的文化水平和专业知识，掌握为现代化建设服务的本事，同时还要有健康的体魄。没有健康的体魄做后盾，难以在现代化建设中发挥应有的作用。

2. 学校体育是提高国民体质水平的一项重要战略措施

青年学生正处于生长发育的旺盛阶段，经常参加体育锻炼，能促进机体的生长发育，提高身体素质，为一生的幸福打下坚实的基础。根据遗传学和优生学理论，一代人身体强壮，能使后代人体质一代胜过一代，从而逐步提高中华民族的体质水平。

青年学生是祖国的未来和民族的希望。青年学生的体质水平是中华民族体质水平的象征和标志。学校体育教育的目标是使学生的身体得到良好的锻炼，体质水平不断提高，同时培养他们终身参与体育锻炼的良好习惯，使他们能以充沛的精力、健康的心态和强健的体魄去从事学习和工作。

3. 学校体育是发现和培养体育人才，为国家输送优秀体育后备力量的重要源泉

在学校体育教育中，可以及早发现体育苗子，再对其进行系统和科学的训练，使之成为国家优秀体育后备人才。因此，学校体育应该在普及的基础上，重视业余运动训练，并有目的、有计划和有组织地开展业余运动训练工作，使学生掌握基本的体育知识和技能，提高学生的身体素质和运动技术水平，为国家培养体育后备力量。

4. 学校体育是促进学生身心和谐发展的一个重要组成部分

随着年龄的增长，学生的自我意识不断增强，个性特征逐渐明显，但是意志品质发展还不稳定，身心不平衡，性格也不成熟。学校通过开展多种体育活动形式，能有效地帮助学生稳定心理状态，进行自我调整和提高自控能力等。学校体育教学中，应重视学生主体意识和兴趣爱好的培养，不断深化教学改革，不断创造新的教学模式和活动内容，有效地促进学生身心的全面发展。

二、体育的功能

体育的功能是指体育以其自身特点作用于人类和社会所能产生的良好影响和效益。体育的功能主要包括体育的个体发展功能和社会发展功能。

（一）体育的个体发展功能

体育的个体发展功能主要反映在健身、健美、益智和保健等方面。

1. 健身功能

人的生存需要是发展和享受需要的基础。“生命在于运动”，体育正是通过身体的运动来体现它的这一本质功能的。现代人常说的“身体好才是真的好”“好的身体是幸福之本”，都充分说明健康对于现代人的重要性。“花小钱来运动，不生病省大钱”正在成为一种时尚理念，被越来越多的人所接受。体育这种全面增强人的体质的效用就是健身功能。这一功能主要表现在：

（1）促进机体的生长发育，提高运动能力和适应能力。

（2）提高中枢神经系统的工作能力，使人头脑清醒、思维敏捷。

（3）调节人的心理，促进个体心理健康，使人朝气蓬勃，充满活力。

（4）防病治病，推迟衰老，延年益寿。

此外，体育的健身功能还体现在提高人体的力量、速度、柔韧、耐力及协调性等运动素质上，也为更好地掌握各项运动技术、提高人体的运动能力奠定了基础。人们在收获健康的同时，也从运动中得到乐趣，如此良性循环，进一步体现了体育的健身功能。

2. 健美功能

人体是以均匀的体型、线条明朗的体姿、刚健有力的躯体、饱满强壮的肌肉、充满生机的活力来显示人体的健美和力量的。体育锻炼的主要功能表现在：发达肌肉，增长力量；增进健康，增强体质；改善体形、体态；调节心理活动，陶冶美好情操；提高神经系统机能，培养顽强的意志品质。

3. 益智功能

人类大脑的智力活动可分为感知、记忆、思维和创造四个部分。在体育运动时，人的视野开阔、听觉灵敏，极易捕捉瞬息万变的各种信息，提高中枢神经系统的转换速度和稳定性；同时，大脑皮层处于兴奋和抑制的交替过程中，有助于提高大脑的调节功能，从而使记忆、思维和创造等环节的功能有所改善，进而促进智力水平的提高。体育促进了人的体质，体质的增强又促进了智力的发展，体质与智力发展呈正相关。

4. 保健功能

体育的保健功能表现在运用体育手段预防疾病和治疗疾病、康复身心、调节心理功能等方面。通过身体锻炼可以改善和提高人的呼吸系统、循环系统、运动系统的功能，加速新陈代谢、吐故纳新，增进人的机体免疫力，防治疾病，延缓衰老，保持旺盛的体力和精力，延年益寿。

5. 人格塑造功能

人格，是指个体内在的行为上的倾向性，它表现为一个人在不断变化中的全体和综合，是人在社会化过程中形成的富于特色的身心组织。通俗地说，人格是人们在其言行中所体现的人的性格、品格和风格。一般来说，人格由三方面因素构成：智慧、道德情感、意志。这三方面因素相互依赖、相互制约，构成统一的人格特征。完美的人格是现代社会发展需求所产生的一种新型人格，其特点是具有灵活敏锐的思维方式、求实创新的工作作风、争强好胜的竞争意识、锐意进取的拼搏精神、充满热情的爱国主义。体育对人格的塑造主要表现在以下几个方面：

（1）培养审美意识，提高审美能力。

（2）提高道德水准。

（3）健全人格。

体育运动往往要求参与者灵活运用所学技术、技巧，奋力拼搏，相互合作，并有强大的精神动力。因此，体育对人格的塑造是在不知不觉中培养起来的，且能在生活的其他方面体现出来。

6. 人际交往功能

人际交往包含两方面的含义：从动态的角度说，它指人与人之间的信息沟通和物品交换；从静态的角度说，它指人与人之间已经形成起来的关系，即通常所说的人际关系。体育运动是增进人们之间接触和交往的良好手段之一，它能缩短人与人之间的距离，以健康的心理互相沟通。人们在体育活动中形成的合作、竞争、遵守规则的意识和行为，通常会迁移到日常生活、学习和工作中，有利于人们理解和遵守社会规范的意义和重要性，有利于形成尊重他人的观念，从而促进人际关系的和谐发展。体育的人际交往功能主要表现在：

（1）促进人际交往中良性竞争氛围的形成。

（2）促进人际交往中健康心理的形成。

（3）促进人际交往中良好合作和竞争精神的形成。

体育有利于人的“社会化”。体育竞赛，特别是在集体项目的竞赛过程中，要想取得胜利，就需要参与者相互信任、团结协作，为了共同的目标舍弃损害集体利益的个人行为。体育的这种“模拟社会”的功能可帮助参与者提高人际交往的能力。

（二）体育的社会发展功能

随着社会的不断发展，体育的社会功能必将越来越多地被发现和应用，更加出色地为人类的物质文明和精神文明的建设服务。

1. 政治功能

体育受政治的制约性很强，政治往往能影响到体育的目的与任务；反之，体育又能影响和反作用于政治。具体表现在以下几个方面：

（1）体育能为国争光，振奋民族精神。国际体育竞赛是和平时期国与国之间竞争的舞台，也是显示一个国家政治、经济、文化水平的窗口。因此，比赛的胜负直接关系到国家的荣誉，现代世界各国无不重视体育运动的政治意义。

（2）体育能为外交服务。体育是超越世界上任何语言和社会交流障碍的国际语言，可以增进各国人民之间的了解和友谊，加强交流与合作，是一种文化交流的工具。

（3）体育是促进国内政治团结的重要因素。在群众性体育运动中，可加强人际交往，满足人们交往的需要。竞赛活动、群众性登山活动、野营活动、余暇体育活动等可以增强人们之间的交往，培养一致的社会情感，使人与人之间充满团结、和睦的气氛。在观看体育比赛的过程中，球迷们表现出高度的凝聚力。体育的内聚力可以提高一个团体的向心力，促进团结。一个国家的体育竞赛可以促进国内的政治稳定、民族团结和爱国热情。

2. 经济功能

在当今市场经济大环境中，体育不仅早已不是陈旧概念中的福利事业，而且还发展成为一项非常重要的产业。世界各国都非常注意发挥体育的经济效能，体育的经济价值越来越被人们理解、接受和推崇。在现代社会中，体育运动促进经济发展主要表现在：

（1）体育运动的发展刺激了体育产业的发展，使体育器械、设备、服装等生产行业得到发展，为社会创造经济价值。

（2）在大型比赛中获取可观的经济效益。第一，出售体育比赛的电视转播权。体育竞赛的实况转播，目前已成为最吸引人收费也最高的节目。第二，发行纪念币。纪念币具有珍贵的收藏意义，必要时又有流通价值，因此备受收藏者和体育爱好者的欢迎。第三，发售体育彩票。体育彩票是吸引人们对体育比赛的注意力，利用侥幸中彩的机遇调节人们的心理，提高上座率的一个重要手段，现已成为大型国际体育比赛惯用的增收措施。第四，组织门票收入。第五，收取广告费。在比赛场地设立广告牌，比赛中所用各种物品上安排广告等都是招揽生意、推销商品的极好机会。随着不同级别和不同项目的大型比赛的不断增多，市场空间也在不断膨胀，利用各种商业手段获取的利益也保障了大型体育比赛的顺利举办。

（3）在社会体育活动中发展体育经济。首先，提高体育设施利用率，如平时可开放体育设施，安排群众性体育活动，收取一定的费用。其次，经常举办热门比赛，以提高上座率，增加收入。再次，举办娱乐体育，如开办体育娱乐俱乐部，可以丰富群众生活，增加经济收入。此外，发展体育旅游，谋求赞助，发售体育邮票，开设体育咨询站等，也都是谋求体育经济效益、发挥体育经济功能的重要方式。

（4）体育健身能有效地提高劳动者的身体素质，乃至整体素质，使他们能在体力、智力等方面适应工作环境和现代化的需要，提高劳动效率；能减少疾病给工作所带来的劳动损失，提高劳动者的出勤率，减少医疗费用开支。体育活动是应对“文明病”的最佳良方。

3. 文化功能

体育作为一种社会文化现象，本身就蕴含着丰富的文化内涵。体育文化有着历史的渊源，古代人们举行的各种祭祀礼仪活动往往以体育的方式来表达人们的思想、精神和观念。体育的文化特征体现在鲜明的象征性、浓郁的艺术性及丰富的内涵性上。例如，北京奥运会会徽“中国印 · 舞动的北京”，将 5 000 多年历史的印章和书法艺术形式与体育运动巧妙地结合，化成一个向前奔跑、迎接胜利的运动人形，将中国印、中国字和奥运五环会徽结合在一起，表达了 13 亿中国人民对于奥林匹克运动的美好憧憬。丰富的体育文化，在对人体的解剖结构、生理机能进行积极的生物学改造的同时，还给人类自身以极大的美学启迪和熏陶。宏伟壮观的体育建筑、精彩多样的体育器材设施、绚丽多彩的运动装备，既是人类劳动的产物，也是人类物质文化的结晶。体育运动作为一种文化形态，在作用于人的身体的同时，无疑还作用于人的精神、思想和意识。体育运动中顽强拼搏、勇于进取的精神，公平竞争的精神，团结友爱的精神，爱国主义和国际主义的精神，都是体育文化在人们精神领域里的高度体现。

4. 教育功能

公元前 300 多年，古希腊哲学家亚里士多德就已认为，体育、德育、智育是互相联系的。因此，世界各国的历代统治者都把体育作为教育的重要组成部分予以贯彻，直到今天也不例外。体育在现在不仅是促进人体生长发育、增强学生体质、掌握运动技巧的手段，而且是培养人们终身体育的兴趣和习惯、改善生活方式、提高生活质量、以适应现代社会需要的重要途径。因此，在人的社会化培养中，体育实际上就是人们为谋求社会生存而受到的身体训练，是为适应现代化社会生活以及创造未来而进行的教育。在传授人体健康的科学知识方面，以及在教导人们遵守社会规范，发展人际交往，促进个体社会化的进程中，都体现了体育的教育功能。由于体育具有群众性、国际性、技艺性和礼仪性的特点，又能激发人们的爱国热情，振奋民族精神，提高民族威望，增强凝聚力，体育成为现代社会传播价值观最为理想的载体。在体育运动中，由于生理、心理和情绪的变化，每时每刻对参加者提出了思想道德、行为作风的考验，这是自我教育或接受教育的良好契机。通过体育锻炼，人们能掌握身体锻炼的方法和身体健康的知识，学会科学、健康的生活方式，培养高尚的思想道德，可见教育的功能是巨大的。

5. 娱乐功能

体育运动的娱乐功能是由它的娱乐特点所决定的。从体育运动诞生之日起，它就是人们娱乐的重要内容。丰富多彩、健康文明的余暇体育活动不仅能使人们在繁忙的工作和劳动之余获得积极的休息，而且还能陶冶情操，愉悦身心，培养高尚的品格。例如，现代都市生活使人与大自然远离，但参加户外体育活动可以调节生活，使人享受返回大自然的乐趣；随着工作紧张和生活节奏加快，体育锻炼有利于密切人际交往和享受集体聚会的乐趣；通过参与体育竞赛或从事一些惊险性体育项目，可以在向体力与自然的挑战中，体验创造人生价值的乐趣；经常欣赏体育比赛和表演，可以从运动员的高超技艺中获得美的艺术享受。目前，我国为了丰富人民的业余文化生活和建立良好的社会风气，通过实施“全民健身计划”，也在寻求适合我国国情的最健康、最理想的体育娱乐方式，以便让大家在和谐的氛围中获得精神快感，使在工作和劳动中造成的精神紧张、脑力疲劳和紊乱的情绪得到调节，最终达到“净化”感情和充分享受生活乐趣的目的。

6. 科技功能

“科技是第一生产力”，体育运动的发展正是得益于人类社会的科技进步。体育科技的发展、运动水平的提高，正是由于有了“运动保健学”“运动生物力学”“运动生物化学”等自然科学的成果才得以实现。体育的行为和精神是因有了“体育管理学”“体育统计学”“运动心理学”等社会科学的论证，才得到社会的认同，得以弘扬光大。体育得益于科学技术，又反过来为科学技术的发展提供了更加广阔的实践空间。各种新型材料以及电子技术在体育领域里的应用，使体育的器材设施更加科学先进，使竞技体育一次次地打破了“极限”的预言。例如，“鲨鱼皮泳衣”可以减少3%的阻力，这在0.01 s就能决定胜负的游泳比赛中有着非凡的意义。当今世界各国的体育界又把注意力转向了信息科学、生物遗传工程、分子生物学、激光技术、生物物理等高新技术的发展上，期待着它们能为人类的体育发展带来更大的进步。有人把奥运会比作一个国家综合国力的体现，其实它更像是一个现代科技的实验场和各国科技实力的展示窗。

第三节　体育文化

一、体育文化的概念

体育文化就是指所有同人类体育运动相关的物质文化、制度文化和精神文化的总和。

体育文化的内容包含很多方面，主要有体育情感、体育认识、体育理想、体育价值、体育制度、体育道德和体育物质条件等。

二、我国古代体育文化的特点

体育文化是我国文化中不可或缺的一部分。体育文化须通过各种体育活动的进行来得以展现。体育文化不仅能够反映个人的综合素质，也能够反映一个集体甚至一个国家的风貌。

实际上“体育”这个词不是我国古已有之，而是从国外传入的。之前，我国并没有使用“体育”这个词语，而是使用“体操”这一词语。在古代文字中，“体操”的含义与当代的“体操”有着本质的不同，古代文字中的“体操”是对整个体育的泛指。除了“体操”之外，我国古代还经常用“养生”“导引”“尚武”“习武”等词语表示体育。儒家文化是中国传统文化的核心，因而中国的传统体育文化也受到了儒家文化的影响。中国传统文化中的体育文化主要有以下特点：

1. 遵循礼

我国古代体育文化的首要特点就是遵循礼。“礼”是中国传统文化价值体系的中心范畴和文化进化的主旋律。例如，唐代有一种盛行的游戏，叫“十五柱球戏”，柱子上分别标有“仁、义、礼、智、信、温、良、恭、俭、让”等红字和“傲、慢、佞、贪、滥”等黑字，木球击中红者为胜，击中黑者为败。这个小游戏充分表达了体育活动中的道德标准和价值观念。

2. 内外兼修

内外兼修是我国古代体育文化的重要特点之一，也是从儒家文化中发展而来的。儒家文化以“修身、齐家、治国、平天下”为修行方法，从而达到“内圣外王”的理想境界。中国古代体育文化由于受到这种思想的影响，侧重于在修身养性和熏陶性情上下功夫，不像西方古代体育文化追求人体美、追求力量和速度。在中国古代的典籍中描绘最多的古代体育活动莫过于武术和养生运动，这两种运动都包含着深层次的哲学思想、成熟的习练办法、优雅的艺术形象。“注重武德、内外兼修、神形兼备”历来是习武者的首要要义。在整个武术运动的习练中，无处不突显出习武者自强进取、自我涵养、人格完善的传统文化精神。愉悦身心、宣泄感情、调养身心是中国古代体育活动所具有的文化特征和功能。

3. 具有艺术性

古代体育文化与现代体育文化一样，也具有一定的艺术性。例如，1973 年青海大通县出土了距今 4 500 左右的彩陶盆，陶盆内壁上绘有五个人一组、总共三组的舞人，正在翩翩起舞。中国武术最初的武艺主要是在军事战争中形成与开展起来的。后来当它逐步脱离了军事而独立存在、自成体系时，它的艺术性也就越来越高。

4. 缺乏竞技性

我国古代的体育文化缺乏竞技性。主要表现在：我国古代竞技性的体育项目比较少，有的原本竞技性比较强的体育项目，后来也变成了非竞技性的体育项目。

三、我国现代体育文化的特点

（一）我国现代体育文化遵循马克思历史唯物观的一般规律

体育文化的构成和展开不是原封不动的，它是一个历史的过程，是对马克思历史唯物主义普遍规律的遵循和落实。在体育文化的开展过程中，会遇到很多的制度因素和阻力。在一段特定的历史时期中，体育文化可能受到政府和社会的高度注重，体育文化的功用、价值将会得到社会的普遍认可，在这样的一种社会环境之下，其展开将会是非常迅速的。但是，也有一些历史阶段，特别是社会不稳定、经济发展情况不够好的时候，体育文化的功用、价值可能并不能得到政府当局的认可，体育运动推行的支持力度不够，政府将更多注意力、资金和人力等资源放在一些其他社会问题的处置上面。

（二）我国现代体育文化的发展和形成是一个长期的过程

我国体育文化的形成并不是一个顺利的过程，是经过长期的积累和发展，最终才发展形成的。当今，体育文化的内涵和外延已经比较丰富，很多专家和学者也对体育文化的功能和价值、体育文化的形态、体育文化的发展和变迁、不同体育文化的比较等进行了深刻而广泛的研究，当今的体育文化形态不会是最好的，也不可能是最后的，体育文化依然处于不断的发展当中。

（三）我国现代体育文化具备民族性和世界性

从地域的角度来划分，当代体育文化主要分为东方体育文化和西方体育文化。无论是哪一种体育文化，我们都可以明确地看出，它既是民族的，也是世界的。一方面，体育文化是民族的。每个国家都有独特的体育文化活动，不同的民族也有着独具特色的体育文化活动。如土家族的竹马、傣族的泼水节、哈尼族的打秋千等，都有浓郁的民族特色。另一方面，体育文化也是世界的，不同的体育文化从不同的地区和民族中产生，具有不同的体育形态、不同的体育内涵和外延。不过，不管体育文化具有什么样的形态、内涵和外延，其一旦形成，就是全世界共享的体育文化。以奥林匹克运动来说，它虽然是从希腊产生的，具有较强的民族特征，可是随着时代的不断发展，目前已经发展成为近现代体育文化的主流和核心，发展成为被世界各国、各地区普遍接受和认可的体育运动和体育文化。

四、校园体育文化

（一）校园体育文化的内涵

校园体育文化是校园文化和体育文化两者相互影响、融合、渗透、促进而发展起来的，是在一定社会政治、经济、文化、教育、体育等条件下，由学校广大师生在实践过程中共同创造的体育精神和财富的总和。校园体育文化有着深刻的内涵和丰富的外延。首先，它与校园德育、智育、美育文化等一起构成了校园文化群；其次，它又与竞技体育、群众体育等共同组成了广大的体育文化群。从广义上讲，校园体育文化是学校广大师生、员工在学校现存的环境中，在学校体育教育、学习和活动等过程中创造出来的物质与精神的所有内容。从狭义上说，校园体育文化是指在学校教学环境下，以学生为主体，以教师为主导，在各种体育活动中相互作用创造出来的学校文化形态之一，包括体育精神、体育的价值观念、体育道德和体育能力，是学校这一特殊社区的体育群体意识。

（二）校园体育文化的功能

校园体育文化的功能，主要表现为传承体育文化，实施素质教育，培养学生的终身体育意识和完成学校体育任务。在学校体育教育实施过程中，向学生传授的并不是单一的文化内容，而是许多相关联的体育文化要素，如体育健身文化、体育休闲文化、体育娱乐文化、体育竞技文化等。这些相关的、多样的体育文化，是学校体育教育的有机组成部分，它们在实施体育教育过程中相互依存、相互促进、相辅相成，并根据不同的教育对象、教材特点，进行不同的目标教育。校园体育文化是营造学校人文气息和文化氛围不可缺少的内容，是推动校园文化发展的最有力的手段。校园体育文化的传承，主要是系统地传授体育文化体系，发展学生的合作能力和组织能力，崇尚公平竞争、团结协作的体育道德风尚，培养尊重自己、尊重他人、自强不息、顽强拼搏的意志品质，营造健康向上、积极进取的校园体育文化氛围。

（三）校园体育文化的价值

我国体育文化的发展以中华人民共和国成立初毛泽东同志提出的“发展体育运动，增强人民体质”作为一贯的出发点，这是对我国体育发展具有终极性意义的一元价值判断，它指导着我国体育的发展。但自改革开放以后，尤其是随着构建社会主义和谐社会的提出，体育文化从不同的视角展示出它的多维价值。从“增强人民体质”到“奋力拼搏，为国争光”，直至现在提出的“体育社会化、体育生活化、终身体育化”，反映了人们对体育文化价值的认识不断深入。体育文化的价值和功能不在于直接提高物质生产水平，促进社会经济增长，而在于提高人的人文素质，培育民族精神，提高人的思想道德和审美素质，使人越来越社会化、人性化，从而促进人的全面协调发展和社会整体的进步。因此，在构建和谐社会进程中，校园体育文化的价值体现在激励价值、竞争价值、人文价值、健康价值和审美价值等方面。

1. 激励价值

精神生活往往需要理性、信仰和感性的满足。体育的激励作用常常表现为参加体育运动时外界对内心的激励，从而导致人由内而外的积极情绪的迸发。中国女排取得“五连冠”的丰功伟绩，雅典奥运会上刘翔的历史性突破，中国残奥代表团坚韧不拔的突出表现，无不体现了中华民族强烈的集体荣誉感、爱国主义精神和自强不息的民族精神，这些都极大地激励了广大青少年学生的爱国热情和为实现中华民族伟大复兴而努力奋斗。

2. 竞争价值

21 世纪的全球化浪潮，使整个社会充满竞争，它对人们提出了更高要求，不仅要求人们树立广泛的参与意识，更要求强化竞争挑战意识。体育文化通过体育竞赛和体育锻炼等形式，提高广大学生的竞争意识，培养学生勇于克服困难、挑战自我、超越自我的精神品质，对个人的成才和提高国家竞争力都具有重要意义。

3. 人文价值

体育文化是一种关爱人的文化，它维护人的尊严，促进人的全面发展。西方发达国家的公民普遍积极自觉地参加体育锻炼，健身、跑步等运动在西方人日常生活中占有重要地位，这不仅使他们普遍具有强壮的体质，也带给了他们良好的处世心态。残疾人运动会等特殊竞技比赛更是显示出体育对弱势群体独特的人文关怀。在校园体育运动中，同学之间互帮互助，团结协作，无不体现人性的温暖和集体力量，使学生在参与校园体育文化活动中实现了人格的完善。校园体育文化的人文价值主要包括三个方面的内容：一是“以人为本”，就是在体育运动中必须拥有作为集体概念的人类和作为独立的个人的尊严，提倡对人的尊重和积极健康的生活哲学，促进建立一个维护人的尊严的和平社会；二是倡导人的全面发展，就是指青少年学生能够通过体育运动达到身心的全面、协调的发展；三是青少年学生通过体育运动铸就个人的文化品格，展现强健的体魄、良好的心态和文明的言行。

4. 健康价值

校园体育文化中的行为文化，就是以身体运动为基本表现形式，由它所构成的体育锻炼过程，给予人体各器官、系统一定强度的刺激，使机体在形态结构、生理机能等方面产生一系列的适应性反应，从而对机体产生积极的影响，有效地增强体质，提高健康水平。进行体育锻炼还有助于调节心理，减轻学习压力，释放不良情绪，舒缓紧张的神经，使人心情愉快，满足精神文化生活的需求。此外，体育锻炼还可以培养集体主义精神，锻炼坚强的意志，增进友谊与合作，提高对社会和自然环境的适应能力，促进身心和谐、健康发展。

5. 审美价值

体育与美自古就紧密相连，古代的奥运会就是展现健美身体的最好场所。体育运动中蕴藏着大量的美的因素，蕴含了许多人类社会共同追求的东西，这就是体育运动中表现出来的“真、善、美”。正如现代奥运会创始人、法国著名教育家顾拜旦 1912 年在《体育颂》中所说：“体育就是美，体育就是正义，体育就是勇气，体育就是进步，体育就是和平。”体育之美就像其他艺术品之美一样打动人心。体育之美不仅指娴熟和美丽的动作，更指背后的振奋心灵的力量。大卫雕塑显示了体育背后人类身体力量健康之美，奥运五环展现了体育背后人类追求团结和平之美，奥运火炬照亮了体育背后人类自强不息之美。

6. 品牌价值

体育也是一个重要的品牌，其品牌效应不可估量，它的影响超越国界。体育名师、冠军学生、优秀运动队是学校的无形资产，也是学校的巨大精神财富。延续一百多年的英国剑桥和牛津两校的划船对抗赛和美国大学的职业篮球赛，都是体育品牌和体育精神通过学校发扬光大的例子，它使校友对母校产生了巨大的凝聚力和自豪感，也使学校的品牌和精神得到弘扬。同时，学校的品牌和精神也吸引了更多的名师和人才加盟，使这些学校的无形资产变成了有形资产。

思考题

1. 简述体育的功能。
2. 简述体育文化的概念。

第二章 田 径

第一节 田径运动概述

一、田径运动的起源与发展

（一）世界田径运动的起源与发展

田径是世界上最为普及的体育运动之一，也是历史上最悠久的运动项目，被誉为“运动之母”。田径运动是由走、跑、跳跃、投掷以及由跑、跳、投部分项目组成的全能运动共同构成的运动项目。它分为田赛、径赛和全能三个部分，通常人们把以时间计算成绩的项目称为径赛，而把以高度或远度计算成绩的项目称为田赛。

田径运动能有效地发展速度、力量、耐力、灵敏、协调等身体素质，增强体质，培养意志品质。田径项目也是现代奥林匹克运动会中的金牌大户，共有 47 块金牌，素有“得田径者得天下之说”。

人类最早的田径比赛，有史可查的是在公元前 776 年，即第 1 届古代奥运会。1896 年，第 1 届现代奥林匹克运动会田径比赛被认为是现代世界田径运动开始的标志。1912 年，国际业余田径联合会成立，确立了国际统一的田径竞赛项目和竞赛规则，开始组织国际田径比赛。

田径运动是比速度、比高度、比远度、比耐力的体能项目，很好地体现了“更高、更快、更强”的奥林匹克运动精神。

（二）我国田径运动的发展

近代田径运动于 19 世纪末传入中国，当时主要在学校特别是在教会学校中有所开展。1919 年五四运动以后，田径被列为学校体育课内容，女子也开始参加田径运动，使田径运动得到进一步开展。当时国内举办的主要竞赛有全国运动会和华北运动会等，参加的国际比赛主要有远东运动会和奥运会。由于当时政治环境恶劣，我国田径运动技术水平长期停滞不前。

中华人民共和国成立以来，党和政府的高度重视，为开展体育运动创造了良好的条件，群众体育活动广泛开展，包括田径运动在内的运动技术水平有了大幅度的提高。随着国民经济的恢复和建设事业的发展，逐步增建了田径场、田径馆，增设了田径教学训练器材等。从 1952 年起，每年都举行大规模的田径运动会，培养田径教学、训练、科学研究和管理人才，并开始了培养优秀田径运动员的工作。中国田径运动员开始向世界田径运动高峰攀登，先后出现了一批优秀的田径运动员。20世纪90年代，中国女子中长跑运动员异军突起，成为中国田径运动冲出亚洲、走向世界的一支劲旅。2004年雅典奥运会上，我国选手刘翔在110 m栏决赛中以12. 91 s平当时世界纪录并获奥运会冠军。2008年北京奥运会上，我国选手周春秀获得马拉松比赛铜牌，张文秀获得女子链球比赛铜牌。2012年伦敦奥运会上，我国选手陈定获男子20 km竞走金牌，李艳凤（女子铁饼）、王镇（男子20 km竞走）、切阳什姐（女子20 km竞走）、司天峰（男子50 km竞走）、巩立姣（女子铅球）获铜牌。2016年巴西奥运会上，我国选手王镇（男子20 km竞走）、刘虹（女子20 km竞走）获金牌，蔡泽林（男子20 km竞走）、张文秀（女子链球）获银牌，董斌（男子三级跳远）、品秀芝（女子20 km竞走）获铜牌。

二、国内外田径重大赛事

现代田径赛事最为重要的是四年一届的奥林匹克运动会中的田径比赛；其次为两年一届的世界田径锦标赛；再次是田径世界杯赛。它们是当今世界田径界最为重要的三大赛事。

第二节　走跑类

一、走

走是人与生俱来的本能，是人体的基本活动能力，也是一种重要的健身手段。田径运动中走主要指竞走。

（一）健身走

1. 健身走的姿势

自然正确的走姿是躯干正直，自然挺胸，头部与躯干保持一致，目视前方，两臂靠近体侧自然前后摆动；迈步时，膝关节和脚尖都正对前方，两脚内线基本沿一条直线向前迈步；脚着地时，以脚跟先着地过渡到全脚掌着地，脚尖向前略偏外，如图2-1所示。

图2-1　健身走

图2-2　足尖走

图2-3　足跟走

2. 健身走的步法

（1）足尖走。

上体正直，提踵，两腿伸直，两臂前后摆，用足尖走。足尖走主要用于发展小腿三头肌和拇长肌，增强踝关节和足弓的力量（图 2-2）。

（2）足跟走。

上体适当前倾，脚尖离地，两腿伸直用脚跟走动。脚跟走主要用于发展小腿三头肌和胫前屈肌（图 2-3）。

（3）弓箭步走。

上体正直，挺胸立腰，双手叉腰。前腿迈成弓箭步，左右腿轮换练习。弓箭步走可全面地发展下肢的屈肌和伸肌，增强下肢，尤其是增强髋、膝、踝三关节的力量（图 2- 4）。

（4）半蹲走。

上体正直，挺胸立腰，两腿半蹲大步向前走。半蹲走除了与弓箭步走有同样的锻炼价值外，由于半蹲步要求躯干伸直，因此还能增强背部、腰部肌肉的力量（图 2-5）。

图 2-4 弓箭步走

图 2-5 半蹲走

图 2-6 倒步

图 2-7 正步走

（5）倒步。

身体自然正直，两腿交替向后迈步，用前脚掌先着地，然后过渡到全脚掌。倒步走不仅有利于发展大腿后肌群和腰背部的肌肉力量，还能提高人的协调性、灵活性和平衡能力（图 2-6）。

（6）正步走。

上体正直，挺胸立腰，脚向正前方踢出高约20 cm 并绷紧，在约 75 cm 的前方用力使全脚掌落地。手臂前摆时肘部弯曲，小臂水平，并摆至第三、第四衣扣之间。正步走不仅能有效地提高人体下肢肌肉力量，还能塑造人体姿态（图 2-7）。

（7）负重走。

用肩部、腿部、腰部、两手等部位负重各种器械，以任何走动方法行走，但负重量不宜过大（图 2-8）。

（8）快步走。

在保持正确的走路姿势的基础上，上体适当前倾，并保持快速地向前走动。由于走动速度较快，可动员更多的肌肉参与，增加血液循环，提高呼吸系统和心血管系统的功能。此外，还可以在沙滩上、铺有鹅卵石的地面上快步走。疾走的速度为每分钟 150~200 m（图 2-9）。

（9）散步走。

身体自然正直，抬头、挺胸、收腹，两肩放松，两臂自然下垂并前后摆动。两腿交替迈步，用脚跟着地，然后过渡到全脚掌着地（图 2-10）。

图 2-8　负重走

图 2-9　快步走

图 2-10　散步走

3. 健身走的练习负荷及要求

健身走的运动负荷与走的距离、速度和方式有关。距离长、速度快，消耗的能量就多，负荷就大。

不同年龄和健康状况的人，自然行走的步速也不同。一般来说，人正常行走的速度是尽量减少能量消耗的经济速度，每分钟大约为 60 m。以健身为目的的健身走，速度就要快一些，需有一定的能量消耗，才能起到健身作用。健身走练习的运动量要循序渐进，以不影响第二天的学习和工作为宜。

（二）竞走

竞走是两腿交互迈步前进，与地面保持不间断的接触，在任何时间两脚不得同时离地的运动。运动员迈步时，后脚必须在前脚落地后才能离地；每走一步，向前迈进的脚在着地过程中，腿必须有一瞬间的伸直（膝关节不得弯曲），特别是支撑腿在垂直部位时更是如此。

竞走的动作要求协调自然，有节奏感，摆臂协调有力，步频快，步幅大，脚跟先着地，支撑腿在垂直部位时应伸直，后蹬迅速而有力，骨盆主要沿着身体垂直轴转动，身体重心活动轨迹应平稳。

竞走的技术是由身体各部分的协调动作形成的，主要有脚的着地点和着地方法，膝、髋、躯干和两肩、两臂的动作。上体姿势正直，眼看前方，颈部肌肉放松。

两腿动作是竞走技术中的主要部分。当身体处在垂直部位时（身体的重心恰好在支撑腿的上方），支撑腿完全伸直，全脚掌着地，摆动腿还在摆动着，其膝关节略低于支撑腿的膝关节，大小腿间的夹角应大于 90°。支撑腿垂直的一刹那，另一腿应适当地放松，以节省体力。支撑腿伸直与否也是判定其是否符合竞走的重要标志。当身体重心前移超过支撑点的垂直部位时开始后蹬。支撑腿蹬离地面之后，大小腿自然弯曲，屈膝向前摆动，髋部放松，大腿不要高抬，应使脚掌稍离地面就向前摆动，使大腿向前方带动骨盆沿垂直轴向前转动，髋关节积极前移；在摆动快要结束、摆动腿的脚即将着地进入双支撑的一瞬间，膝关节自然伸直，并用脚跟着地。此时支撑腿踝关节充分蹬伸，用前脚掌蹬地，形成竞走的双脚支撑姿势。当摆动腿的脚跟着地时，后蹬腿的脚掌立即蹬离地面，结束后蹬动作。

脚跟着地点应尽量在行进方向的路线上，着地方法是脚跟先着地，然后由脚外侧滚动至全脚掌着地。柔和的滚动动作，可以减少落地时的阻力，使身体重心很快移到支撑点上。

臂的摆动应轻松、自然而有力，上臂和前臂约成 90°。两臂摆动时，肩关节放松，上体与两臂配合两腿的动作，沿着身体的垂直轴转动，以维持身体的平衡。

二、跑

（一）健身跑

1. 基本动作

（1）上体姿势。

慢跑时，上体呈稍前倾或正直姿势，胸部正对前方并稍向前挺，躯干自然、不僵硬。上体不能过分前倾，否则会影响步频，增加背部肌肉的负担；也不能后仰，否则会引起胸、腹部肌肉过分紧张；更不能左右摇晃，否则会引起不必要的体能消耗。因此，在跑动中要善于保持正确的身体姿势，要跑得自然、轻松、协调、有效率，要特别注意肩部肌肉的及时放松（图 2-11）。

图 2-11 上体姿势

（2）臂部动作。

慢跑时手臂的摆动要配合上体及腿部动作，做到协调一致。正确的摆臂，有助于维持身体平衡，调节步频，提高腿部动作的效率。摆臂时，肩部要放松，两臂弯曲约成 90°角，两手半握拳，前后自然摆动，前摆时稍向内，后摆时稍向外。摆动的幅度不要大，用力程度也较小。另外，肘关节的角度也不是固定不变的，手臂处于垂直部位时的角度比向前和向后摆动时的角度要大一些，这样有助于两臂肌肉的放松。

（3）腿部动作。

慢跑时，腿部动作应该放松，后蹬阶段不必蹬伸充分。后蹬时用力小一些，角度大一些。一条腿后蹬的同时，另一条腿屈膝前摆。前摆时，小腿应自然放松，依靠大腿的前摆动作，膝部领先并带动髋部向前上方摆出。大腿前摆不要太高，前摆结束时，大腿开始向下运动，膝关节随之自然伸直（注意不要故意前甩）。以脚跟先着地迅速过渡到全脚掌着地；也可用前脚掌或前脚掌外侧由上向下着地，然后过渡到全脚掌着地。着地动作要柔和、放松，不要有“扒地”动作。着地点距身体重心投影线应尽可能近些。

2. 呼吸的节奏与方法

练习者应有较稳定的步频和步长，形成适宜的跑的节奏。呼吸的节奏取决于个人的特点和跑的速度。正常情况下，跑 2~3 步一呼气，跑 2~3 步一吸气。速度加快时，呼吸的频率也加快，可采用两步一呼、两步一吸，或一步一呼、一步一吸的方法。呼吸应有一定的深度，一般用鼻子和半张开的嘴同时进行。冬季慢跑时，为了避免冷空气直接刺激咽喉，呼吸时可用舌头抵住上颚。

慢跑一段距离后，由于肌肉活动产生的代谢产物不能及时运走，有时氧气的供给暂时落后于肌肉活动的需要，往往会出现胸部发闷、呼吸困难、下肢沉重、跑速下降的现象，这种现象是正常的生理反应，不要紧张，可以调整跑速，加深呼吸，坚持跑下去，经过一段时间，这种现象就会得到克服。

3. 健身跑的分类

通常健身跑主要有以下几种方法：

（1）定时跑，如慢跑 30 分钟。

（2）定距跑，如慢跑 3 000~5 000 m。

（3）反复跑，如慢跑 600~800 m，跑 5 组，组间休息 1 分钟。

（4）变速跑，如 400~600 m 的前半程轻松慢跑，后半程加快节奏。

（5）“法特莱克”跑，即在自然条件下，不拘形式地跑，通常指在草地、树林、山丘、小径等地形、地物自然场地上进行的重复跑、加速跑、变速跑等。“法特莱克”跑一般跑 5~15 km。

（二）短跑

短跑是以最快的速度，在确定的跑道上跑完规定的距离，并以最先跑完者为优胜的项目。400 m 和 400 m 以内的各种距离的跑及接力跑竞赛项目均为短跑。短跑全程由起跑、起跑后的加速跑、途中跑和终点跑四个紧密相连的阶段组成。

1. 100 m 跑

（1）起跑。

起跑过程包括“各就位”“预备”“鸣枪”三个环节。

听到“各就位”口令后，可稍做放松，如深呼吸，然后俯身，两手于起跑线后撑地，两脚依次踏在前后起跑器抵足板上，脚尖触地，将有力的腿放在前面，后膝跪地，两臂伸直约与肩同宽，四指并拢或稍分开，拇指成“人”字形，身体重心稍前移，肩约与起跑线平行，背微弓，颈部自然放松，注意听“预备”口令。

听到“预备”口令后，后膝离地，抬起臀部，使之稍高于肩。重心适当前移，体重主要落于两臂和前腿上。两小腿趋于平行，前腿膝角约为 90°，后腿膝角约为 120°，注意力高度集中，等候发令枪声。

听到枪声后，两手迅速推离地面，屈肘，做有力的前后摆臂，同时两脚用力蹬离起跑器，使身体以前倾姿势向前上方运动，躯干与地面成 15°~20°；后腿迅速屈膝向前上方摆出，但不宜过高；后腿前摆并积极下压着地的同时，前腿快速蹬伸髋、膝、踝三个关节；躯干逐渐抬起，头部也随之上抬，视线逐渐向前移（图 2-12）。

图 2-12　起跑

（2）起跑后的加速跑。

起跑后的加速跑的任务是充分利用起跑获得的初速度，在较短距离内尽快获得更高的速度。

起跑后的加速跑是从后腿蹬离起跑器到途中跑之间的一个跑段，这段距离一般为25~30 m。起跑后的第1步不宜过大，一般为3脚半至4脚长，然后逐步加大到途中跑的步长。在加速跑的最初阶段，躯干前倾较大，两臂加快用力摆动，两腿交替用力蹬伸，步长不断增加，步频逐渐加快，两脚着地点逐渐合于一条直线上，上体逐渐抬起，自然进入途中跑（图2-13）。

图2-13 **起跑后的加速跑**

（3）途中跑。

途中跑是短跑全程中距离最长、速度最快的一段。

它的一个单步由后蹬和前摆、腾空、着地缓冲几个阶段组成。

① 后蹬和前摆。当身体重心移过支点垂直面时，支撑腿开始积极有力地后蹬，摆动腿的膝关节超越支撑腿，迅速有力地向前上方摆出，带动同侧髋前移，支撑腿在摆动腿积极前摆的配合下，快速有力地伸展髋、膝、踝关节，蹬离地面，形成支撑腿与摆动腿协调配合动作。

② 腾空。当支撑腿结束后蹬，即进入腾空阶段时，小腿随着蹬地后的惯性和大腿的摆动，迅速向大腿靠拢，形成大小腿折叠前摆的动作。与此同时，摆动腿以髋关节为轴积极下压，膝关节放松，小腿随摆动下压的惯性自然向前下方伸展，准备着地。

③ 着地缓冲。腾空结束时，摆动腿积极下压，前脚掌着地，即开始了着地缓冲阶段，着地位置约距身体重心投影点的前一脚半处，着地动作应是非常积极的。腿部各关节（特别是踝关节）缓冲过程不应是消极的，应主动用力来加速身体重心的前移，随即转入后蹬。

在途中跑时，头部正直，上体稍前倾。摆臂以肩为轴，前后摆动，前摆时肘关节角度小于90°，后摆时肘关节角度略大于90°。摆动应快速有力，幅度大（图2-14）。

图 2-14　途中跑

（4）终点跑。

终点跑是全程跑的最后一段，基本技术是在离终点线 15~20 m 处，加快摆臂速度和力量。当离终点线前一步，上体急速前倾，用胸部或肩部领先冲过终点线，跑过终点线后逐渐减速。

2. 200 m 和 400 m 跑

200 m 和 400 m 跑，有一半以上的距离是在弯道上进行的。为了适应弯道，技术上应有相应的变化。

从直道进入弯道跑时，身体向内倾斜，加大右腿的蹬地力量和摆动幅度，右臂也相应地加大摆动的力量和幅度。后蹬时，右脚前脚掌内侧、左脚前脚掌外侧蹬地。右臂摆幅加大，前摆时稍内扣，后摆时稍向外，左臂稍离开躯干。弯道跑的蹬地与摆动方向都应与身体向圆心方向倾斜趋于一致（图 2-15）。

图 2-15　弯道跑

（三）中长跑

中长跑是中距离跑和长距离跑的简称。中跑包括 800 m、1 500 m、5 000 m，长跑包括 10 000 m 和马拉松。中长跑对人体具有较大的锻炼价值，经常参加中长跑锻炼，能改善呼吸系统和循环系统的功能，增强耐力素质，培养坚毅、顽强和克服困难的精神。中长跑（尤其是健身跑）还具有预防、治疗某些慢性疾病和增强体质、延年益寿的作用，它不受场地、器材、年龄、性别等条件限制，简单易行，被人们广泛作为锻炼身体的手段，并在世界各地流行。

中长跑对速度和耐力的要求较高，练习者在跑时既要保持一定的速度，又要跑得持久。因此，中长跑的技术要求动作轻松自然，重心移动平稳，节奏性强，肌肉用力和交替能力好，做到动作既有实效性，又能节省体力的消耗。

1. 起跑和起跑后的加速跑

中长跑采用站立式起跑。起跑的过程包括“各就位”“鸣枪”两个阶段。

发令前运动员应站在起跑集合线后，听到“各就位”口令后，先做一两次深呼吸，然后慢跑或走到起跑线后，两脚前后开立，间距约一脚长，左右间距约半脚长，身体重心落在前脚上，后脚用前脚掌着地，集中注意力听鸣枪或“跑”的口令。当听到枪声或“跑”的口令时，两腿用力蹬地，后腿蹬地后迅速前摆，两臂配合腿部动作，做快而有力的前后摆动，使身体快速向前跑出，尽快发挥出正常跑速。同时占据有利的跑进位置，进入匀速而有节奏的途中跑。

2. 途中跑

途中跑是中长跑的主要组成部分。它在技术结构上与短跑基本相同，但是，由于中长跑的距离长，速度没有短跑快，因此，在技术上就存在着不同程度的差异。其动作技术特点是：

（1）中长跑后蹬用力的程度比短跑小，后蹬的角度比短跑大，一般为 55°左右。

（2）中长跑上体姿势比短跑要直些，这样比较省力。

（3）中长跑摆臂的角度变化不大，肘关节弯曲约成 90°。

（4）中长跑的着地动作有两种：一种是用前脚掌着地，它能较快地转入后蹬，此方法在跑时速度快，效果好，但比较费力；另一种是用全脚掌着地，然后过渡到前脚掌蹬地，这种方法比较放松省力，对跑较长的距离比较合适，也适宜于健身长跑。

3. 终点跑

终点跑是中长跑临近终点时的最后一段距离的冲刺跑，动作基本上与短跑终点跑相同，加速摆臂和加强蹬摆向终点冲去。中长跑的冲刺跑距离比短跑长。什么时候开始冲刺，要根据不同的距离、个人的训练水平、当时的比赛情况、竞技状态和在全程中所保持的跑的能力来决定。

4. 中长跑的呼吸

中长跑的呼吸是很讲究的。中长跑体力消耗大，对氧的需求量自然很高，必须有一定的呼吸频率和呼吸深度。一般是跑两三步一呼气，跑两三步一吸气，并有适宜的呼吸深度。随着疲劳的出现，呼吸的频率有所增快，应着重将气体呼出，只有充分呼出二氧化碳，才能吸进大量的新鲜的氧气。

“极点”是一种正常的生理现象，是指中长跑途中由于氧气的供应落后于机体活动的需要，代谢物质无法及时转移，而出现的胸部发闷、呼吸困难、动作无力、难以继续跑等感觉。此时要以顽强的意志坚持跑下去，加强呼吸，适当调整步速。经过一段时间后，“极点”现象就会消失或减轻，身体运动能力逐渐提高，出现“第二次呼吸”。

（四）接力跑

接力跑是田径运动中的集体比赛项目，有男子 4×100 m 和女子 4×100 m 接力跑。接力跑技术基本上与短跑技术相同，所不同的是在快速跑动的过程中，队员间要相互配合完成传接棒任务。

1. 接力跑的基本技术

接力跑成绩的好坏，不仅取决于每个队员跑的成绩，而且在很大程度上取决于队员之间的配合和传、接棒技术的好坏。在所有接力项目中，以 4×100 m 接力跑的技术最为复杂，这里主要介绍传、接棒技术。

常用的传、接棒技术有下压式、上挑式两种方法。

（1）下压式。

接棒队员接棒手四指并拢，虎口张开，自然向后伸出，掌心向上，并使上臂靠近身体，手臂与躯干约成 50°~60°。传棒人将棒的前端由上向前下方将棒送入接棒人手中，待接棒人握紧后再松手。这种传、接棒的优点是接棒人握住棒的一端，在下一次传棒时就便于将握棒的另一端送到接棒人的手中，传、接速度快；缺点是接棒人的手腕动作紧张，不自然，容易失误。

（2）上挑式。

接棒人将接棒手自然向后伸出，四指并拢并与拇指分开，掌心向后，虎口向下，手臂与躯干约成 40°~50°。传棒人将棒由下向前上方送入接棒人手中，当接棒人握紧后再松手。这种传、接棒的优点是接棒人向后伸手的动作比较自然，容易掌握；缺点是接棒人握棒的地方会越来越短，不利于下一次传、接棒，并且速度较慢。

2. 蹲踞式持棒起跑技术

第一棒传棒人以右手持棒，采用蹲踞式起跑，按规则规定接力棒不得触及起跑线和起跑线前的地面，持棒起跑技术和短跑起跑技术基本相同，持棒方法有三种（以右手持棒为例）。

第一种，右手的食指握住棒的后部，拇指与其他三指分开撑地。

第二种，右手的中指、无名指握住棒的后部，拇指、食指和小指成三角支撑。

第三种，右手的中指、无名指和小指握住棒的后部，拇指和食指分开撑地。

3. 传、接棒的时机

为了集中精力保持高速度，4×100 m 接力运动员均采用听传棒人信号而不看棒的接棒方式。传、接棒运动员在 20 m 接力区内，双方均达到相对稳定的高速时，此时便是传、接棒的最佳时机。此时，一般距接力区前端 3~5 m。

传棒人跑到标志线时，接棒人开始由预跑区内或接力区后端迅速起跑。传棒人跑至接力区内，距接棒人 1~1.5 m 时，向其发出“嘿”或“接”等传、接棒信号，接棒人听到后迅速向后伸手接棒。

4. 起跑标志线的确定

起跑标志线与起跑点的距离，根据传、接棒队员的跑速和传、接棒技术的熟练程度以及最佳传、接棒时机而定，一般为 5~6 m。起跑标志线要在训练中多次实践、反复调整才能准确确定。

（五）跨栏跑

跨栏跑是在规定距离内跑并跨越一定数量、一定间距和一定高度栏架的径赛项目，也是田径运动中技术较复杂、节奏性较强、锻炼价值较高的项目之一。它能有效地提高中枢神经系统对运动肌群的调控和支配能力，改善呼吸系统和循环系统的机能，它可使各关节活动幅度增大，肌肉和韧带的伸展增强，骨骼增粗，速度、力量、耐力、弹跳力、柔韧性、灵敏性、协调性、准确性、节奏感等身体素质得到全面发展，并能培养勇敢顽强、不屈不挠、坚定果断的意志品质。

奥运会跨栏比赛项目及要求如表 2-1 所示。

表 2-1　奥运会跨栏跑比赛项目及要求

<table>
<tr><th>性别</th><th>项目</th><th>栏间距离/m</th><th>起点到第一栏距离/m</th><th>最后一栏到终点距离/m</th><th>栏高/m</th><th>栏数/个</th></tr>
<tr><td rowspan="2">男</td><td>110 m栏</td><td>9.14</td><td>13.72</td><td>14.02</td><td>1.067</td><td rowspan="4">10</td></tr>
<tr><td rowspan="2">400 m栏</td><td rowspan="2">35.00</td><td rowspan="2">45.00</td><td rowspan="2">40.00</td><td>0.914</td></tr>
<tr><td rowspan="2">女</td><td>0.762</td></tr>
<tr><td>100 m栏</td><td>8.50</td><td>13.00</td><td>10.50</td><td>0.840</td></tr>
</table>

男子 110 m 栏的栏架较高，过栏和栏间跑的速度较快，是跨栏跑中技术难度最大的项目。下面以此为例，讲解跨栏跑技术。

1. 起跑至第一栏

起跑至第一栏的任务是在固定的距离内用固定的步数完成加速跑，为全程过栏奠定良好的速度和节奏。

起跑至第一栏的距离为 13.72 m，一般用 8 步跑至起跨点。在离栏架约 2 m 处迅速准确地跨过第一个栏架。身高、腿长、速度快、弹跳力强的队员也有跑 7 步跨第一栏的。起跑至第一栏的任务是快速有力地起跑，尽快发挥速度，准确地跨越第一栏，并能获得较大的冲力，向前继续加速，为全程跑创造良好的快速节奏。

110 m 栏采用蹲踞式起跑。起跑器的安装方法及起跑动作与短跑技术基本相同。因受第一栏前固定距离和固定步数的制约，在加速跑过程中应控制好躯干和地面的角度，各步后蹬角度比短跑略大，身体重心位置较高，抬腿幅度大，蹬摆有力，在保证均匀增长步幅的条件下，加快步频。在跑出后的 5~6 步时的躯干姿势应已接近短跑途中跑的躯干姿势，以便准备起跨过栏。栏前最后两步应跑得更加积极，起跨前最后一步比倒数第二步缩短 10~20 cm，以便保持速度，快速而准确地用前脚掌“扒地”，踏上起跨点向栏进攻，跨过第一栏。

第一栏前加速跑 7~8 步只有 11 m 多的距离，还不可能达到很高的跑速，一般是在跨过第三栏后才能发挥最高跑速。只有顺利跨过第一栏才能为全程跑打下速度和节奏基础。

2. 腾空过栏

腾空过栏是指从蹬离地面身体转入无支撑阶段起，到摆动腿过栏后落地时止的动作阶段。

身体腾空后，摆动腿随惯性继续向前上方攻摆，膝关节高过栏架后，小腿向前伸展，脚尖勾起。其异侧臂前伸，与摆动腿基本平行，同侧臂屈肘后摆，上体达到最大前倾，角度为45°~55°。同时，起跨腿屈膝提拉，小腿收紧抬平，约与地面平行或略高，两腿在栏前形成一个约120°以上夹角的大幅度劈叉动作。

摆动腿的脚掌移过栏架后，起跨腿屈膝外展，脚背屈并外翻，以膝领先，经腋下迅速向前上方提拉过栏。两腿在空中完成一个协调有力的以髋关节为轴的剪绞动作。同时，两臂配合积极摆动，起跨腿同侧臂由前伸位置向侧后方做较大幅度的划摆，另一臂屈肘前摆，以维持身体平衡（图2-16）。

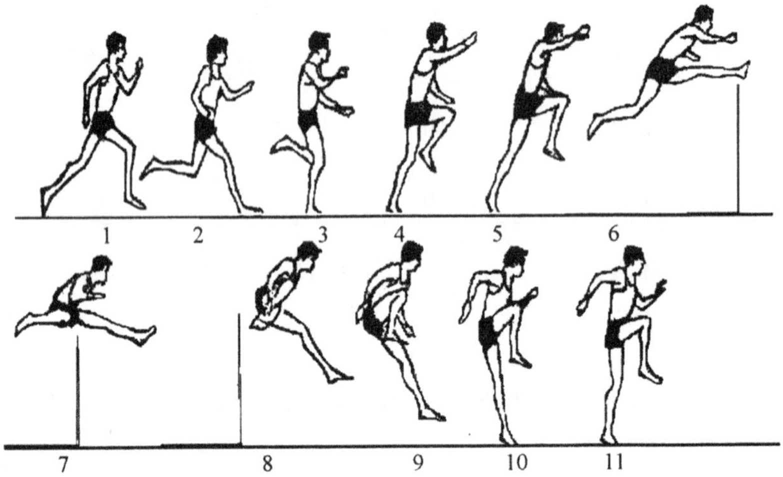

图2-16　腾空过栏

摆动腿膝关节过栏瞬间，大腿积极下压，膝、踝关节伸直，以脚前掌后扒着地，身体重心处于较高位置。上体保持适当前倾，起跨腿加速向前提拉，至身体正前方，大腿高抬，转入栏间跑。下栏着地点距栏架约1.40 m。

3. 栏间跑

栏间跑是从下栏着地点到下一栏起跨点之间的跑段。其任务是以正确的节奏，继续发挥和保持最快速度，为下一栏的顺利起跨创造有利条件。

栏间跑的技术同短跑的途中跑的技术基本相同，但由于受栏间距离和跨栏步的限制，其节奏与短跑明显不同。栏间距离为9.14 m，除去跨栏步余5.30~5.50 m，需跑三步。三步步长各不相同，第一步最小为1.50~1.60 m，第二步最大为2.00~2.15 m，第三步中等为1.85~1.95 m。

提高栏间跑的速度主要靠加快步频和改进跑的节奏，使三步步长比例合理，频率快、节奏稳、方向正、直线性强，身体重心稍高、起伏较小。

4. 全程跑

全程跑的任务是将合理的跨栏步技术与快速的栏间跑技术紧密地结合起来，保持正确的节奏和以最快的速度跑完全程。

全程跑是一个整体，但各阶段有其不同的作用。过好第一栏，这对于全程速度的发挥、节奏的感觉以及运动员的自信心都有十分重要的影响。全程跑中前三栏属于加速阶段，第四至第六栏达到最高速度，第七至第十栏应注意控制技术动作的稳定性、不变形，并保持原有的速度和节奏，第十栏后用力摆臂，加速冲刺。

第三节 跳跃类

跳跃是一种克服障碍的运动方式，其特点是短时间、高强度的肌肉用力。通过田径跳跃练习，可以提高控制身体和爆发用力的能力，同时发展力量、速度、灵敏等素质。

田径跳跃运动分两类：第一类是越过垂直障碍，其目的是尽可能跳得高些，如跳高和撑竿跳高；第二类是越过水平障碍，其目的是尽可能跳得远些，如跳远和三级跳远。跳跃的成绩以米（m）和厘米（cm）为单位衡量。

一、跳远

跳远是在助跑道上，沿着一定的助跑距离，在特设的踏板上用单脚起跳、腾空，最后以双脚落入沙坑的非周期性田径运动项目。跳远技术是一个完整的统一体，为了便于分析技术，现将跳远分为助跑、起跳、腾空和落地四个部分来介绍。

（一）助跑

助跑的任务是在起跳前获得最高的水平速度，为快速、积极、有力地起跳做好准备。助跑的速度取决于身体素质、助跑的技术、节奏、距离等因素。助跑的速度是影响跳远成绩的重要因素。助跑的距离因个人的具体情况而异，一般男子的助跑距离为 18~20 步、35~40 m，有的可达 22 步、45 m 左右；女子的助跑距离为 16~21 步、30~38 m。助跑距离还要根据场地、气候、身体状况适当调整。

（二）起跳

在助跑的最后一步，摆动腿积极蹬地和起跳腿向起跳板迅速下压着板时，便开始了起跳。起跳的任务是充分利用助跑的水平速度，结合两臂的协调摆动，使身体向前上方按适宜的腾起角（一般在 18°~24°）向空中腾起，腾起的初速度越大，越有可能跳出优良成绩。

（1）起跳脚着地。

起跳脚着地时，应落在距身体重心投影点前 30~40 cm 处。起跳腿几乎是直着并由足踵过渡到前脚掌，起跳腿和地面成 65°~70°。由于起跳是在高速度的助跑条件下完成的，因此，在起跳脚与地面接触的瞬间，冲撞力很大，起跳脚着地要采用像跑时那样的“扒地”动作，起跳腿在落地前大腿高度要比助跑时稍低，下落要快速积极，脚掌向下、向后运动（相对于身体而言）。

（2）缓冲。

在起跳的一刹那，由于惯性和重力的作用，迫使起跳腿的髋、膝、踝关节和脊柱很快弯曲缓冲，同时身体迅速前移至起跳腿支撑点的上方。缓冲阶段要注意各关节的弯曲程度不能过大，否则会造成深度下蹲，蹬伸的动作速度减慢，延长起跳腿在板上的时间；如果各关节的弯曲程度过小，则缓冲时间过短，身体就会“滑”过起跳板，从而降低了腾空高度。

（3）蹬伸起跳。

当身体重心前移至起跳腿支点的垂直部位时，因缓冲而被拉长的伸肌开始强有力地收缩，使髋、膝、踝三个关节迅速蹬伸，上体伸展，摆动腿的大腿积极向前上方摆到水平位置，小腿自然下垂，完成起跳动作。这时蹬地角约为75°，起飞角为18°~24°。

（4）起跳中的摆动动作。

起跳中的摆动动作对提高起跳速度、加大动作幅度、维持起跳时的身体平衡和加大蹬伸力量都有重要作用。

起跳时摆动腿要做快速、有力而及时的摆动。起跳前当摆动腿后蹬结束时，大小腿要立即折叠，屈腿前摆，以加快身体重心的前移，增大身体对地面的压力，帮助缓冲动作的完成。在起跳腿蹬伸的时候，摆动腿要大幅度地向前上方摆出，带动髋部迅速前移，提高身体重心，加快起跳腿的蹬伸速度。

摆动结束时的大腿高抬姿势和突然制动，能够帮助维持起跳时的身体平衡，避免身体沿横轴方向旋转。在起跳过程中，两臂随着起跳腿的缓冲、蹬地动作，进行积极摆动；在起跳腿开始蹬伸时，同侧臂屈肘向前、向上摆动，异侧臂后引或侧引摆向体侧或体侧后，当臂摆至肘关节稍低于肩时，摆臂动作突然停止。这种制动动作使向上摆臂的惯性作用到上体，使身体上升，同时维持身体平衡。

（三）腾空

腾空的任务是为了维持身体的平衡并为落地创造有利条件。起跳腾空后，摆动腿屈膝前摆，大腿高抬至水平位置，起跳腿自然、放松地留在后面，成“腾空步”的姿势。腾空步以后的空中动作可以分为蹲踞式（图2-17）、挺身式（图2-18）和走步式三种。

图2-17 蹲踞式

图2-18 挺身式

（四）落地

落地是各项跳跃运动的结束动作，为避免受伤，落地时必须进行必要的缓冲。落地前上体不要过于前倾，以免引起向前回旋；大腿尽量向胸前提举，小腿前伸，脚尖勾起，同时两臂向后摆，脚跟接触沙面瞬间，两腿迅速屈膝缓冲，髋部前移，两臂屈肘积极前摆，使身体移过落地点，避免后坐。

二、三级跳远

三级跳远是在助跑以后沿直线连续进行三次不同形式跳跃的非周期性运动项目。它要求运动员具有良好的速度和专门的弹跳能力，尤其两腿和腰腹部都必须具有强大的力量，是田径运动中技术比较复杂、难度较大的项目之一。

三级跳远技术可以分为助跑、第一跳（单足跳）、第二跳（跨步跳）、第三跳（跳跃）几个部分。每一跳均包括起跳、腾空和落地阶段。

（一）助跑

水平速度是决定三级跳远成绩的关键因素。助跑的目的就在于获得尽可能大的水平速度，为单足跳做好准备。

三级跳远的助跑技术与跳远的助跑技术基本相同，但第一跳起跳的腾起角（是指人体离地时，身体重心腾起初速度方向与水平线构成的角度）较小，因此整个助跑过程中身体重心较高，加速平稳，强调向前行。最后几步，大腿高抬，上体正直，在保持步长或适当减少步长的情况下，加快步频，准备起跳。

助跑距离取决于个人的加速能力。加速能力强，助跑距离则短；反之，助跑距离则长。助跑距离一般为 35~40 m，相当于 18~22 步。

（二）第一跳（单足跳）

三级跳远的第一跳和第二跳是同一腿起跳的。因此，要用有力的腿上板起跳，这可保证强有力的第二跳。在起跳腾空后，经过空中交换腿的动作，再用它落地，即完成了单脚跳动作。

由于助跑向前的水平速度很大，必须注意在保证第一跳有一定远度的条件下，尽量减少跑速的损耗。上板放脚时，应以全脚掌着地，躯干稍前倾，着地瞬间，腿部膝、踝关节适度弯曲缓冲，使上体和髋关节迅速前移，同时摆动腿积极前摆，大小腿折叠，脚跟靠近臀部。

随着身体重心的快速前移，起跳腿要及时地开始做爆发性的蹬伸动作。在迅速有力蹬直起跳腿的同时，摆动腿屈膝由后向前上方积极摆动，使摆动腿大腿接近于地面的位置。与此同时，两臂要协调配合，动作应快速有力，眼睛向前看，有助于身体平衡。起跳结束时，上体保持正直，起跳腿髋、膝、踝三关节充分伸直。蹬地角为 60°~65°。重心腾空轨迹比较平，起飞角一般为 15°~18°。起跳离地后成跨步姿势，然后以自然的空中动作交换两腿的位置，摆动腿引向后方，起跳腿屈膝由后向前上抬起，大小腿收紧，足跟靠近臀部，身体似单腿直立于空中的姿势。然后由髋关节发力，带动抬到水平位置的起跳腿的大腿积极下压，小腿前伸并向下、向后做快速有力的“扒地”动作，用全掌在接近身体重心投影点处着地。同时髋关节主动向前，使身体重心继续前移，为第二跳的起跳创造有利条件。

（三）第二跳（跨步跳）

三级跳远的第二跳难度最大，距离最大，身体重心的抛物线最低。着地后，应及时弯曲膝、踝关节进行缓冲，髋关节前送，使身体快速前移。当身体重心向前移动超过支撑垂直部位的瞬间，处在身体后方的摆动腿和双臂积极大幅度地向前上方摆动，上体伸展，此时缓冲而弯曲的起跳腿迅速有力地蹬伸进行起跳。蹬地角为60°左右，腾起的高度较低，腾起角也较小，为12°~15°。

起跳后成跨步姿势。即起跳腿自然弯曲，摆动腿抬平向前送髋，小腿自然下垂，两大腿保持较大夹角，身体稍前倾，双臂协调地由前经身体两侧向后摆动。这时应充分地利用腾空抛物线以加大腾空距离，在腾空后段快要落地时，摆动腿大腿积极下压，小腿随惯性自然前伸，用全脚掌做扒地式动作，当摆动腿着地时，上体恢复到正直姿势，以保持身体平衡。第二跳的着地动作、方法和着地点与第一跳相同，为第三跳迅速有力的起跳创造条件。

（四）第三跳（跳跃）

第三跳是以第二跳的摆动腿做起跳腿，起跳角应稍大，一般在18°~20°之间。

起跳腿着地后应适度屈膝、屈踝积极缓冲，上体正直，髋部上提，迅速有力地蹬离地面。同时，摆动腿迅速屈膝向前上方高抬摆动，两臂则由体侧后方积极向前上方摆动，保持腾空步动作。

第三跳的空中和落地动作与跳远时一样，有蹲踞式、挺身式或走步式三种。

三、跳高

跳高要求运动员通过快速助跑，经单脚起跳，越过一定高度的横杆。它能有效地增强腿部肌肉力量，提高弹跳力、灵敏度和协调性，培养勇敢、果断的意志品质。

跳高的技术动作先后出现过5次重大演变，即跨越式、剪式、滚式、俯卧式和背越式。当代跳高运动趋向于以速度取胜，即要求助跑速度快、起跳速度快、过杆速度快。

（一）背越式跳高

背越式跳高以特定的弧线助跑，起跳后背对横杆腾起，背越过杆。它是现代最为常用的一种跳高技术，由助跑、起跳、过杆和落地几个不同的技术环节组成。

1. 助跑

助跑的前段与普通加速跑相似，后段助跑时，身体向圆心倾斜，而且越到后面倾斜度越大，前脚掌沿弧线积极落地，步频快、有节奏、有弹性，身体重心稍高而平稳地向前移动。

助跑距离全程一般8~12步，距离最长可达30 m。

2. 起跳

起跳是背越式跳高的关键技术。其任务是迅速地改变人体运动方向，实现最大垂直速度和合理的腾空角度，为顺利过杆创造条件。

起跳阶段，起跳脚踏上起跳点，起跳腿经过支撑、缓冲、蹬伸，蹬离地面跳起，摆动腿蹬离地面和臂协调摆动，达到最高位置。起跳腿指用于蹬伸起跳的腿，多选择较有力的腿。摆动腿指起跳时用于协调配合起跳摆动作用的腿。

在助跑最后一步身体内倾达到最大程度时，摆动腿用力后蹬，推动髋部迅速前移，使起跳腿快速踏上起跳点，形成肩轴与髋轴交叉扭紧姿势。接着，起跳脚以脚跟外侧着地并迅速过渡到全脚掌，脚尖朝向助跑弧线的切线方向，起跳腿自然屈膝并被压紧。随着身体由内倾转为垂直，起跳腿的髋、膝、踝三个关节依次迅猛发力，快速完成蹬伸起跳的动作。

蹬伸结束时，起跳腿的髋、膝、踝三个关节应该充分伸直，使身体垂直于地面，以保证身体向垂直方向充分腾起。

3. 过杆和落地

由于髋部转动，上体在腾空后继续转动成背对横杆，这时起跳腿自然下垂，摆动腿自然地由上向下伸，向后仰头，带动上体向后伸展，髋部上挺充分展开，身体在空中形成反弓，头、肩、背、臀依次越过横杆。当臀部越过横杆后，以膝为轴，小腿主动上踢，并带动大腿向上摆动，同时低头、含胸、收腹，自然下落，以肩、背部落于海绵垫上（图 2-19）。

图 2-19　过杆和落地

（二）跨越式跳高

1. 助跑

左脚起跳者从助跑道的右侧助跑，右脚起跳者从助跑道的左侧助跑。助跑的方式为直线助跑，助跑方向与横杆的夹角为 25°~45°。

通常人们采用单数步助跑的方法，即 7、9、11 等步数。但也不排除采用双数步助跑的方法。单数步助跑时要把摆动腿的脚放在起跑线上，由起跳腿迈出第一步；双数步助跑时要把起跳脚放在起跑线上，由摆动腿迈出第一步。助跑的步长通常由小到大变化，但起跳前的一步要小一些（倒数第一步），倒数第二步要大一些。

助跑的第一步可以从静止开始，也可以从走动开始。前者的优点是步点准确，后者的优点是身体放松，加速更快。助跑的第一段基本上采用加速跑。第二段则与普通助跑方式有所不同：由于离横杆逐渐靠近，身体的前倾度减小，脚的落地方式采用脚跟先接触地面并迅速过渡到全脚掌的助跑方式。摆动腿以大腿带动小腿前伸迈步。助跑的倒数第二步时重心降低，为踏跳动作做好准备。

2. 踏跳

踏跳是跳高技术中的关键。踏跳的任务是利用助跑速度发挥出最大的垂直速度，这是决定身体重心腾起高度的主要因素。

踏跳点的远近与踏跳动作及助跑方向有关，助跑的方向与横杆的夹角小时，踏跳点距横杆就近一些；助跑的方向与横杆的夹角大时，踏跳点距离横杆就远一些。总之，横杆应该在踏跳点与落地点的中间，要使身体重心腾起的最高点在横杆的正上方。通常踏跳点距横杆垂直面的距离在 50~80 cm 之间。

放踏跳脚前摆动腿要支撑压紧，积极送髋，使骨盆前移的速度超过肩带前移的速度。踏跳腿以髋带动大腿，以大腿带动小腿快速放踏跳脚并以脚跟着地，形成踏跳腿向前远伸的姿势。

踏跳脚着地后立即承受整个身体的压力，此时的压力要远远大于体重，因为有了助跑的速度后踏跳腿被迫弯曲，此时摆动腿及双臂开始向前上方积极地摆出，以配合蹬伸踏跳腿的动作。

踏跳腿的膝关节弯曲到最大程度后就开始蹬伸动作。为了使蹬伸更加有力，摆动腿与双臂给以积极的配合。在蹬伸动作完成时，摆动腿与双臂也摆至最高点，从而使身体重心在离地前瞬间达到尽可能高的程度。

蹬伸踏跳腿的同时，摆动腿及双臂由后先向前再向上快速摆动。当双臂及摆动腿摆至最高点时要有制动，以此来增加身体重心腾起的速度。摆动的时机是踏跳腿蹬伸结束时，摆动动作也基本结束。

3. 过杆和落地

当人体重心尚未到达最高点时，摆动腿可能先于其他部位到达最高点而开始过杆，过杆后脚尖内旋、下压。内旋的结果可帮助踏跳腿外旋，下压的结果可帮助身体的其他部位依次过杆。随后踏跳腿过杆，上体也同时过杆。为安全落地，上体抬起，摆动腿迅速落向地面，及时做屈膝缓冲的动作。

跨越式跳高与其他跳高技术相比，虽然过杆效果较差，但动作简单易学，锻炼身体的效果与其他姿势相比并无显著差别，故应重点掌握，不可轻视。

第四节　投掷类

投掷是用专门器械进行推远或掷远的练习，器械的形状、大小和重量应严格符合国际竞赛规则的要求。投掷成绩以米（m）和厘米（cm）衡量。投掷时，不只是用臂部、肩带和躯干的肌肉力量，而且需要腿部肌肉的短时间高度用力。从事投掷练习，有助于全身肌肉的协调发展。

一、推铅球

有多种推铅球的技术，这里只介绍背向滑步推铅球技术。推铅球的完整技术由握球和持球、预备姿势、滑步、最后用力四个部分组成。决定铅球投掷远度的主要因素有铅球离手时的初速度、角度和高度。

（一）握球和持球（以右手为例）

五指自然分开，手腕背屈，球体置于食指、中指和无名指的指根上，拇指与小指自然扶于球的两侧。握好球后，屈肘，把球放在肩上锁骨窝处，抵贴于颈部，手稍外转，掌心向前，肘低于肩（图 2-20）。

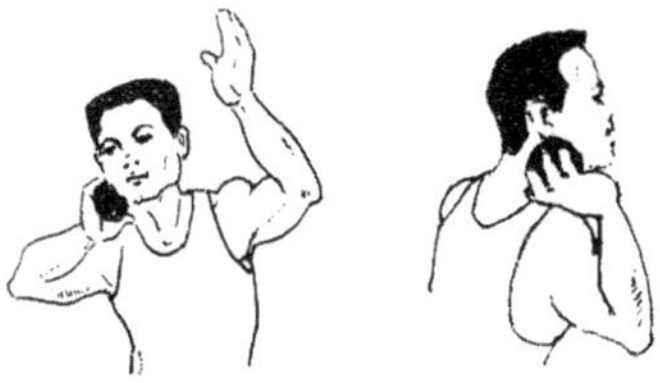

图 2-20 握球和持球

（二）预备姿势（以右手持球为例）

1. 高姿势

持球后背对投掷方向，两脚前后开立，相距 20 ~ 30 cm。右脚尖贴近投掷圈后沿，脚跟正对投掷方向，体重主要落于伸直的右腿上。左脚以前脚掌或脚尖着地，自然弯曲，上体放松，左臂稍向内自然上举。两眼看前下方 3 ~ 5 m 处或脚尖。

2. 低姿势

持球后背对投掷方向，两脚前后开立，相距 50 ~ 60 cm。两腿弯曲，体重落于右腿上。右脚尖贴近投掷圈后沿，脚跟正对投掷方向，左腿以前脚掌或脚尖着地。左臂自然下垂，左肩稍向内扣，上体前屈，与地面平行。两眼看前下方 2 ~ 3 m 处。

（三）滑步

当左脚收回，靠近右腿预摆结束时，身体重心向后移离支撑点，这时向投掷方向摆伸左腿，右腿用力向后蹬伸，使身体向后快速平稳移动，此时，迅速收拉右小腿，同时，右脚内旋、右膝内扣，以右脚前脚掌落地于投掷圈中心附近。这时，左脚要迅速以前脚掌内侧蹬踩着地于靠近抵趾板右侧处，重心落在右腿上。左、右脚着地时间间隔越短越好（图 2-21）。

图 2-21 滑步

（四）最后用力

当左脚落地瞬间，右腿用力向投掷方向蹬转，带动髋关节也向同一方向转动，左臂由胸前向左上方快速摆动，此时身体稍抬起，胸和头转动对着投掷方向。当左臂摆至体侧时，左腿向上蹬伸，右腿向前上方蹬伸，以左侧肩、髋、膝、踝为轴，身体快速转动至右肩对向投掷方向，抬头挺胸，右臂迅速而有力地推伸右臂。当球快离手时手腕稍内旋，用手指拨球，做抖腕的动作，将铅球以38°~42°的方向推出。铅球离手后，两腿迅速换位，降低身体重心，维持身体平衡。

二、掷标枪

掷标枪是田径运动投掷项目之一。它是一手持枪，沿直线助跑后，利用全身力量和最快的出手速度，由背后经肩上把标枪掷在约29°的扇形区内。

掷标枪的完整技术是一个连续的过程，主要包括握持标枪、助跑、最后用力和身体平衡四个部分。

（一）握持标枪（以右手掷枪为例）

1. 现代式握法（拇指和中指握法）

将标枪斜放在掌心上，大拇指和中指握在缠绳把手末端第一圈上沿，食指自然弯曲斜放在枪身上，无名指、小指自然地握在缠绳把上。

2. 普通式握法（拇指和食指握法）

由拇指、食指握在缠绳把手末端第一圈上沿，其余手指顺着食指握在缠绳把手上面。

持枪的方法有肩上持枪、肩下持枪两种。多数人采用肩上持枪方法——持枪于右肩上方，持枪手略高于头，枪尖稍低于枪尾或枪身与地面平行。也有的枪尖略高于枪尾，但手腕紧张，现很少人采用。

（二）助跑

助跑的目的是为了在最后用力之前获得预先速度，并在助跑中做好引枪动作，为进入最后用力创造良好的工作条件。

助跑的距离虽然不受比赛规则的限制，但一般采用的距离为25~35 m（女子稍短一些），也可根据个人助跑速度的快慢而定。

1. 预跑阶段

从第一标志线起跑至第二标志线为预跑阶段，一般为15~20 m，用8~10步完成。预跑阶段的主要任务是加速并达到在第二标志线前所需要的速度。助跑速度的快慢应与运动员的技术熟练程度和身体训练水平相适应。随着技术的改进和训练水平的提高，可以逐步加快助跑的速度。预跑阶段的整个动作应放松自然，上体保持垂直姿势，下肢动作基本上同平跑，但跑的动作要求富有弹性和节奏性，并注意逐渐加速和保持助跑的直线，两眼平视前方。

2. 投掷步阶段

由第二标志线到投掷弧为投掷步阶段，要求在较高的跑速中完成一系列动作，不停顿地过渡到最后用力。投掷步的主要任务是加快两腿的动作，在加速前提下正确完成引枪、超越器械动作，为最后用力创造良好条件。

投掷步的形式有两种，即跳跃式投掷步和跑步式投掷步。一般多采用跳跃式投掷步，它有利于完成引枪和超越器械动作。

投掷步的步数一般是五步或七步，也有采用六步的。

（三）最后用力

投掷步的第三步着地后，由于惯性，髋部迅速向前运动，在超越了右腿支撑点之后（左脚未着地），右脚就开始最后用力。当左脚着地，便形成了以左脚到左肩的左侧支撑，为右腿继续蹬地、转髋创造了条件。右腿的继续蹬地，推动右髋加速向投掷方向运动，使髋轴超过肩轴，同时髋部牵引着肩轴向投掷方向转动，在肩轴向投掷方向转动的同时，投掷臂向上转动，带动前臂、手腕向上翻转，当上体转为正对投掷方向时，形成“满弓”姿势。此时投掷臂处于身后，约与肩同高，与躯干几乎成直角。形成“满弓”姿势后，胸部继续向前，使投掷臂最大限度地留在身后。由于向前的惯性和右腿蹬伸的力量，重心前移，体重逐渐移向左腿，加重了左腿的负担，左膝弯曲。由于胸部的继续牵引，投掷臂的上臂带动前臂向前，肘关节逐渐弯曲，当上臂与躯干成一直线时，上臂与前臂之间的夹角约为90°。这时重心已移近左腿，弯曲的左腿做迅速有弹性的蹬伸，同时胸部尽量前送，接着被拉长的胸腹肌群做强有力的收缩，带动上臂迅速向前，并带动小臂向前做爆发性“鞭打”动作，使全身的力量通过手臂和手指作用于标枪纵轴。标枪出手的一刹那，手腕和手指的积极动作，能使标枪沿着纵轴按顺时针方向转动，这可以保持标枪在空中飞行的稳定性，提高标枪的滑翔效果。标枪出手的适宜角度为30°~35°，但在不同风向的情况下，应适当调整。

（四）身体平衡

标枪出手后的身体平衡，是全过程的结束动作，能否维持好身体平衡关系到投掷的成绩是否有效。当标枪出手后，随着向前的惯性，身体必然继续向前运动，这时右脚应及时向前跨出一步，身体稍向左转，并降低重心，以保持身体平衡。缓冲的距离一般为2 m。

三、掷实心球

实心球是一项力量性和动作速度项目，是以力量为基础，以动作速度为核心的投掷项目。实心球是一种很实用的健身器械，质量一般为1~5 kg。由于球的内胆为实心，因此不能拍动。练习实心球，可锻炼腰腹力量和上肢力量。

影响实心球成绩的三个因素是实心球的出手速度、出手角度及出手高度，其中出手速度是最重要的因素。

实心球出手初速度主要是由最后用力投掷球的距离和时间决定的，用力距离越大，时间越短，则实心球的出手初速度就越大，出手初速度的能力主要取决于学生的身体素质发展水平及正确的投掷实心球技术。

实心球的出手角度对投掷成绩也有较大的影响，最佳出手角度不是不变的，在一定范围内它随着出手速度的增大而增大，出手角度因不同身体素质的学生而变化，男生可以大一些，女生应小一些。

实心球的出手高度对每位学生来说是相对稳定的，它取决于学生的身高、臂长及对该项目技术动作的掌握程度。如个别学生蹬地送髋不够或最后用力出现屈肘动作，都会影响其出手高度。

（一）坐姿抛球

1. 坐姿前抛球（双手）

屈膝分腿坐，双手握持实心球丁两腿内侧，双臂向前摆起，将实心球向前抛出（图 2-22）。

图 2-22　坐姿前抛球（双手）

2. 坐姿体侧抛球（单手）

屈膝分腿坐。左肩侧对抛球方向，右手持球于体侧，然后上体侧摆，右臂向上摆起，经头上向左侧方向抛球。左右手交替进行练习。

3. 坐姿后抛球（双手）

屈膝分腿坐，背对抛球方向，双手持实心球于大腿内侧，上体后仰，双臂用力将球向后抛出（图 2-23）。

图 2-23　坐姿后抛球（双手）

4. 坐姿转体抛球（单手、双手）

屈膝并腿坐，侧对抛球方向，双手持球于体侧，上体向右转动，双手预摆到体侧，然后上体向左转动，带动双臂向左侧方向抛球。左右手、单双手交替练习（图 2-24）。

图 2-24　坐姿转体抛球（双手）

5. 仰卧起抛球（双手）

屈膝并腿坐，双手持球于头上，然后上体后仰卧，此时迅速仰卧起坐，双臂同时向前抛球（图 2-25）。

图 2-25 仰卧起抛球（双手）

（三）跪地抛球

1. 跪地前抛球（单手、双手）

单膝跪地，面对抛球方向，双手握持实心球，掌心朝前，手臂稍弯曲，以肩为轴向后预摆，然后向前滚实心球或抛实心球（图 2-26）。

图 2-26 跪地前抛球（双手）

2. 跪地侧身抛球（单手）

双膝跪地，侧对抛球方向，右手握持实心球于体侧，掌心朝上，上体先向右预摆侧倒，然后向左用力，将球向左前方抛出。左右手交替练习。

3. 跪地转体抛球（单手、双手）

双膝跪地，面向抛球方向，右手握持实心球，向右后方摆动，此时肩轴与髋轴成交叉，腰部扭紧，然后利用上体的转动，将实心球抛出。

（四）原地抛球

1. 原地下手向前抛球（单手、双手）

两脚前后站立（左脚在前、右脚在后），单（双）手持实心球于右髋处，前后预摆一次，紧接着右腿蹬地送髋，带动单（双）臂向前抛球（图 2-27）。

图 2-27　原地下手向前抛球（单手）

2. 原地转体抛球（单手、双手）

两腿左右开立，与肩同宽，左肩侧对抛球方向，单（双）手握持实心球于体侧，弯曲右脚，然后右腿蹬地、转髋，带动躯干向抛球方向转动，并将实心球抛出（图 2-28）。

图 2-28　原地转体抛球（双手）

3. 原地侧身抛球（单手）

两腿前后站立，与肩同宽，左肩侧对抛球方向站立，右手握持实心球于体侧。右腿弯曲，上体适当向右侧倒，然后右腿快速蹬伸，躯干侧摆，将球向左侧前方抛出。

4. 原地正面上手前抛（双手）

两腿前后站立，左腿在前，右腿在后，双手握持实心球于头上，右腿弯曲，上体前仰，右腿快速蹬伸，上体前摆，带动手臂向前上方抛出（图 2-29）。

图 2-29　原地正面上手前抛（双手）

5. 原地后抛（单手、双手）

两脚前后开立，与肩同宽，背对抛球方向，双手握持实心球于头上，两腿弯曲，双手下摆于大腿内侧。然后两腿快速蹬伸，躯干后摆，双臂用力，将球向后方抛出（图 2-30）。

图 2-30 原地后抛（双手）

第五节 田径竞赛规则简介

一、径赛项目竞赛规则要点

（一）短跑、中长跑的名次判定

在田径比赛中，所有赛跑项目参赛者的名次取决于其身体躯干（不包括头、颈、臂、腿、手或足）抵达终点线后沿垂直面为止时的顺序，以先到达者名次列前。在任一赛次中，按成绩录取进入下一赛次时如遇运动员成绩相等，则终点摄像主裁判应考虑有关运动员的 1/1 000 s 的实际成绩。如果成绩依然相等，则有关运动员均应进入下一赛次。如实际条件不允许，应抽签决定进入下一赛次的人选。在决赛中第一名成绩相同，裁判长有权决定是否重赛，若无条件重赛，则并列第一；至于其他名次成绩相同，按并列处理。

（二）短跑及中长跑的起跑

在国际赛事中，所有 400 m 及 400 m 以下的径赛项目，必须采用“蹲踞式”起跑及起跑器。发令员口令为“各就位”“预备”，最后发令枪响。在“各就位”“预备”口令之后，参赛者应立即完成有关动作，否则属起跑犯规。如果有运动员抢跑，发令员就会宣布起跑犯规。对第一次起跑犯规的运动员应给予警告，除了全能项目之外，每项比赛只允许一次起跑犯规而运动员不被取消资格，之后每次起跑犯规的运动员均将被取消该项目的比赛资格。

全能比赛中，如果一名运动员两次起跑犯规，将被取消比赛资格。

除此以外，在“各就位”口令发出后，以声音或动作扰乱他人，也判为起跑犯规。在枪声响起前有任何起跑动作，均属起跑犯规。如因仪器或其他原因而非运动员造成的起跑，应向所有运动员出示绿牌。

400 m 以上（不含 400 m）的径赛项目，均采取“站立式”起跑。发令员口令为

"各就位"，当所有参赛者在起跑线后准备妥当静止后，便可鸣枪开始比赛。

（三）赛次和分组

径赛一般分为第一轮（Round 1）、第二轮（Round 2）、半决赛（Semi-finals）和决赛（Finals）4 个赛次。而赛次的安排和分组以及每一赛次的录取人数等将根据报名参加比赛的人数决定。预赛分组时要尽可能把成绩好的运动员平均分配到不同的小组中去。在其后的各轮比赛中，分组依据运动员在前一轮的比赛成绩。如果可能，相同国家或地区的运动员应分开。

（四）分道

运动员在所有短跑、跨栏和 4×100 m 接力赛中自始至终都必须在自己的跑道里。800 m 和 4×400 m 接力赛，在自己的跑道里起跑，当运动员通过抢道标志线以后才能离开自己的跑道，切入里道。运动员的跑道由技术代表抽签确定。第二轮开始的各轮比赛，跑道的选择还需依据运动员在上一轮的比赛结果，如排名前 4 位的运动员抽签后分别占据第 3、4、5、6 跑道，后 4 名抽签排定第 1、2、7、8 跑道。

（五）接力赛

4×100 m 接力跑是分道进行的，接棒者可以在接力区前 10 m 内起跑。

接力赛中，运动员必须在 20 m 的接力区内完成交接棒。"接力区内"的判定是根据接力棒的位置，而不是根据参赛者的身体或四肢的位置。

在 4×400 m 接力跑中，第一棒全程及第二棒的第一弯道是分道跑，第二棒运动员要跑至抢道线后方可自由抢道。第一棒的传、接必须在参赛者指定的跑道内进行，其余各棒的传、接，裁判员根据第二及第三棒运动员通过 200 m 起点处的先后，按次序让其第三及第四棒的队友在接力区内由内至外排列等候接棒。所有接棒者均不可在接力区外起跑。

接力棒必须拿在手上，直到比赛结束为止。完成交接棒后，运动员应留在本队的跑道中以免因影响他人而被取消比赛资格。任何人掉了棒，必须由其本人拾回，而且要在不影响别人的情况下，方可越出自己的跑道以拾回接力棒。

（六）跨栏

各参赛者必须在自己的跑道内完成比赛，当参赛者跨越栏架时，若其腿或足从低于栏架顶的水平线跨越，或跨越并非自己赛道上的栏架，或故意以手或足撞倒任何栏架，均取消其参赛资格。

（七）竞走

竞走比赛有两个核心规则。首先，竞走运动员必须始终保持至少有一只脚与地面接触。其次，前腿从着地的一瞬间起直到垂直位置必须始终伸直，膝关节不能弯曲。

比赛中有 6~9 名专职的竞走裁判员监督运动员。按规则规定，他们不能借助任何设备帮助判断，只能依靠自己的眼睛来判断运动员是否犯规。当竞走裁判员看到竞走运动员的动作有违反竞走技术的迹象时，应予以黄牌警告，并在赛后报告给主裁判。当运动员的行进方式违反竞走技术的规定，表现出肉眼可见的腾空或膝关节弯曲时，竞走裁判员须将一张红卡送交竞走主裁判。当竞走主裁判收到针对同一名运动员的 3 张来自不同竞走裁判员的红卡时，该运动员即被取消比赛资格，并由主裁判或主裁判助理向其出示红牌通知他（她）。

二、田赛项目竞赛规则要点

（一）比赛方法

奥运会田赛项目的比赛通常先分两组进行及格赛，通过及格标准的直接进入决赛，如达到及格标准的运动员人数不足 12 人，不足的人数按及格赛成绩递补。远度项目决赛前 3 轮比赛的顺序由抽签决定。决赛前 3 轮比赛结束后，按成绩取前 8 名运动员进行最后 3 轮比赛。第 4、5 轮比赛排序按前 3 轮成绩的倒序排列，第 6 轮比赛排序则按前 5 轮成绩的倒序排列，成绩最好的在最后跳（掷）。

（二）有效成绩

除犯规外，跳跃远度项目比赛中，运动员每次试跳的成绩均为有效成绩。除犯规外，高度项目比赛中，运动员每次跳过的高度均为有效成绩。投掷项目比赛除犯规以外，当运动员投出的器械完全落在落地区内（不包括落地区边线）才算有效，丈量成绩时从距离投掷区最近的落地点算起。标枪比赛，必须枪尖首先触地，成绩才算有效。

（三）录取名次

远度项目比赛结束以后，以运动员最好的一次试跳（掷）成绩，包括因第一名成绩相等而进行的决定名次赛的成绩，作为最后的决定成绩判定名次，成绩好者列前。如成绩相等，按下列规定解决：在远度项目比赛中，如出现的最好成绩相等，则以第二好成绩来确定名次，依此类推，直到最后一个成绩。如果还是相同，除了第一名以外，可以并列；如果涉及第一名成绩相同，必须让这些涉及第一名的运动员继续比赛，直到决出第一名为止。

在高度项目比赛中，如出现成绩相等，则按以下规定解决：① 在出现成绩相等的高度上，试跳次数较少者名次列前。② 若成绩仍然相等，则在包括最后跳过的高度在内的决赛全部比赛中，试跳次数较少者名次列前。③ 若成绩仍相等，当涉及第一名时，再进行比赛，直到分出名次为止；若成绩不涉及第一名，名次并列。

（四）犯规

跳远、三级跳远有下列情况之一即判犯规：① 在未做起跳的助跑中或在跳跃中运动员身体任何部位触及起跳线之前的地面。② 从起跳板两端之外起跳，无论是否超过起跳线的延长线。③ 触及起跳线和落地区之间的地面。④ 在落地过程中触及落地区以外的地面，而落地区外的触地点较落地区内的最近触地点更靠近起跳线。⑤ 离开落地区时，运动员在落地区外地面的第一触地点较落地区内最近触地点更靠近起跳线。⑥ 在助跑或跳跃中采用任何空翻姿势。⑦ 还未通知该运动员试跳，而进行试跳，不管是否成功，都应判该次试跳失败。⑧ 无故错过该次试跳顺序。⑨ 无故延误时限。

跳高有下列情况之一即判犯规：① 使用双脚起跳。② 由于运动员的试跳动作致使横杆未能停留在横杆托上。③ 在越过横杆之前，身体触及立柱前沿垂直面以外的地面或落地区，但如果裁判员认为运动员并没有受益，则不应由此而判该次试跳失败。④ 无故延误时限。⑤ 当裁判员通知运动员试跳开始后，运动员才决定免跳，当时限已过时，应判该次试跳失败。⑥ 无故错过该次试跳顺序。

在投掷项目比赛过程中，运动员如果有下列违反规则的行为，则会被判犯规，成绩无效：① 无故超出时限。② 投掷铅球和标枪技术不符合规则规定（规则要求铅球和标枪必须由单手从肩上掷出）。③ 在投掷过程中，身体和器械的任何一部分不得触及投掷圈铁圈上沿或圈外的地面和标枪投掷弧、延长线以及线以外地面任何一部分，包括铅球抵趾板的上面，否则即为投掷失败。④ 只有当器械落地以后，运动员才允许离开投掷圈或助跑道。标枪运动员在投出的枪落地前，不能在投掷后转身完全背对其投出的标枪。完成投掷后，铅球运动员必须从投掷圈后半圈的延长线后面退出，标枪运动员必须从投掷弧以及延长线后面退出。⑤ 在没有犯规的情况下，运动员可以中止已开始的试掷动作，将器材放下以后暂时离开投掷区，并重新开始，但是必须在规定的时限内完成投掷。⑥ 运动员可以在比赛期间离开比赛区域，但必须由裁判员许可并由裁判员陪伴。⑦ 比赛过程中，运动员不能在比赛场地使用以下电子设备：摄像机、便携式录放机、收音机、CD 机、报话机、手机、MP3 以及类似的电子设备。

（五）裁判员的旗示

在跳跃项目比赛中，通常有一名主裁判手中持有红、白旗帜各一面，用来示意运动员试跳是否成功。举红旗表示试跳失败，成绩无效；举白旗表示试跳成功，成绩有效。

在投掷项目比赛中，通常有两名主裁判手中持有红、白旗帜各一面，用来示意运动员试投是否成功。举红旗表示试投失败，成绩无效；举白旗表示试投成功，成绩有效。其中一名站在投掷区附近的称为内场主裁判，主要判定运动员在试投过程中是否犯规；另一名站在落地区内的称为外场主裁判，主要判定器械落地点是否有效。

思考题

1. 田径由哪几个部分组成？
2. 简述短跑的技术要领。
3. 如何缓解长跑时出现的“极点”现象？

第三章 足 球

第一节 足球运动概述

一、足球运动的起源与发展

（一）我国是古代足球运动的发源地

我国古代称足球为“蹴鞠”或“蹋鞠”，“蹴”和“蹋”都是踢的意思，“鞠”是球名。《战国策》和《史记》是最早记录蹴鞠的文献典籍，前者描述了2 300多年前的春秋时期，齐国都城临淄流行蹴鞠活动；后者则记载，蹴鞠是当时训练士兵、考察兵将体格的方式。到了唐宋时期，“蹴鞠”活动已十分盛行，成为宫廷之中的高雅活动。1985年7月，国际足联当任主席阿维兰热博士来中国时曾表示：足球起源于中国。2004年2月4日国际足联副秘书长热罗姆·项帕涅在伦敦举行的新闻发布会上正式宣布，中国是足球运动的发源地。

（二）世界现代足球运动的诞生与发展

古代足球活动源于中国，现代足球运动则诞生于英格兰。1863年10月26日，英国伦敦成立了英国足球联合会。这是世界上首次成立的第一个足球组织，足球联合会还制定了14条足球规则。从此，国际足坛把这一天定为现代足球运动的诞生日。

随着国际交往的增多，现代足球运动被传播到了世界各地，首先传播到了欧洲，再到南北美洲，继而传到亚洲、大洋洲，最后传播到非洲等地。足球运动所到之处都是沿用英国足球联合会制定的足球规则，连踢球的技术和攻防模式也都是效仿英国人的。

1904年5月21日，由法国发起，并邀请比利时、西班牙、荷兰、丹麦、瑞典、瑞士等国的足球协会的代表在巴黎召开了会议，成立了足球运动的国际性组织——国际足球联合会。

现代足球运动从诞生、发展到现在已经进入一个崭新的阶段。当今世界足球水平以欧洲、南美洲最高，但近些年来非洲一些国家有了长足的进步，亚洲国家也在努力提高。由于足球运动本身的魅力，加之世界通信、传媒的迅速发展，各大洲不同国家之间的足球比赛交流也越来越多，队员们在竞争中相互学习、借鉴、融合、促进，既不断完善自己，又推动对方进步，共同朝着技术、战术、身体、心理素质全面发展的方向努力。

（三）我国现代足球运动的兴起

19 世纪末 20 世纪初，上海的教会学校圣约翰大学、南洋大学以及北京的协和书院、汇文书院等校师生相继开展了足球运动，并举行了足球比赛。此后在广州、厦门、南京、青岛、天津等地的各级学校也开展了足球运动。但由于各种原因，我国足球运动的技术和战术长期处于落后状况。直到党的十一届三中全会后，我国实行了对内改革对外开放的政策，引入了国外一些足球强国的机制，技术水平略有提高，其中女足也曾获得国际赛的冠军，但是男子足球仍处于落后的状况。

党的十八大以来，以习近平同志为核心的党中央把振兴足球作为发展体育运动、建设体育强国的重要任务摆上日程。坚定不移推进改革、振兴足球，并以此为突破口深化体育管理体制改革，这是顺应人民群众新期待、实现体育强国梦的实际行动。为贯彻落实党中央、国务院决策部署，有关部门密切合作，经过长时间的调研论证，国务院于 2015 年印发了《中国足球改革发展总体方案》。此方案的出台，将会促进我国足球的长远发展。

二、国内外足球重大赛事

（一）世界杯足球赛

世界杯足球赛是由国际足联组织的规模最大、水平最高的足球比赛，国际足联下属的协会成员均可报名派一个队参加，职业和业余队员均可报名参赛。比赛分预赛和决赛两个阶段，决赛队数由最初的 12 个增加到 24 个，到 1998 年第 16 届世界杯比赛增加到 32 个。冠军奖杯原为“雷米特”杯，后被三次夺冠的巴西队永久占有，故从 1974 年第 10 届比赛开始改为国际足联世界杯的新杯，又称为“大力神杯”。到目前为止，各届世界杯比赛参赛队成绩如表 3-1 所示。

表 3-1 各届世界杯比赛参赛队成绩

届次	时间	举办国	冠军	亚军	季军
1	1930 年	乌拉圭	乌拉圭	阿根廷	美国
2	1934 年	意大利	意大利	捷克斯洛伐克	德国
3	1938 年	法国	意大利	匈牙利	巴西
4	1950 年	巴西	乌拉圭	巴西	瑞典
5	1954 年	瑞士	联邦德国	匈牙利	奥地利
6	1958 年	瑞典	巴西	瑞典	法国
7	1962 年	智利	巴西	捷克斯洛伐克	智利
8	1966 年	英国	英国	联邦德国	葡萄牙
9	1970 年	墨西哥	巴西	意大利	联邦德国

续表

届次	时间	举办国	冠军	亚军	季军
10	1974 年	联邦德国	联邦德国	荷兰	波兰
11	1978 年	阿根廷	阿根廷	荷兰	巴西
12	1982 年	西班牙	意大利	联邦德国	波兰
13	1986 年	墨西哥	阿根廷	联邦德国	法国
14	1990 年	意大利	联邦德国	阿根廷	意大利
15	1994 年	美国	巴西	意大利	瑞典
16	1998 年	法国	法国	巴西	克罗地亚
17	2002 年	日本、韩国	巴西	德国	土耳其
18	2006 年	德国	意大利	法国	德国
19	2010 年	南非	西班牙	荷兰	德国
20	2014 年	巴西	德国	阿根廷	荷兰
21	2018 年	俄罗斯	法国	克罗地亚	比利时

（二）奥运会足球赛

从 1896 年第 1 届现代奥运会到 1908 年第 4 届奥运会，足球是表演项目，直到 1912 年第 5 届奥运会时足球才成为正式比赛项目，但是奥运会足球比赛对参赛队员年龄加以限制，1993 年召开的国际足联执委会决定，允许每个参加奥运会足球决赛的队有三名年龄超过 23 岁的队员。这一规定标志着奥运会比赛成为年轻足球选手的竞技舞台，它检阅着各国足球的后备力量。

（三）世界青年足球锦标赛

该赛事始于 1977 年，最初的两届世界青年足球赛属试办性质。1981 年，在澳大利亚举办的第 3 届世界青年足球赛得到了国际足联的正式承认，被命名为国际足联世界青年足球锦标赛（即可口可乐杯赛），因此第 3 届世界青年足球赛又叫第 1 届世界青年足球锦标赛。国际足联所属协会会员均可报名参加，队员必须在 20 岁以下。比赛分为预选赛和决赛两个阶段，各洲青年足球锦标赛为预选赛，决赛参赛队为 16 个。

（四）世界女子足球比赛

为推动世界女子足球运动的发展，国际足联决定模仿世界杯赛的原则，创办世界女子足球锦标赛。1991 年，在中国举行了首届女足世界杯比赛。1996 年第 26 届奥运会上，女子足球正式成为比赛项目。中国女足曾在 1999 年女足世界杯比赛中一路过关斩将杀入决赛，最后以点球惜败于美国获得亚军。

（五）欧洲足球锦标赛

该赛事始于1958年，最初两届比赛（1960年、1964年）称为欧洲国家杯赛，后改为现名。1996年前，仅有8支球队进入决赛阶段。此后，改为16支球队参加决赛阶段的比赛。2016年，法国欧洲杯决赛又增加至24支队伍参加比赛。举办欧洲足球锦标赛由法国足协秘书亨利·德洛内提出，旨在使欧洲各国球队能在两届世界杯中间的空白阶段保持高水平。欧洲足球锦标赛是欧洲大陆各国间水平最高的比赛，其激烈程度、综合水平甚至高于世界杯赛。

（六）欧洲三大杯赛

欧洲三大杯赛是世界足坛组织最完善、影响力最大的俱乐部比赛，其他各洲俱乐部比赛基本上是模仿三大杯赛而创设的。三大杯赛的诞生正逢现代电视、新闻媒介发展高峰之时，使得它们得益匪浅。欧洲三大杯赛是指欧洲冠军杯赛、欧洲优胜者杯赛和欧洲联盟杯赛，它们都是每年一届。其中，冠军杯赛水平最高，它始于1955年，由历史成绩最好的8个欧洲国家的联赛冠、亚军参加。欧洲优胜者杯赛由各国足协杯赛冠军队参加，始于1960年。欧洲联盟杯赛正式始于1972年（前身为欧洲博览会城市杯赛），它旨在使各国联赛中取得较好成绩的球队有机会参加全欧洲范围内的比赛。1972年，欧洲足协又创办了欧洲超级杯赛，它由当年欧洲冠军杯赛冠军对阵优胜者杯赛冠军，比赛实行主、客场制。

（七）欧洲足球五大联赛

欧洲足球五大联赛，指西班牙足球甲级联赛、德国足球甲级联赛、英格兰足球超级联赛、意大利足球甲级联赛和法国足球甲级联赛。这五大联赛吸引了全世界90%以上的球星参加，代表了当今世界足坛的最高水平。

第二节　足球基本技术

足球技术是由特定的动作结构所组成的、贯穿于整个足球活动的一种基本运动形式。常见的足球技术包括踢球、颠球、接球、头顶球、运球和抢截球等。

一、踢球

踢球是足球比赛中应用最多的一项基本技术，是完成各种战术配合、创造射门机会的主要手段，是足球运动中运动员之间相互交流的手段和方式。

踢球是用脚相应部位把球踢向预定目标的技术动作。常用的踢球技术有脚背内侧踢球、脚背正面踢球和脚背外侧踢球。

（一）脚背内侧踢球

脚背内侧踢球指踢球脚触球时，以脚背内侧部位触球。这可以增加踢球的力量和速度，经常用于踢定位球和远距离射门。

踢定位球时，斜线助跑，助跑方向与击球方向约成45°，支撑脚外侧积极着地，踏在球的侧后方25~30 cm处，膝关节弯曲，脚尖指向出球方向，身体稍向支撑脚一侧倾斜。支撑脚着地的同时，踢球腿以髋关节为轴大腿带动小腿由后向前摆，膝关节摆到接近球的内侧垂直上方时，小腿加速前摆，脚尖稍外转，脚面绷直，脚趾扣紧，脚尖指向斜下方，以脚背内侧击球的后中部，踢球腿跟随球继续前摆，两臂随踢球动作自然摆动（图3-1）。

图3-1 脚背内侧踢球

（二）脚背正面踢球

脚背正面踢球指踢球脚触球时，以脚背的正面触球。它踢球的力量大，但出球性能变化小，方向单一。其主要用于射门以及踢空中球、反弹球和倒钩球。

踢定位球时，直线助跑，最后一步稍大并积极着地，支撑脚踏在球的侧后方10~15 cm处，脚尖正对出球方向，膝关节微屈；踢球腿在支撑脚前跨的同时蹬离地面，屈膝，小腿顺势向后摆起，当支撑脚着地时，踢球腿以髋关节为轴，大腿带动小腿由后向前摆，当膝关节摆至接近球的垂直上方时，小腿做爆发式的前摆，脚背绷直，脚趾扣紧，以脚背正面击球的后中部，踢球后踢球腿继续随球提膝前摆（图3-2）。

图3-2 脚背正面踢球

（三）脚背外侧踢球

脚背外侧踢球指踢球脚触球时，以脚背外侧触球。这样踢球力量大，出球的性能和方向变化较多。它经常用于射门、传球、踢角球。

踢定位球时，正面直线助跑，最后一步稍大，支撑脚积极而迅速地以脚跟着地，踏在球的侧后方10~15 cm处，膝关节微屈，足尖正对出球方向，摆动腿以髋关节为轴，大腿带动小腿屈膝积极向前摆动。当膝盖摆到接近球的垂直上方时，小腿加速前摆，同时足尖内转，脚面绷直，脚趾扣紧，足尖指向斜下方，用脚背外侧击球的后中部。踢球后，踢球腿随球向前继续摆动，两臂配合踢球动作协调摆动。

二、停球

停球是运动员有目的地用身体的合理部位，把运动中的球停挡在所需要的控制范围内的技术动作。常用的停球动作有脚内侧停球、脚底停球、脚背外侧停球、胸部停球、脚背正面停球、腹部停球和大腿停球等。

（一）脚内侧停球

停球的部位与脚内侧踢球相同，多用于停地滚球、反弹球和空中球等。

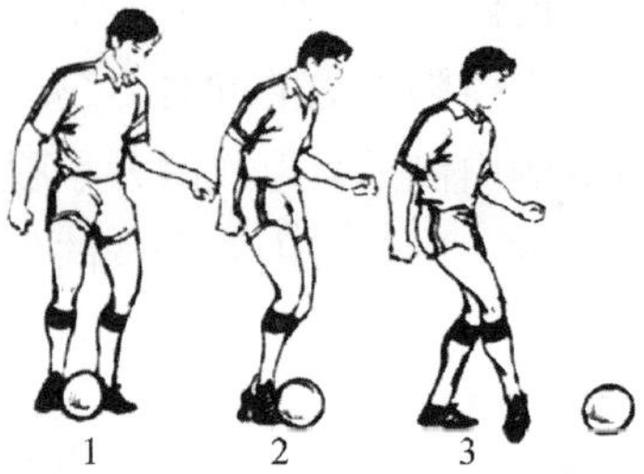

图 3-3 脚内侧停地滚球

1. 停地滚球

接球腿屈膝提起，脚带动膝关节外展，并稍跷起脚尖，使脚内侧正对来球，在脚与球接触的刹那开始后撤，在后撤过程中触球（图 3-3）。

2. 停反弹球

支撑脚踏在球落点的侧前方，膝关节弯曲，上体稍前倾，并向停球方向微转，同时停球脚提起，踝关节放松，用脚内侧部位对准来球的反弹路线，当球落地反弹刚离地面时，用脚内侧推压球的中上部。

3. 停空中球

停球脚举起前迎，脚内侧对准来球，在脚与球接触的刹那后撤，用脚内侧接触球，把球控制在衔接下一个动作需要的位置。

（二）脚底停球

主要用脚前掌停球，常用于停地滚球和反弹球。

图 3-4 脚底停地滚球

1. 停地滚球

支撑脚站在球的侧后方，膝关节微屈，脚尖正对来球，同时停球脚提起，膝关节弯曲，踝关节放松，用脚前掌轻压球的中上部（图 3-4）。

2. 停反弹球

支撑脚踏在球的落点侧后方，当球落地反弹刚离开地面时，用脚前掌对准球的反弹路线，挤压球的后上部。

（三）脚背外侧停球

脚背外侧停球常与假动作结合起来做，这样更具有隐蔽性，但其重心移动较大，较难掌握。一般用脚背外侧停地滚球和反弹球。

1. 脚背外侧停正面来的地滚球

图 3-5 脚背外侧停地滚球

停球脚稍提起，膝关节和脚内转，以脚外侧正对来球，在支撑脚的前侧接触球的侧后方（偏支撑脚一侧）。接触球时，要向停球脚一侧轻拨，把球停在侧方或侧后方（图 3-5）。

2. 脚背外侧停反弹球

身体侧对来球，支撑腿的膝关节微屈。停球脚在支撑脚前方，稍提起，脚内翻，使停球腿的小腿与地面成一定角度，并放松。当球刚反弹离地时，用脚外侧触球的侧上部，把球停在体侧。

（四）胸部停球

胸部面积大，有弹性，位置高，常用于停高空球和空中平直球。

1. 缩胸停球

身体正对来球，两脚前后开立，两臂自然张开，挺胸迎球，在球与胸部接触的刹那迅速缩胸、收腹，把球落于体前。若向左（右）停落，则在接触球的同时向左（右）侧转体（图 3-6）。一般用于停胸部高度的空中平直球。

图 3-6　胸部停球

2. 挺胸停球

用于停高于胸部的空中下落球。身体正对来球，两脚自然开立，两膝微屈，上体后仰，两臂自然张开以保持身体平衡，在球与胸部接触的刹那，收下颚、挺胸，使球触胸后向上方弹起后落在体前。

三、运球

运球是在跑动中用脚的推拨动作，使球保持在自己控制范围内的技术动作，常用的有脚背内侧运球、脚背外侧运球、脚背正面运球等。

（一）脚背内侧运球

脚背内侧运球适用于变向运球。

跑动时身体自然放松，步幅较小，上体前倾并稍向运球方向转动，运球脚提起时，膝关节微屈，脚跟提起，脚尖稍外转，用脚背内侧推拨球后中部或后侧中部（图 3-7）。

图 3-7　脚背内侧运球

（二）脚背外侧运球

一般在快速奔跑和向外改变运球方向时使用。

跑动时身体自然放松，上体稍前倾，两臂自然摆动，步幅小而短促，运球脚提起，膝关节弯曲，脚尖稍内转，用脚背外侧推拨球的后内侧中部。

（三）脚背正面运球

脚背正面运球适用于直线运球。

运球时，身体自然放松，运球脚提起，膝稍屈，脚尖朝下，在向前着地前用脚背正面推拨球的后中部。

四、头顶球

头顶球是传跨、射门和抢截球的有效手段。常用的头顶球技术有原地顶球、跑动顶球、跳起顶球、鱼跃顶球等。

1. 原地前额正面顶球

身体正对来球，两脚前后开立，膝关节微屈，上体稍后仰，重心放在后脚上，两臂自然张开，两眼注视来球；当球运行到身体垂直部位前的刹那，蹬地、收腹、摆体，用前额正面顶球的后中部，接着上体随球继续前摆（图 3-8）。

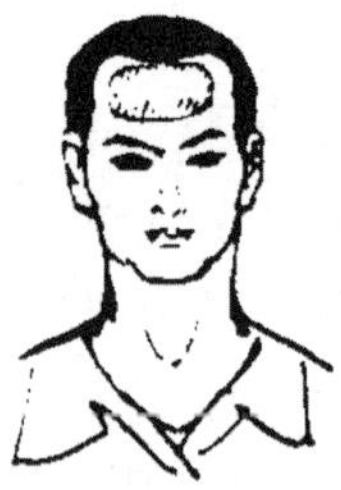

图 3-8　前额正面顶球

2. 跳起顶球

原地双脚起跳时，两腿先屈膝，重心下降，然后两脚用力蹬地跳起，同时两臂屈肘上摆，向上跳起，在上升过程中，挺胸、展腹，两臂自然张开，两眼注视来球；在跳到最高点准备顶球时，身体呈背弓状；当球运行到身体的垂直部位的刹那，快速收腹、折体前屈并甩头，用前额正面将球顶出；顶球后，两腿同时自然屈膝、屈踝落地。

3. 原地前额侧面顶球

两脚前后开立，两膝微屈，上体和头部向来球方向的异侧转动，身体重心放在后脚上，后膝微屈，两臂自然张开，两眼注视来球；当球运行到击球方向同侧肩上方时，蹬地、转体、甩头，用前额侧面顶球的侧中部。

五、抢截球

抢截球是指在规则允许的条件下，为把对方控制或传出的球夺过来、堵截住、破坏掉、踢出去而采用的技术动作，它是转守为攻的积极手段，是防守技术的综合体现。抢截球有正面抢截球、侧面抢截球和侧后抢截球等。

1. 正面抢截球

正面抢截球是控制对手从正面运球前进时采用的方法。

两脚前后开立，两膝微屈，身体重心下降并落在两脚间，正面面对对手。当对方运球前进的脚即将着地时，抢截者支撑脚立即用力蹬地，抢球脚以脚内侧对准球并屈膝向球跨出，挡住球的正面。支撑脚立即前跨，上体前倾，保持身体平衡，将球从对手的控制范围内抢过来并控制在自己的脚下。

2. 侧面抢截球

这是与运球队员平行跑动或从后面追成平行时采用的方法。

当与对手并肩跑动时，身体重心稍下降，与对手一侧接触的臂要紧贴身体；当对手靠近自己一侧的脚离地时，用肘关节以上部位冲撞对手相应部位，使其失去平衡而离开球，乘机将球控制过来（图 3-9）。

图 3-9　侧面抢截球

六、假动作

假动作是为了隐蔽自己的意图，而运用各种动作的假象迷惑和调动对手，使其产生错误的判断或失去身体平衡，从而取得时间、位置、距离等有利条件，更好地实现自己的意图。下列情况下经常使用假动作：传球或射门前，停球前，运球中和过人时，等等。

1. 传球前的踢球假动作

准备传球时，如对手迎面跑来抢球，可先做假踢动作，诱引对手堵截传球路线，然后改变方向传球。

2. 停球前的停球假动作

对手在体侧紧逼的情况下准备停球时，可先假装做向左（右）停球动作，接着突然变为向右（左）停球。

3. 过人时的虚晃动作

诱使对手也向左（右）移动，接着用右脚脚背外侧把球向右（左）轻拨并转身越过。

七、守门员技术

守门员技术是比赛中守门员所采取的各种有效防御动作和接球后所做的助攻动作的总称。它包括位置选择、准备姿势、移动、接球、扑球、拳击球、托球、运球、掷球和踢球等。

（一）选位

通常情况下，守门员应站在两球门柱与射门时球所处位置所形成的角的平分线上。对方近射时，位置靠后些；球向中前场运动时，守门员位置前移到球门区线附近。

（二）接球

接球前做好准备，接球时两手和双腿的距离原则上不能让球漏过。

1. 直腿式

两腿自然开立，脚尖正对来球，上体前倾，两臂伸向前下方，手掌前迎，接球的后底部。在手触球的一刹那，立即后引、屈肘、屈腕，两臂靠近将球抱于胸前。

2. 单腿跪撑式

两腿前后开立，前腿弯曲支撑身体，后腿跪立，膝盖接近地面靠近前脚，上体前倾，手掌对正来球，稍向前迎，接球的后底部。

3. 接平直球

身体正对持球，两脚左右开立，上体稍前倾，两臂下垂并屈肘前迎，两手掌心向上，手触球时，屈肘后引缓冲，将球抱于胸前。

4. 接高球

两臂上伸迎球，两手拇指相对呈“八”字形，手掌对球。手触球后，屈肘回缩下引，翻掌将球抱于胸前。

第三节 足球基本战术

足球战术就是比赛中攻守双方为了战胜对手，根据双方的实际情况所采取的个人和集体配合的组织形式。足球战术包括个人战术和集体战术，可分为进攻和防守两大系统。

足球比赛的战术构成包含比赛阵形、进攻战术、防守战术和集体战术配合等部分。

一、比赛阵形

为了适应攻守战术的需要，全队队员在场上的位置排列和职责分工，称为比赛阵形。各阵形的名称是按队员排列的形状而定的。比赛阵形的排列，通常不计守门员的位置，从后卫线、前卫线至前锋线均以人数表示。例如，“4-3-3”阵形即表示 4 个后卫、3 个前卫和 3 个前锋。

(一)“4-2-4”阵形

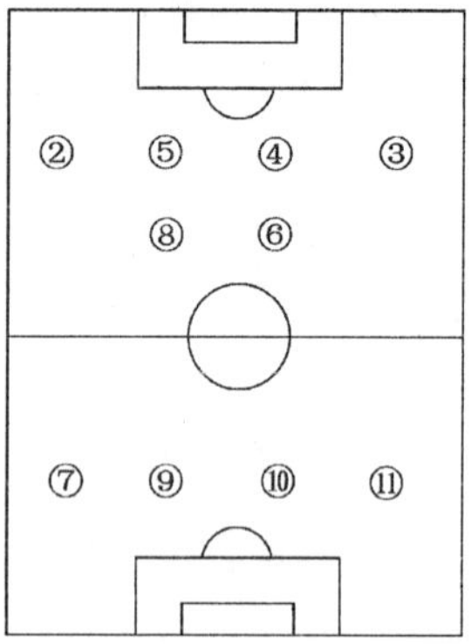

图 3-10 “4-2-4”阵形

该阵形是一种攻守队员排列极为平衡的阵形（图 3-10）。此阵形中，两前卫是承上启下的中坚力量。进攻时，他们积极组织策应；防守时，则迅速回拦堵截。由于活动频繁，该阵形对两前卫的体力及技术的全面性有着特殊的要求。该阵形的弱点是中场力量相对薄弱，特别是当两前卫队员在体力及全面技术上不足时，就更是如此。这一阵形也要求锋线及卫线在攻守的不同阶段积极策应中场的攻守。

(二)“4-4-2”阵形

该阵形是在 1966 年世界杯赛中得到确认的。当时英国队因缺乏世界级的优秀边锋，便拉回一个边锋队员组成“4-4-2”阵形。该阵形的进攻特点是中场和后卫队员频繁套边活动，以给对方制造门前险情。常见进攻打法是两前锋制造宽度，中场两内前卫突入禁区得分；或利用两前锋速度快、技术好的特点，在抢断球后迅速长传，发动快速反击。在防守上，该阵形主要强调队员回位和密集防守下的组织与协调配合。

(三)“4-3-3”阵形

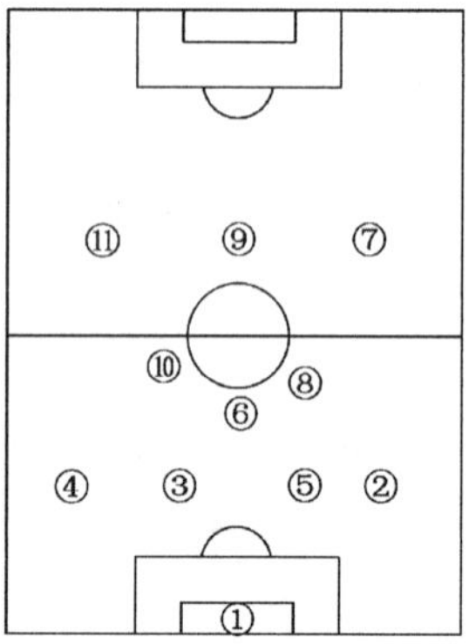

图 3-11 “4-3-3”阵形

它与“4-2-4”阵形的区别在于撤回一个前锋至中场，加强中场的力量（图 3-11）。该阵形中队员位置较为灵活，它要求队员能根据战势机动调整位置，同时在位置变换中又始终保持整体的组织性。从防守者看，“4-3-3”阵形至少有七个防守者，一般来说，大多数队常采用 6 人参与积极进攻。进攻时，3 个前锋和 3 个前卫总是受到严密盯防，因此“4-3-3”阵形特别强调后卫突然插上。在后卫插上时，该阵形一方面要求插上者必须把握时机，慎重行事，另一方面则要求其他队员必须注意在对手反击时补位。当进攻一方后卫频频参与助攻时，也要求本队前锋队员回撤参与防守。

二、进攻战术

进攻战术是指在比赛中，为了战胜对手而采取的个人进攻行动和集体的配合方法。进攻应遵循制造宽度、快速渗透、灵活多样、随机应变等原则。

（一）个人进攻战术

个人进攻战术包括传球、摆脱和跑位等几个方面。

1. 传球

传球是集体配合的基础，它是完成战术配合、创造射门机会的主要手段。选择传球目标、掌握传球时机和控制传球力量是传球的主要战术内容。

（1）传球目标。传球目标一般可分为向脚下传和向空当传两种。比赛中向空当传，特别是向前方空当传，可以有效地渗透防守线，对对方威胁最大。传脚下球和横传、回传是为了更好地控制球，掌握比赛的节奏。比赛中当控球者同时可向几个队员传球时，应传给对对方威胁最大的球员，一般向前、向空当跑的队员威胁较大，故应及时、准确地将球传向这些队员。

（2）传球力量。应既不利于防守队员抢截，又有利于接球队员处理球。当向被对手紧逼的同伴传脚下球时，传球力量要大些；向空当传球时，由于要求球到人到，传球速度应与同伴到空当的跑速相吻合。

（3）传球注意事项。传球前要注意观察，预见同队队员和防守队员的意图；传球动作要尽量快速、简练；传球时要隐蔽自己的意图，出其不意，使对手防不胜防；后场少做横传或回传，特别在雨雪天比赛更应谨慎。

2. 摆脱和跑位

摆脱可以甩掉对手，跑位则是有目的地跑向有利位置或空当，以便得到、控制和处理球。摆脱可以采用突然起动、冲刺跑、急停、突然变向、变速和假动作等。跑位可以采用突然起动、变速、变向跑等。

（二）局部进攻战术

两人或两人以上的局部传球配合是集体配合的基础，通常多用于中前场。在本方后场尤其是罚球区附近，尽量减少这种局部传球配合，以免传球失误而造成不可挽回的后果。局部进攻战术是攻方队员在短时间内造成局部地区以多打少的局面的战术，起到渗透、突破、控制球、转移进攻点等作用。其配合形式有传切配合、交叉掩护配合、“二过一”战术配合等。

1. 传切配合

传切配合是指控球队员将球传给空切的同伴。控球队员要掌握好传球时机和传球力量，做到人到球到；切入队员插上要突然快速。

2. 交叉掩护配合

交叉掩护配合是指防守队员紧逼运球队员时，接应同伴，迎面快速交叉跑动并将球运走，从而甩掉防守队员的紧逼（图 3-12）。

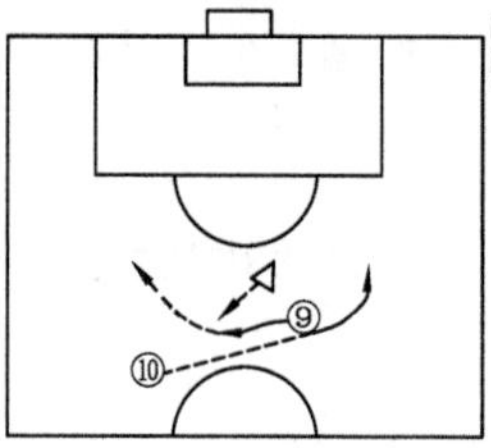

图 3-12　交叉掩护配合

3. “二过一”战术配合

“二过一”战术配合是指在局部地区两个进攻队员通过连续两次以上传递球和跑位，突破一个防守队员的配合。常用的“二过一”战术配合有斜传直插“二过一”［图 3-13(a)］、直传斜插“二过一”［图 3-13(b)］、回传反切“二过一”等［图 3-13(c)］。

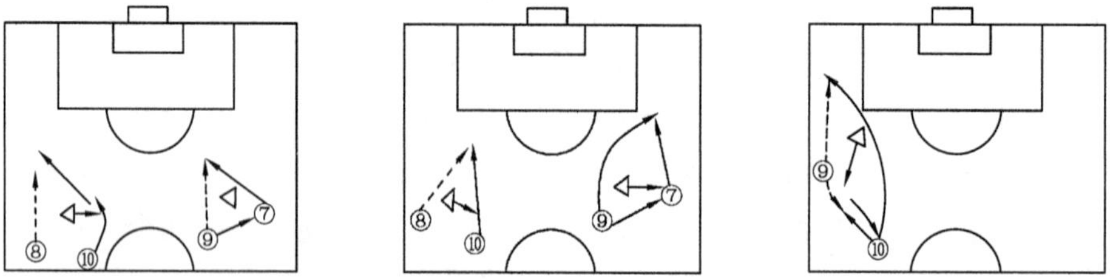

(a) 斜传直插“二过一”　(b) 直传斜插“二过一”　(c) 回传反切“二过一”

图 3-13　“二过一”战术配合

（三）全队进攻战术

全队进攻战术是指比赛中一方获得球后，通过队员之间的传递配合达到射门的目的而采用的配合方法。与局部进攻战术相比较，全队进攻战术的进攻面比较广，用于进攻和快速反击等。

1. 边路进攻

利用球场两侧地区发起进攻的方法叫边路进攻。边路进攻是全队进攻战术的主要形式之一，其主要特点是有利于发挥进攻速度，从而打破对方防线，制造缺口。常用的战术有两翼齐飞、声东击西等。

2. 中路进攻

中路进攻是利用球场中间区域组织的进攻，这种进攻虽能直接射门，但难度最大，因中路防守最为严密。

3. 快速反击

比赛中，当攻方进攻时，后卫线往往被压至中场附近，防守人数也由于插上进攻和助攻而相对减少，此时如能抓住对方防区空隙较大和回防较慢的机会，乘其失球发动快速反击，往往能取得良好的效果。

快速反击是最有威胁的进攻手段，有效的进攻在于突然快速地反击，但其难度较大，既要冒险，又要有准确、快速的传切配合技能。快速反击要有组织，要配合得极为默契，必须进行专门性的训练，否则很难在比赛中实施。

三、防守战术

（一）个人防守战术

1. 选位

防守队员一般在被防守队员与本方球门中心所构成的一条直线上，与对手的距离要根据场区以及球所处的位置来决定。此外，防守者的选位还应考虑使自己能够观察场上的情况和球的移动情况，使球处在自己的视野之内。防守者选位还应占据有利于抢截球的位置，并随时依据对手位置的变化移动自己的位置，有时防守队员可以离开正常的防守线，如球在另一侧时，防守队员可向内收缩，以便协助防守中路和保护同队防守队员。

2. 盯人

盯人是指防守者所处的位置能够限制对手的活动并能及时封堵对手接球或传球路线。盯人分紧逼盯人和松动盯人两种。紧逼盯人是贴近对手，不给对手从容得球和处理球的机会；松动盯人是以区域站位为主，既盯住对手，又保护同伴。

（二）局部防守配合

1. 保护和补位

保护和补位是局部地区集体防守的基础。保护是指防守持球进攻队员时，该队员身后或侧后一定距离有同伴随时准备补位。补位是指防守队员堵截同伴在防守中出现的漏洞。保护是补位的前提，没有保护也不可能有效地补位。

补位可以去补空当，如边后卫插上助攻时，可由其他临近位置的同伴暂时补他的位置，也可以临近队员相互补位。

在补位防守时，防守队员之间要协调、默契。一般只要还有可能被突破的防守队员追上或未被甩掉，不轻易交叉补位。补位以邻近位置补位为好，这样便于行动和争取时间。防守队员间不要站成平行线，应适当地采用斜线站位保护。

2. 围抢

围抢是指几名防守队员对局部区域内的控球和接应队员进攻围堵和抢断。在局部区域进行以多防少紧逼对方控球和接应球员，对其施以最大的防守压力，达到破坏进攻甚至断球后反守为攻的目的。

3. 制造越位

制造越位战术是利用规则而设计的一种集体、局部的防守战术。一般在进攻队员频繁前插、长传吊冲或中前场罚任意球时采用。制造越位战术有时能起到事半功倍的效果，是以巧制胜的打法，因而是较常见的防守手段。但由于这种防守战术是比较冒险的防守战术，碰到有经验的进攻队员，就可能给球队带来灾难性后果。因此，应用这种战术时应慎重，需要有一定的战术意识和良好的训练水平，而且不宜在一场比赛中多次反复地运用。

（三）全队防守战术

全队防守战术可分为两种基本类型：盯人紧逼防守（人盯人防守），即在规定的范围内盯人紧逼，不交换防守；区域紧逼防守（盯人和区域相结合），即现今流行的综合防守，紧逼和保护相结合，在个人的防区内紧逼，进行交替防守。盯人防守即各自都有明确的防守对象，如对方左边锋大幅度地斜插至右路，则右后卫紧跟盯防，不交替防守。防守最根本的原则是紧逼和保护。只有紧逼才能有效地主动抢断，压制对方技术的优势，从而获取主动权；保护是为了更好地紧逼和控制空当。

第四节　足球竞赛规则简介

一、场地设备

足球场地为长方形，通常长为100~120 m，宽为45~90 m，球场地面必须平坦，硬度合适。国际足联规定世界杯决赛阶段比赛场地长105 m、宽69 m。场内有球门区、发球区、旗杆、角球弧、中圈、大禁区、小禁区等。球门在场地两条底线的中央，宽7.32 m，高2.44 m，挂以球网。比赛用球外壳用皮革或其他许可材料做成，质量不多于450 g，不少于410 g；压强达到0.6~1.1个大气压。

二、比赛时间

比赛分为上、下两个半时，每半时45分钟，半场之间休息15分钟。加时赛30分钟，加时赛前休息10分钟，加时赛分上、下半场，各为15分钟，中间只交换场地，不能休息。比赛时间应以裁判员补时为准。裁判员可根据比赛现场的情况补足因故损失的时间。

三、比赛队员

正式比赛每队队员11人，其中1人为守门员。正式比赛提名替补队员为7人，每场比赛最多可以使用3名替补队员，但位置不限。比赛开始或比赛进行中，某队如少于7名队员时作为弃权处理。

比赛时，守门员可以和其他队员交换位置，但必须事先通知裁判员（服装也必须更换好），否则予以警告。

比赛开始后队员不得随意进出球场。如因受伤需离场护理时，必须告诉裁判员，护理完毕后重新进场也必须得到裁判员的许可。

四、越位

在对方半场内凡进攻队员较球和最后第二名对方队员更接近于对方球门线即处于越位位置。

（一）下列情况下队员不处于越位位置
（1）该队员在本方半场内。
（2）该队员齐平于最后第二名对方队员。
（3）该队员齐平于最后两名对方队员。
（二）下列情况下处于越位位置的队员应被判为越位
（1）干扰比赛。
（2）干扰对方队员。
（3）利用越位位置获得利益。
（三）处于越位位置的队员直接从下列情况下接到球，不存在越位
（1）球门球。
（2）掷界外球。
（3）角球。

五、犯规与不正当行为

（一）判罚直接任意球的犯规
（1）踢或企图踢对方队员。
（2）绊摔或企图绊摔对方队员。
（3）跳向对方队员。
（4）冲撞对方队员。
（5）打或企图打对方队员。
（6）推对方队员。
（7）为了得到对球的控制而抢截对方队员时，于触球前先触及对方队员。
（8）拉扯对方队员。
（9）向对方队员吐唾沫。
（10）故意手球（不包括守门员在本方罚球区内）。
（二）判罚间接任意球的犯规
（1）守门员在本方罚球区内。
① 用手控球后在发出球之前持球超过 6 s。
② 在发出球之前未经其他队员触及，再次用手触球。
③ 用手触及同队队员故意踢给他的球。
④ 用手触及同队队员直接掷入的界外球。
⑤ 裁判员认为其动作具有危险性。
⑥ 阻挡对方队员。
⑦ 阻挡对方守门员从其手中发球。
⑧ 因规则未提及的任何其他犯规而停止比赛，被警告或罚令出场。
⑨ 在比赛进行中，某队员故意用单脚或双脚将球传给本方守门员，守门员用手

触球。

⑩ 队员在罚球区外罚任意球，用脚将球传给在罚球区内的本方守门员，守门员用手触球。

⑪ 队员在罚球区内踢球或罚任意球，用脚将球传给在罚球区外的本方守门员，守门员用脚将球带入罚球区内后用手触球。

⑫ 在比赛进行中，队员在控制住球的情况下，故意将球挑起，用头、胸、膝部或跪地用膝部将球击向本方守门员。

⑬ 队员罚任意球，故意用脚将球挑起，由另 1 名（或 1 名以上）队员用头、胸或膝部将球击向本方守门员。

（三）警告并出示黄牌的犯规

（1）犯有非体育行为。

（2）以语言或行动表示异议。

（3）持续违反规则。

（4）延误比赛，重新开始。

（5）当以角球或任意球重新开始比赛时，不退出规定的距离。

（6）未得到裁判员的许可进入或重新进入比赛场地。

（7）未得到裁判员的许可故意离开比赛场地。

（四）被罚令出场并出示红牌的犯规

（1）严重犯规。

（2）暴力行为。

（3）向对方或其他任何人吐唾沫。

（4）用故意手球破坏对方的进球或明显的进球得分机会（不含守门员在本方罚球区内）。

（5）用可能被判为任意球点球的犯规，破坏对方向本方球门移动着的明显的进球得分机会。

（6）使用无礼的、侮辱的或辱骂性的语言及动作。

（7）在同一场比赛中得到第二次警告。

六、点球

队员在本方罚球区内被判罚“直接任意球”时均罚“点球”。罚点球时要按下列规定进行：

（1）除主罚“点球”的队员及守门员外，其他队员应在罚球区及罚球弧外。

（2）主罚“点球”的队员必须将球向前踢出，踢出后未经其他队员接触，主罚队员不能再踢，违者判罚连踢。

（3）罚“点球”时守方队员犯规或守门员离开球门线，踢进门有效，踢不进门则重罚。攻方队员犯规而球被罚进门无效，重罚，若不进门由对方发球门球。若攻方与守方均有队员犯规，则不管球进与不进均应重罚。

思考题

1. 简述踢球的动作技术要领。
2. 简述运球的动作技术要领。
3. 简述足球的基本战术。
4. 如何判罚越位?

第四章 篮球

第一节 篮球运动概述

一、篮球运动的起源与发展

（一）篮球运动的起源

篮球运动是在1891年由美国马萨诸塞州菲尔德基督教青年会训练学校教师詹姆士·奈史密斯博士发明的。他从当时流行的游戏中受到启发，设计将两只桃篮分别钉在健身房内看台的栏杆上，用足球作比赛工具，向篮内投掷，投球入篮得1分，按得分多少决定胜负。由于这种游戏所使用的是桃篮和足球，故被称为“篮球”。1892年，奈史密斯制定了最早的篮球竞赛规则。

（二）篮球运动的发展

篮球运动产生后，很快在美洲、亚洲、欧洲和大洋洲传播开来。

1915年，美国制定了全国统一的篮球竞赛规则，并翻译成多种文字，向全世界发行。1932年，在瑞士日内瓦成立了国际业余篮球联合会，并正式出版了第一部国际篮球规则。1936年，第11届奥运会将男子篮球列入正式比赛项目，从此篮球运动登上了国际竞技运动的舞台，成为一项世界性的运动项目。

（三）我国篮球运动的发展

1895年前后，篮球运动传入我国，先在天津、北京、上海、广州等地的基督教青年会中传开，后来逐渐扩大到教会学校和一般学校。1907年，上海基督教青年会会员使用的健身房内也开展篮球运动。1908年，上海青年会体育训练班把篮球列为教材内容进行推广。1913年，中华体育联合会将男子篮球列为正式比赛项目；1930年，又将女子篮球列为正式比赛项目。由于受到当时社会发展状况的制约，其开展并不广泛，发展比较缓慢。

中华人民共和国成立以后，国家非常重视篮球运动的发展。1949年，成立了中国篮球协会。1954年，建立了全国联赛制度。在1959年全国第1届运动会上，篮球被列为正式比赛项目。尤其从1977年开始，篮球运动在我国得到进一步发展，中国篮球协会在亚洲和世界业余篮球联合会中恢复了合法席位，使中断多年的中国篮球重返国际竞赛舞台，为中国篮球运动冲出亚洲、走向世界奠定了基础。我国男子篮球多次获得亚洲冠军，并打进世界前八强；女子篮球曾获女篮世锦赛亚军、奥运会第三名。

二、国内外篮球重大赛事

（一）奥运会篮球赛和世界篮球锦标赛

奥运会篮球赛和世界篮球锦标赛是世界体坛等级最高的两项篮球赛事。1936 年第 11 届奥运会上，男子篮球被列为正式竞赛项目。1976 年第 21 届奥运会上，女子篮球被列为正式比赛项目。

世界篮球锦标赛是国际篮球联合会主办的世界性篮球比赛，每 4 年举行一届。男子篮球世锦赛始于 1950 年。1953 年，女子篮球世锦赛在智利的圣地亚哥首次举行。2012 年 1 月 28 日，国际篮联宣布把世界篮球锦标赛更名为篮球世界杯赛，首届男篮世界杯赛于 2014 年在西班牙举行。

（二）NBA 篮球赛和 CBA 篮球赛

NBA 篮球赛被公认为世界最高水平的篮球比赛，它汇集了全世界最优秀的篮球运动员。1946 年 6 月 6 日，NBA 成立之初的名字是 BBA——全美篮球协会，有 11 支球队，目前球队已扩大到 30 支。1995 年 12 月至 1996 年 4 月，国家体育总局篮球运动管理中心首次举办了 1995—1996 赛季中国男子篮球甲 A 联赛，当时共有 12 支队伍参加比赛。2005 年，中国男子篮球甲 A 联赛正式更名为中国男子篮球职业联赛（缩写仍然是 CBA）。

（三）中国大学生篮球联赛（CUBA）和中国大学生超级篮球联赛（CUBS）

CUBA 是由中国大学生体育协会主办，阿里体育独家运营、教育部认可的中国大学生五人制篮球联赛。第 1 届 CUBA 篮球赛于 1998 年开始正式推行。CUBS 是篮球运动管理中心与中国大学生体育协会共同推出的赛事。第 1 届 CUBS 联赛于 2004 年开始正式推行。CUBA 和 CUBS 的本质区别在于，CUBA 的参赛队员必须是全日制在校大学生，不允许在中国篮协注册的专业运动员参赛；而 CUBS 允许在中国篮协注册并被高校录取的专业运动员参加比赛。因此，CUBA 始终把维护业余体育的纯洁性放在第一位，而 CUBS 在技术性、对抗性等方面要更强一些。

第二节　篮球基本技术

篮球技术是比赛中为了攻守目的所采用的各种专门动作的总称，也可理解为在规则允许的情况下所采用的各种合理动作的总称。

一、移动

移动是篮球队员在比赛中改变位置、速度、方向和争取高度、空间时所采用的各种脚步动作的总称。

移动是篮球技术的基础。在进攻中，突然快速的移动可以摆脱防守，创造良好的进攻机会；在防守中，及时合理的移动可以保持和抢占有利的位置防守对手，争取防守的主动权。

(一) 进攻移动

进攻移动时队员的基本站立姿势为：两脚前后或左右开立，与肩同宽，两膝微屈，重心在前脚掌，上体稍前倾，两臂屈肘自然垂置于体侧，两眼注视场上情况，随时准备起动或进行运球、传球、投篮等。主要技术有起动、变速跑、变向跑、急停、转身、跳等。

1. 起动

起动是队员在球场上由静止状态突然起步，转为运动状态的一种脚步动作。快速、突然的起动，能及时有效地摆脱防守，占据有利位置。

动作方法：起动时，上体向起动方向快速前倾，另一侧脚（或后脚）用力蹬地。同时，两臂用力摆动，向前跑出。

2. 变速跑

变速跑是队员在跑动中利用速度的变化来摆脱防守者的一种跑动方法。速度的突然变化能破坏防守者的有利防守位置，及时地完成切入、突破和投篮等技术。

动作方法：加速时，前脚掌用力蹬地，上体迅速前倾，两臂快速摆动。减速时，步幅适当增大，上体直起，前脚掌用力抵地以减缓向前的冲力。

3. 变向跑

变向跑是队员在跑动中突然改变方向来摆脱或者超越防守者的一种方法。

动作方法：后脚前脚掌用力蹬地，移重心、转肩、转体、转方向，前脚向前迈出一小步，后脚迅速跨步，继续加速跑动。

4. 急停

急停分跨步急停与跳步急停，指队员在快速跑动中突然停住脚步的动作。

动作方法：

① 跨步急停：队员在快速跑动中，先向前跨出一大步，脚后跟先着地并迅速过渡到全脚抵住地面，屈膝降重心，后脚落地时，脚掌内侧抵住地面，两膝深屈并内扣，身体稍侧转，两脚尖自然转向侧前方，两臂屈肘自然张开，保持平衡。

② 跳步急停：队员在跑动中用单脚或双脚起跳，上体稍后仰，两脚平行或前后着地，屈膝，降低重心，保持身体平衡。

5. 转身

转身是队员以一只脚为轴，进行旋转，另一只脚蹬地向前或向后跨出，改变身体方向的一种动作方法。它可与其他进攻脚步结合运用，可有效地摆脱防守，创造传球、投篮的机会。

动作方法：

① 前转身：移动脚向中枢脚脚尖方向跨出，改变身体方向为前转身。转身时，中枢脚前掌用力碾地，移动脚蹬地迅速跨步，降低重心，以保持身体平衡。

② 后转身：移动脚向中枢脚脚跟方向跨出，改变身体方向为后转身。腰胯带动躯干旋转，蹬、跨有力，保持身体平衡。

6. 跳

篮球运动中的跳是在快速移动和对抗中进行的，是控制空间和争取主动的有效手段，包括单脚跳和双脚跳两种形式。

（二）防守移动

防守移动时队员基本站立姿势为：两脚开立，比肩稍宽，屈膝降重心，上体稍前倾，含胸，两臂根据进攻队员动作侧张，或一臂侧张、一臂上举。主要技术有滑步、攻击步、后撤步、绕步等。

1. 滑步

滑步是在防守时移动的一种主要动作方法，常用来阻截对方的移动路线，调整自己的防守位置。

动作方法：

① 侧滑步：向左侧滑步时，左脚向左跨步，右脚蹬地滑动，向左靠拢，两脚不交叉，保持一定的距离，左脚继续跨出。向右滑步时，动作则相反。

② 前滑步：向前滑步时，前脚向前跨出一步的同时，后脚前掌内侧用力蹬地向前跨出，前脚的同侧臂向前上举，另一臂向侧下伸出，保持前后开立的姿势。

③ 侧后滑步：动作与前滑步相同，方向是向侧后方。注意滑步时，保持屈膝、低重心，两脚不交叉，身体不上下起伏，两臂侧张开。

2. 攻击步

攻击步是防守队员突然向前跨步的一种动作。多运用于抢球、打球、断球或造成对手传接球、运球、投篮困难的动作。

动作方法：后脚猛地用力蹬地，前脚迅速向前跨出逼近对手，同时前脚的同侧手前伸，做干扰和抢截性的防守动作。

3. 后撤步

后撤步是变前脚为后脚的一种防守移动方法。

动作方法：前脚掌内侧用力蹬地，腰部用力向后转动，重心后移，然后将前脚移至后脚的斜后方，紧接前滑步，保持防守位置。后撤角度不宜过大，动作要迅速，身体不要起伏。

二、传接球

传接球是篮球比赛中应用最多的一项技术，一场篮球比赛有成百上千次的传接球。传接球的好坏直接影响战术的质量和比赛的胜负。

（一）双手胸前传球

双手胸前传球是一种在篮球比赛中最基本、最常用的传球方式，具有准确性高、容易控制、便于变化的优点。

双手自然分开，拇指相对成“八”字形，用指根以上部位持球的侧后方，手心空出，两臂弯曲，肘关节下垂，持球于胸前，两眼平视目标；传球时，后脚蹬地，重心前移，两臂快速前伸，手腕外翻，快速抖腕拨指将球传出（图 4-1）。

图 4-1 双手胸前传球

（二）双手头上传球

双手头上传球出手点高，可与头上投篮结合，多用于中、近距离，身材高大队员运用较多。

双手举球于头上，手指朝上，两肘微屈，传球时，利用小臂前摆、手腕旋内并前屈，同时手指拨球，将球传出。

（三）单手肩上传球

单手肩上传球是一种常用于中、远距离的传球方式。传球时用力大，球飞行速度快，利于在抢到后场篮板球发动长传快攻时使用。

右手托球于右肩侧上方，肘部外展，上臂与地面近似平行，手腕后仰。传球时，上体向左转动并带动肩肘，前臂快速向前上方挥摆，手腕前屈，食指、中指、无名指用力拨球，将球传出（图 4-2）。

图 4-2 单手肩上传球

（四）单手体侧传球

单手体侧传球是一种近距离隐蔽传球的方法，一般是外围队员传球给内线同伴队员时常用的一种传球方法。与跨步、突破等假动作结合使用效果更好。

持球方法与双手胸前传球相同。以右手传球为例，左脚向左侧前方跨步的同时，右手利用左手拨送球的力量将球引至身体右侧成右手单手持球，手臂尽量伸直。传球时，手腕前屈，食指、中指、无名指用力拨球，将球传出（图 4-3）。

图 4-3 单手体侧传球

(五) 双手接球

双手接球是一种最基本的接球方法，接球时要伸臂迎球，双手手指自然分开，肩、臂、腕、指放松。手指触球后，手臂顺势后引，缓冲来球的力量，将球置于身前或体侧。

(六) 单手接球

单手接球时，两眼注视来球，接球手自然伸出迎球，五指自然分开，掌心正对来球，腕指放松。当手指触球后，手臂顺势将球后引，另一只手迅速扶球。

三、运球

运球是队员在原地或移动中，用单手连续按拍和迎引从地面反弹起来的球，其技术动作方法较多，关键是手对球的控制支配能力，脚步移动的熟练程度及手、脚、身体的密切配合。

(一) 高运球

抬头，目视前方，上体稍前倾，以肘关节为轴，用手按拍球的后侧上方，球的落点在身体侧前方，球反弹的高度在腰部、胸部之间（图 4-4）。

图 4-4 高运球

(二) 低运球

抬头，目视前方，两腿迅速弯曲，降低重心，上体前倾，以身体和靠近防守队员一侧的腿来保护球。同时用手短促地按住球，将球从地面反弹的高度控制在膝关节以下，以便摆脱防守继续前进（图 4-5）。

图 4-5　低运球

（三）运球急起急停

运球急起时，后脚用力蹬地，同时按拍球的后侧上方，向前运球，以超越对手。运球急停时，手按拍球的前上方，同时两脚做跨步急停，并转入低运球，用臂、身体和腿保护球（图 4-6）。

图 4-6　运球急起急停

（四）体前变向换手运球

运球队员从对方右侧突破时，先向对方左侧变向运球，然后突然改变方向向对方右侧运球。变向时，右手拍打球的右后上方，把球从自己的右侧拍打到左侧前方。同时，右脚向左前方跨出，上体左转，用肩保护球，然后换手运球，加速前进。

（五）背后运球

背后运球是一种难度较大、适合篮球技术较好的学生或校运动队学生练习与训练的一种运球方法。在比赛中，当防守队员堵截运球的一侧，距离较近，无法采用体前变向运球，但又急需运球切入时，可以运用背后运球，即在体后换手变向运球。运球动作要突然，加入假动作，借以摆脱防守（图 4-7）。

图 4-7　背后运球

（六）转身运球

当对方逼近时，可运用后转身运球来及时改变运球路线，以摆脱防守继续进攻。这是一种难度较大、适合篮球技术较好的学生进行学习和训练的一种运球方法（图 4-8）。

图 4-8 转身运球

四、投篮

投篮是进攻队员为使球自上而下穿过篮筐而采用的各种专门动作的总称，是篮球运动所有技术、战术、技能的最终目的，是篮球比赛中唯一的得分手段。投篮的能力和水平是比赛制胜的最关键因素。

在篮球比赛中，所有的进攻行动都是为了创造出更好的投篮机会，即所有的进攻技术、战术都是为投篮服务的，而所有防守的努力也都是为了阻止和破坏对手的投篮。由此可见，投篮能力是篮球运动中最核心的基本技能。

（一）原地双手胸前投篮

双手持球于胸前，肘关节自然下垂，两脚前后或左右开立，两腿微屈，重心落在两脚掌上，目视瞄准点。投篮时，两脚蹬地，腰腹伸展，两臂向前上方伸出，拇指向前压送，使球通过拇指、食指、中指指端投出。投球出手后，脚跟提起，腰、臂随出球方向自然伸展（图 4-9）。

图 4-9 原地双手胸前投篮

（二）原地单手肩上投篮

右手持球于肩上，左手扶球的左侧，右臂屈肘，前臂与地面接近垂直，两腿微屈，右脚在前，重心落在两脚掌上。投篮时，用力蹬地，伸展腰腹，抬肘，手臂上伸，手腕前压，用食指、中指将球投出。球离手时，手臂要随球自然跟送，脚跟提起（图 4-10）。

图 4-10 原地单手肩上投篮

（三）行进间单手低手投篮

右脚向前跨出时接球，第二步继续加速，向前上方跳起，腾空时臂向上伸展，接近球篮时，用手指上挑的动作使球向前旋转投向球篮。

（四）行进间单手肩上投篮

右脚向前跨出时接球，接着迅速上左脚起跳，右腿屈膝上抬，同时举球至肩上，左脚蹬地腾空后上体稍后仰。当身体达到最高点时，右手臂伸直，用手腕前屈和手指力量将球投出（图 4-11）。

图 4-11　行进间单手肩上投篮

（五）运球急停跳起投篮

快速运球中，最后两步稍减速，利用跨步或跳步急停接球起跳，同时双手持球迅速上举，两脚用力蹬地，身体腾空，接近最高点时伸臂，用腕、指的力量将球投出。

五、持球突破

持球突破是持球队员运用脚步与运球技术相结合快速超越对手的一项攻击性很强的进攻技术。

（一）交叉步持球突破

以防守队员左侧突破为例。突破时，左脚掌内侧用力蹬地，迅速向右前方跨出一大步，同时弯腰、屈膝，上体右转探肩，贴近对手身体；在右脚离地前，右手立即将球拍至右侧前方；右脚迅速蹬地跨步，加速超越对手（图 4-12）。

图 4-12　交叉步持球突破

（二）同侧步持球突破

以从防守队员左侧突破为例。突破时，用左脚掌内侧用力蹬地，右脚迅速向前方跨出，同时上体稍右转，左肩下压，用右手将球放于右脚侧前方，左脚迅速蹬地上前，用右手推拍球，加速超越对手（图 4-13）。

图 4-13　同侧步持球突破

六、防守

防守技术是队员在防守时为了阻挠和破坏对手的进攻，达到夺球反攻的目的，所采取的各种专门动作的总称。

（一）防守无球队员

防守队员应以全力破坏对手的摆脱、接球，防守人应在对手、篮圈和球的位置组成的三角形范围内，根据球的转移、进攻者的移动及时调整防守位置以控制对手，利用合理的防守技术做到人球兼顾，极力阻挠对手接球。

防守无球队员的基本要求：

（1）要站在对手与篮球之间偏向有球一侧，做到以球为主，人、球、区兼顾，内紧、外松、近球紧、远球松、松紧结合。

（2）不让对手在限制区及附近范围内接球。

（3）要积极破坏对手接球后的身体平衡，使其不便于衔接下一个动作。

（二）防守持球队员

防守队员应最大限度地阻挠和干扰进攻者投篮、突破及传球。当对手接到球时，防守队员应该迅速调整位置，站在对手与篮板之间。防守的距离应根据离篮板的远近而合理地选择，利用脚步移动、身体姿势和手臂动作极力破坏进攻者的投篮、突破和传球。

防守持球队员的基本要求：

（1）要站在对手与篮板之间的有利位置上。

（2）一定要最大限度地阻止和干扰进攻队员的投篮、突破和传球的动作。

（3）如果对手是运球后持球，就要积极抢他的球，不让他们打成战术配合。

（4）不要轻易前扑或上跳而失去重心。

七、抢篮板球

抢篮板球是比赛双方在空中争夺投篮未中的球，是攻防双方争夺控制权的焦点，是攻防矛盾转化的关键，是争取主动、战胜对方的重要因素。

（一）抢占位置

抢占位置时，应根据对方和投篮队员所处的位置，正确判断篮板球的反弹方向、距离和落点，及时、合理地移动脚步，抢占有利的位置。

（二）起跳动作

防守队员抢篮板球时，多采用原地上步、撤步或跨步的双脚起跳动作。

进攻队员抢篮板球时，多采用助跑单脚起跳或跨一步、两步双脚起跳动作。

为了及时起跳，在抢占位置的同时，应做好起跳准备，判断起跳时机。应做到起跳及时，蹬地迅速、有力。

（三）空中抢球动作

空中抢球时，根据攻守位置的特点和球的方向，可采用双手抢篮板球、单手抢篮板球、点拨球三种方法。

1. 双手抢篮板球

起跳后，身体在空中充分伸展，两臂用力伸向球反弹的方向，占据较大的空间面积。当身体和手达到最高点时，双手将球握住，收腹用力，迅速收臂将球置于身前，以便护球。

2. 单手抢篮板球

身体和手臂在空中要充分伸展，在最高点当指端触球的侧方或侧下方时，用力屈腕、屈指迅速握球，前臂随之拉球于胸前，另一手护球。

3. 点拨球

防守队员在对方身材比较高大或球离身体较远不易获球时，可运用点拨球的方法将球点拨给同伴或点拨到自己便于接球的位置。

点拨球时触球点高，可缩短传球时间，便于发动快攻的第一传，但准确性较难掌握。

（四）得球后的动作

空中得球落地时，两脚分开，前脚掌先着地，两膝稍屈，保持身体平衡。

第三节　篮球基本战术

一、战术基础配合

战术基础配合是2~3队员之间的配合形式，它包括进攻与防守两部分，它是组成全队战术的基础。

（一）进攻战术基础配合

进攻战术基础配合是指2~3名进攻队员合理地运用个人技术，为创造攻击机会而采取的合作方法。主要有以下四种形式。

1. 传切配合

传切配合是利用传球和切入技术组成的简单配合。

2. 突分配合

突分配合是持球队员利用突破技术打乱对方的防御部署，给同伴创造无防守的有利时机，并及时传球给进攻位置好的同伴的简单配合。

3. 掩护配合

掩护配合是用自己的身体合理地挡住同伴的防守者的移动路线，使同伴借以摆脱防守的一种配合方法。

4. 策应配合

策应配合是指处于内线的队员背对或侧对球篮接球，由他作枢纽，与外线队员的空切相配合而形成的一种里应外合的方法。

（二）防守战术基础配合

防守战术基础配合包括挤过配合、穿过配合、绕过配合、换防配合、关门配合、夹击配合和补防配合等。

1. 挤过配合

挤过配合是一种积极的带有攻击性的破坏对手掩护配合的防守方法，指当对手企图实施掩护时，防守队员抢步贴紧自己防守的对手，挤过去并继续防住对手。这种方法一般是在对手接近篮下或有投篮威胁的情况下使用。

2. 穿过配合

穿过配合可在对手采用掩护配合时使用，指防守队员为了避开对手形成的掩护，从另一同伴之间穿过，继续防守自己的对手。

3. 绕过配合

当进攻队员进行掩护时，防守掩护者的队员主动贴近对手，让同伴从自己身后绕过，继续防守其对手。这种防守配合一般是在松动盯人或对手无投篮威胁时采用。

4. 换防配合

换防配合是为了破坏进攻队员的掩护配合，防守队员之间彼此及时地相互呼应，从而交换自己所防守的对手的一种配合方法。

5. 关门配合

关门配合是两个防守队员靠拢协同防守突破的配合方法。

6. 夹击配合

夹击配合是积极、主动、攻击性较强的一种防守方法。当防守队员在局部造成以多防少的局面时进行夹击配合，使对方失误、慌乱。

7. 补防配合

补防配合是2~3个防守队员之间的一种协同防守的配合。当同伴被进攻队员突破或绕过时，临近的其他防守队员要主动放弃自己的对手，去防守威胁最大的进攻者。

二、快攻与防守快攻

（一）快攻

快攻是由防守转入进攻时，乘对方未站稳阵脚之前，抓住战机，以最快的速度、最短的时间，果断而合理地发动攻击的一种战术配合。发动快攻的时机是在抢获后场篮板球、抢球、断球和跳球获球后。快攻的形式有长传快攻、短传和运球结合快攻等。

（1）抢后场篮板球长传快攻。如图4-14所示，D抢到后场篮板球后，首先观察场上的情况，寻找长传快攻机会。B和C判断D有可能抢到篮板球时，便立即起动快下，争取超越防守队员接D的长传球投篮。

（2）断球长传快攻。如图4-15所示，c断球后，看到b已快下，可立即传球或运球后传球给b投篮。

（3）短传和运球结合快攻。短传和运球结合快攻是指队员在后场获球后，利用快速的短传球和运球推进相结合的方法迅速推进到前场进行攻击的一种配合。其特点是参加人数多、机动灵活、层次清楚、容易成功，但对队员配合的技巧要求较高。

（二）防守快攻

防守快攻是有组织地制约对方速度和破坏对方快攻路线的配合过程。

（1）有组织积极地堵截对方发动快攻的第一传，是防守快攻的关键。

（2）防守快下队员。快下队员是对方长传快攻的主要成员，如果快下队员接到球，将给防守造成极大的困难。因此，当对方抢获篮板球时，外线队员要迅速退守，在退守过程中，控制好中路，堵截快下路线，紧逼沿边线快下的进攻队员，切断对方长传球的路线。

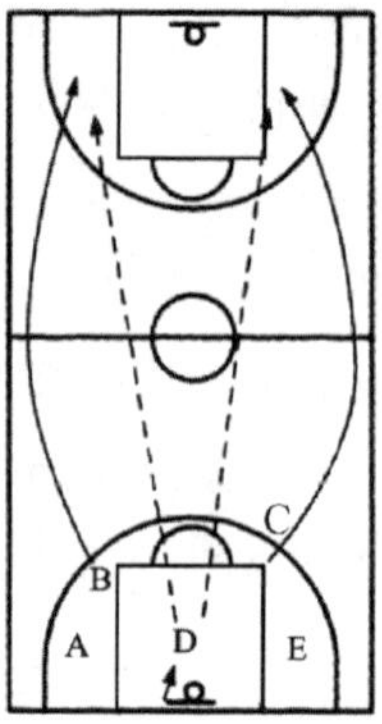

图 4-14 抢后场篮板球长传快攻

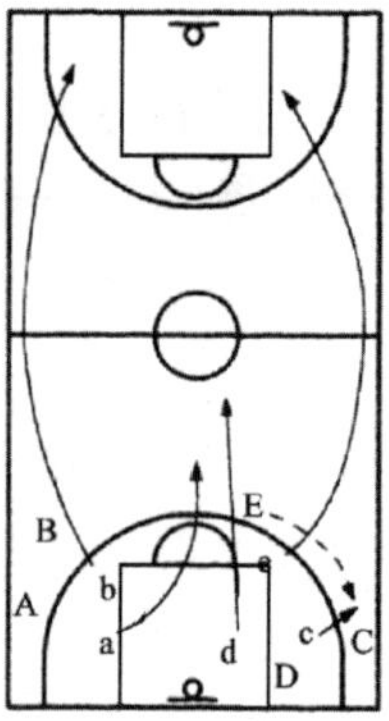

图 4-15 断球长传快攻

（3）提高以少防多的能力。当对方发动快攻并迅速地向前场推进时，防守队员往往来不及全部退防，出现以少防多的局面。提高一防二、二防三的能力，重点防篮下，为同伴回防赢得时间，这就必须提高个人防守能力以及同伴之间的相互补防能力。

三、攻防半场人盯人

（一）人盯人防守战术

该战术是在由攻转守时，放弃前场的防守，全队迅速退回后场，每人盯住自己对手的配合。它以个人防守为基础，综合运用挤过、穿过、交换、关门、夹击等几个人之间的防守基础配合所组成的全队战术。

（1）防守要点。人盯人防守要从由攻转守时开始。此时，每个队员都要快速退向自己的后场，立即找到对手，形成集体防守；要根据对手、球、球篮选择有利位置，做到球、人、区兼顾，与同伴协同防守。

（2）防守原则。“以球为主，人球兼顾”“有球紧，无球松”“近球紧，远球松”，积极移动，抢占有利位置。

（3）运用时机。半场扩大人盯人防守主要用于对付外围远投较难、突破与篮下进攻能力和后卫控制球能力相对较差的队，在本队需要扩大战果、争抢时间时；半场缩小人盯人防守用于对付中远距离投篮不准、突破和篮下攻击能力较强的队，在本队得分已占优势，保持体力再扩大战果时。

（二）进攻人盯人防守战术

进攻人盯人防守是根据人盯人防守战术的特点，从每个队员的具体实际出发，综合运用传接球、投篮、运球、突破等个人技术动作和传切、掩护、策应等几个人之间的战术基础配合所组成的一种全队进攻战术。

进攻人盯人战术的要点为：由守转攻后，要迅速到位。

第四节　篮球竞赛规则简介

一、场地和器材

（一）场地规格

比赛场地应是一块平坦且无障碍物的硬质地面，长 28 m、宽 15 m，从界线的内沿量起，线宽 5 cm，篮圈离地 3.05 m。

罚球线：罚球线与端线平行，它的外沿距离端线内沿 3.80 m。

3 分投篮区：3 分投篮区是由场上两条拱形线限制出的地面区域。垂直线与地面的交叉点为圆心，以 6.75 m 为半径（弧线外沿）在场内各画半圆弧线。

（二）篮球架规格

篮板使用 0.03 m 厚的坚硬木材或透明材料制成，高 1.05 m、宽 1.80 m，篮板下沿距离地面 2.90 m。在篮圈上方有一个高 0.45 m、宽 0.59 m 的长方形。篮板上的线宽均为 0.05 m，不透明板用黑线，透明板用白线。篮球架由（抗压）篮圈和篮网组成的球篮、篮板以及裹有包扎物的篮板支撑构架组成。

（三）篮球规格

正式比赛用球应该是暗橙色的圆形的标准篮球。它的外壳用皮革、橡胶或合成材料制成，球圆周的尺寸不得小于 74.9 cm，不得大于 78 cm；质量不得少于 567 g，不得多于 650 g。充气后，将球从 1.80 m 高度落到球场的地面上反弹起来的高度应在 1.20～1.40 m 之间。比赛时一般要准备两个符合上述规格的球，由主裁判长来确定比赛用球。

二、球队人数

每个队应有不超过 12 名有资格参赛的球队成员，包括一名队长。

在比赛时间内，每队应有 5 名队员在场上，并可被替换。

三、比赛时间

比赛由 4 节组成，每节 10 分钟。在第 1 节和第 2 节（上半时）之间、第 3 节和第 4 节（下半时）之间，以及每一个决胜期之前，应有 2 分钟的比赛休息时间。半场（第 2 节和第 3 节）之间休息 15 分钟。如第 4 节比赛时间终了时比分相等，为打破平局，需增加 5 分钟的决胜期或多个 5 分钟继续比赛。

四、篮球裁判员

正式的篮球比赛应有一名主裁判员和一名副裁判员。在国际篮联的适当部门如地区委员会或国家联合会有权运用三人裁判制，即一名主裁判员、两名副裁判员。主裁判员负责第1节比赛的跳球。

五、违例

违犯规则：将球判给对方队员在最靠近发生违例的地点掷球入界，篮板后面的除外。

违例包括带球走、3 s、5 s、8 s、24 s、球回后场、干涉得分和干扰得分等。

1. 带球走

队员在场上带球走或持球移动必须符合规则，即当持球队员用一脚向任何方向踏出一次或数次时，另一脚即为中枢脚，它必须保持不离开地面，中枢脚再产生移动就为带球走违例。当一名队员持球跌倒并在地面上滑行，或躺在地面上或坐在地面上时获得了控制球，是合法的，如果该队员随后持球滚动或尝试站起来，是违例。其罚则是由对方获得掷界外球权。

2. 运球违例

当某一队员开始运球后，如果用双手同时触球或使球在手中停留即为运球结束。第一次运球结束后不得再运球，否则即为运球违例。其罚则是由对方获得掷界外球权。

3. 球回后场

当球触及后场时，球触及有部分身体与后场接触的进攻队员或被其合法地触及时；球触及有部分身体与后场接触的裁判员时，即球进入该队的后场。一名控制活球球队的队员在他的前场最后触及进入前场的球之后，该队员或其同队队员又首先触及进入后场的球时，球已非法回到后场。这个限制适用于在该队前场的所有情况，包括掷球入界。然而，它不适用于一名从他的前场跳起的队员，其停留在空中时建立了新的球队控制球，并随后落回自己的后场。其罚则是由对方获得掷界外球权。

4. 3 s 违例

当某队在前场控制活球并且比赛计时钟正在运行时，该队的队员不得停留在对方队的限制区内超过持续的3 s。

5. 5 s 违例

进攻球员必须在5 s之内掷出界外球；在被严密防守时，必须在5 s之内传、投或运球；当裁判员将球递给罚球队员时，该队员必须在5 s内传球、投篮或运球。违反这一规则，其罚则是由对方获得掷界外球权。

6. 8 s 违例

控制球的队必须在8 s内使球进入其前场；如果球从后场合法出界，必须在之前8 s的剩余时间内使球进入前场；交替拥有中如果在后场掷球入界，该队必须在之前的8 s剩余时间内使球进入前场。违反这一规划，其罚则是由对方获得掷界外球权。

7. 24 s 违例

当一名队员在场上获得控制活球时，该队应在24 s内设法投篮出手，球必须触及篮圈或进入球篮。如果防守队员合法防守使球出界，则24 s连续计算，否则被判为24 s

违例。

8. 脚踢球和拳击球

队员不得故意地用腿的任何部位去踢球或拦截球，或用拳击球。其罚则是由对方获得掷界外球权。

9. 干涉得分和干扰得分

一次投篮中，当一名队员触及完全在篮圈水平面之上的球并且此时球下落飞向球篮或球触及篮板；一次罚球中，当一名队员触及飞向球篮但尚未触及篮圈的球时，有队员触及球，都应判违例。其罚则是如果进攻队员发生了违例，不可判给得分，将球判给对方在罚球线的延长线掷球入界。如果防守队员发生了违例，应该判给进攻队：对罚球已离手的球，得 1 分；从 2 分投篮区域已离手的球，得 2 分；从 3 分投篮区域已离手的球，得 3 分。如果防守队员在最后一次或仅有一次的罚球中发生干涉得分违例，则判给进攻队员得 1 分，随后执行防守队员技术犯规的罚则。

六、犯规

犯规是对规则的违犯，含有与对方队员的非法身体接触和违反体育道德的举止。

1. 侵人犯规

在活球、球进入比赛状态或死球时涉及与对方队员接触的球员犯规，其罚则是在所有情况下都要登记犯规队员一次侵人犯规。

2. 双方犯规

双方两名对抗的队员大约同时互相发生接触而犯规的情况，其罚则是各登记一次犯规，根据交替拥有原则继续比赛。

3. 违反体育道德的犯规

裁判员认为队员不是在规则的精神和意图的范围内合法、直接地试图抢球，造成的侵人犯规是违反体育道德的犯规；如果队员与对方队员身体发生过分的接触，那么这样的接触被认为是违反体育道德的犯规。

4. 技术犯规

所有不与对方发生接触的犯规，包括队员、教练员以及随从人员的技术犯规。

5. 取消比赛资格的犯规

对比赛中犯有十分恶劣的不道德犯规的队员、教练员及随从人员取消其比赛资格，并要求他们必须离开比赛场地。

6. 队员五次犯规

在全场比赛中，任何一名队员犯规次数累计达五次，就必须自动退出比赛。

7. 全队四次犯规

在每单节比赛中，一方全队犯规次数累计已达四次时，全队处于处罚状态，在以后发生的防守犯规都要处以两次罚球。

8. 罚球

在罚球线后的半圆内不受干扰下的投篮，投中一次得1分。罚球时罚球队员得球后应在5 s内投篮出手，在球触及篮圈前不得触及罚球线和罚球线前的地面，否则投中无效，并由对方掷界外球。

第五节　三人制篮球简介

三人制篮球运动是在半场进行的三对三的对抗运动，是在五人制篮球的基础上发展起来的一种新的体育运动项目。三人制篮球起源于街头篮球，经过多年的演变，已经发展成了区别于街头篮球的正式比赛项目。

世界上最早的三人制篮球赛事出现在美国。1965年，考比·洛克在纽约的哈林区145号球场举办了3×3的室外篮球赛。但是那时并没有把街球与三人制篮球划分开，比赛也没有严格的规则。

直到1974年，美国民间组织在美国密执安的周洛维尔镇举办了大型篮球节活动，三人制篮球比赛才正式有了雏形。1992年，首届世界三人制篮球比赛成功在德国法兰克福举行，从此，三人制篮球比赛正式走向全球。

2017年6月9日，国际奥林匹克委员会官方宣布，三人制篮球比赛自东京奥运会起，正式成为奥运会比赛项目。2019年，中国女队在三人制篮球世界杯赛中荣获冠军。

三人制篮球比赛包括男子组和女子组，共两枚金牌。

（一）场地

采用国际篮联规则的半块场地，包含长方形3 s限制区、6.75 m圆弧区和1.25 m无冲撞区（篮筐具有减压装置）。

（二）球队

每队由4~6名球员（3名上场球员和1~3名替补球员）和1名领队（教练员或老师或家长）组成。

（三）裁判人员

裁判人员由1~2名临场裁判员和3名记录裁判员（1名记分员、1名计时员和1名秒钟计时员）组成。

（四）比赛开始

（1）两队在赛前同时进行热身活动。

（2）以抛掷硬币的方式决定获得最初球权的球队，该球队可以选择拥有比赛开始的球权或者拥有可能进行决胜期开始的球权。

（五）计分方法

（1）在圆弧线内投球中篮，计1分。

（2）在圆弧线外投球中篮，计2分。

（3）在罚球线罚球投中，计 1 分。

（六）比赛时间

一节比赛，时间为 10 分钟。当出现死球情况和罚球期间应停止计时钟。在球转换完成（一旦球在进攻队员的手中）后，计时钟须再次启动。

（七）犯规和罚球

（1）球队犯规次数累计达到第 7 次时，该队即进入犯规处罚状态。

（2）已发生第四次犯规的球员必须离开比赛场地。

（3）在圆弧线内对投篮动作的犯规，应判给一次罚球。

（4）在圆弧线外对投篮动作的犯规，应判给二次罚球。

（5）对投篮动作的犯规后投中，应判给一次追加的罚球。

（6）在球队处于犯规处罚状态下的对非投篮动作的犯规，应判给一次罚球。

（八）空耗（进攻）时间

（1）空耗（进攻）时间或不积极地尝试得分应判违例。

（2）如果比赛场地设有进攻计时钟，进攻方必须在 12 s 内尝试投篮。一旦（在转换球权后或一次成功的投篮后在篮下）球在进攻球员手中时，就须启动计时钟。

注意：如果比赛场地没有设置进攻计时钟，并出现了球队消极进攻时，裁判员应给予他们最后 5 s 计时的警告。

（九）如何打球

（1）在投中或最后一次罚球投中后，非得分队的球员直接从球篮下方持球（不是端线外）并将球运或传到圆弧线外的场地上再开始尝试进攻，此时不允许防守队在球篮下的无撞人半圆区内抢断球。

（2）在投篮未中或最后一次罚球不中后，如果进攻队获得篮板球时，可以不用将球传回圆弧线外，继续尝试得分；如果防守队获得篮板球时，必须将球传或运到圆弧线外，再尝试进攻。

（3）在出现抢断、失误等情况后，如果情况出现在圆弧线内，球必须传或运到圆弧线外的地方，再尝试进攻。

（4）除投中外，任何死球情况后给予任一队的球权，应在圆弧线外和半场地的中线之间开球；球权方须与一名球员传递一次球后开始掷球。

（5）当一名球员的任何一脚既没有在圆弧线内也没有踏在圆弧线上时，则该队员被认为“在圆弧线外”。

（6）如果出现跳球情况，应将球权判给防守队。

（十）替换

当球成死球时，应允许任一球队替换队员。

（十一）暂停

准予每队 1 次 30 s 的暂停。球员可以在死球期间请求暂停。

(十二)胜负决定

比赛时间终止，以得分多者为胜方。

小组赛及半决赛阶段，比赛时间终止，若得分相等，场上3名球员进行3轮罚球以决胜负；若得分仍相等，则执行一对一依次罚球决胜负。

总决赛阶段，比赛时间终止，若得分相等，则增加3分钟决胜期（加时赛）。若决胜期仍相等，场上3名队员进行3轮罚球以决胜负；若得分仍相等，则执行一对一依次罚球决胜负。

思考题

1. 篮球基本技术包括哪些内容?
2. 简述三人制篮球比赛规则。

第五章 排 球

第一节 排球运动概述

一、排球运动的起源与发展

（一）排球运动的起源

排球运动起源于1895年，是美国基督教青年会干事威廉·摩根最早发明的。人们分站在网球场球网的两侧，用篮球胆之类的球托来拍去，击球的次数不限，这就是排球运动的雏形。它最初是一种消遣游戏，比赛时只要双方人数相等即可。1896年，美国开始有了排球比赛，并制定了第一部规则。

排球运动发明以后，随着教会的传教活动以及美国军队军事活动的展开，逐渐被传向世界各地。

（二）世界排球运动的发展

世界排球运动发展百余年来大体经历了三个阶段，即从娱乐排球向竞技排球过渡阶段、竞技排球迅速发展阶段、竞技排球的多元化和娱乐排球的再兴起阶段。

1. 从娱乐排球向竞技排球过渡

排球运动起源于为中老年人锻炼身体而创造的一种娱乐性游戏活动。最初的排球运动并无技术而言，双方只是争取用手一次将球击过网，若不能将球一次击过，会有同伴再击。在游戏过程中逐渐体会到，若不将球一次击过网，则更能给对方接球制造困难，于是为寻找过网的最佳时机和击球给对对方威胁最大的同伴，而出现了多次击球的打法，即形成了集体配合战术的雏形。

在进行排球游戏的过程中，人们感到，一方无休止地击球也不合理，于是产生了每方击球至多3次必须过网的规定。这一规定的产生使单一的拍击球动作开始分化成传球和扣球两种动作。扣球动作吸引了更多青年参加，故使单纯以娱乐、游戏为目的的排球运动逐渐增添了激烈对抗的色彩，至此排球运动的性质开始发生了变化。

为了使相互之间的配合更清楚、合理，场上队员出现了位置分工。

这一阶段排球运动的特点是从娱乐游戏排球逐渐向竞技排球过渡，当时国际上没有统一的竞赛规则和竞赛制度，也没有统一的竞赛组织。

2. 竞技排球迅速发展

随着排球技术、战术水平的提高及竞技化趋势的日益明显，一些国家相继成立了排球协会。人们希望国际上有个统一的组织去开展国际的排球竞赛与交流。1946 年，由法国、捷克斯洛伐克、波兰三国倡议成立国际排球联合会。1947 年，国际排联在巴黎成立。在成立大会上制定了国际排联宪章，并正式出版了通用排球竞赛规则。国际排联的成立标志着排球运动从此摆脱了娱乐游戏的性质，进入了竞技排球的新阶段。从排球运动的初创到国际排联的成立，走过了半个世纪的历程。在这半个世纪中，排球规则逐步形成，基本技术、战术日趋丰富，国际交往越来越多。

3. 竞技排球的多元化和娱乐排球的再兴起

（1）竞技排球攻防战术的全方位化。进入 20 世纪 80 年代的竞技排球已度过了它的成长、发育时期而逐步走向成熟。

全攻全守已不仅是个人攻防技术全面的称谓，而是指整体的全方位的攻和整体的全方位的守。全攻首先从观念上打破了传统的进攻模式，即全攻意味着进攻是从发球和拦网开始。全攻还意味着进攻的变化已不局限在网前的二维空间内，而是充满整个场地的三维空间。不仅有高快结合的前排进攻，而且在前排进攻配合下采用后排进攻，形成了高快结合、前后结合的全方位进攻的局面。

全守即体现全方位的防守，首先，是技术动作的全方位。当今由于进攻水平的不断提高，那种单纯依靠手和手臂击球的动作要防迅雷不及掩耳般的扣球是相当困难的。其次，体现在当代防守观念的转变，即由预判的“出击防守”代替了固定位置的“等待防守”。“高位防守”的取位则更需要运动员具有高水平的判断、反应及控制球的能力。另外，全方位的防守还体现在针对对手的进攻特点，随时调整拦网与防守的配合，打破原有防守阵形模式，而从兼顾防守效果和防后的反攻进行布阵。

（2）竞技排球的社会化、职业化和商业化。进入 20 世纪 90 年代，意大利、荷兰男排以惊人的速度在国际上确立了领先的地位，这些西欧男排的崛起，标志着竞技排球走向社会化、职业化的时代已经到来。意大利男排水平的突飞猛进是因为意大利排协从 20 世纪 80 年代就开始实行运动员职业化和俱乐部制度。意大利的各俱乐部都有不同的工商巨头资助，他们高薪招募世界各国的优秀教练员、运动员为各自的俱乐部效力。由于俱乐部集聚了各国的明星选手和优秀教练员，所以意大利的排球运动水平飞快提高。意大利男排的成功影响着西欧各国，随后法国、荷兰、希腊、德国、比利时、西班牙等国也都得益于排球俱乐部的作用，使整个西欧排球运动水平迅速提高，西欧各国相继跻入世界强队的行列。

（3）娱乐排球的再兴起。一百多年前，排球运动起源于一种娱乐游戏活动。随着时间的推移，排球运动的娱乐游戏性逐渐被其竞技性所取代。但随着现代经济的发展，人们对物质文化消费的需求也在不断提高，健身娱乐逐渐成为人们消除疲劳的有效办法。人们希望有一种大众都能够参加的排球运动尽快诞生，于是人们开始从球的性能、比赛规则上按各自需要进行修改，全球性的娱乐排球便应运而生。

总之，娱乐排球的再兴起，标志着现代排球运动进入了竞技排球和娱乐排球共存的新时代。

（三）中国排球运动的发展

1905年，排球运动传入我国。由于当时经济水平落后，我国排球运动整体技术水平不高，战术也非常单调，因此排球运动在当时并没有受到人们的广泛欢迎。中华人民共和国成立之后，1950年，中华全国体育总会在暑期全国体育工作者学习会议上首次介绍了国际排联制定的6人制排球竞赛规则和方法，第二年在首届篮、排球比赛大会上正式组织了6人制排球比赛，并选拔组建了国家队。

1981年在日本举行的第3届世界杯赛中，我国女子排球队7战7捷，第一次获得世界冠军的称号，之后一鼓作气又连续4年捧回世界大赛的金杯，荣获五连冠。

2004年、2016年这两届奥运会上，中国女排再次夺冠，激励了全国人民。

二、国内外排球重大赛事

（一）世界排球锦标赛

世界排球锦标赛是排球最早的、规模最大的世界性比赛。世界排球锦标赛不限制各洲参加的队数，各国和各地区都可以申请参加，因而参加的队越来越多。首届世界男排锦标赛于1949年在布拉格举行，1952年在莫斯科举行了首届世界女排锦标赛。一般是每隔4年举行一次。1962年起，改在奥运会后的第二年举行。

（二）世界杯排球赛

世界杯排球赛的前身是“三大洲”排球赛。1964年东京奥运会期间，在国际排联举行的会议上决定将“三大洲”排球赛改为“世界杯”排球赛；决定1965年9月在波兰举行首届世界杯男子排球比赛，并规定每隔4年举行一次。首届世界杯女子排球比赛在1973年举行。世界杯赛的参赛队要经过严格的选拔，参加的队数规定不能超过12个队。

（三）奥运会排球赛

1964年，在日本东京举行的第18届奥运会上，排球正式被列为奥运会比赛项目。奥运会排球赛是世界最高水平的比赛。参加奥运会比赛要经过严格的选拔，通常一个洲只允许一个代表队参加比赛，加上上一届奥运会和世界锦标赛的前两名，只有8~12个队有参加决赛的机会。

（四）世界青年排球锦标赛

随着世界排球运动的普及与开展，排球比赛水平越来越高，为了尽快地培养高水平的排球运动员，各排球强国都十分重视培养后备力量。国际排联顺应潮流，举办了世界青年排球锦标赛。首届世界青年排球锦标赛于1977年在巴西里约热内卢举行。参赛队必须是各大洲青年锦标赛选拔出来的队、东道主队及上届冠军队，运动员的年龄必须在20岁以下，1985年前每4年举行一次，1985年后改为每2年举行一次。

（五）世界男排联赛和世界女排大奖赛

这两项比赛都是国际排联举办的商业性大赛。世界男排联赛始于1990年，以后每年举行一次，该项比赛采用主客场制。世界女排大奖赛始于1998年，以后也是每年举行一次，该项比赛采用巡回赛的方法进行。

（六）世界沙滩排球锦标（巡回）赛

世界沙滩排球锦标（巡回）赛始于1989年，最初称为世界沙滩排球大奖赛，首届比赛分别在巴西、意大利、日本和美国分4站进行。1997年改为世界沙滩排球锦标（巡回）赛，每年进行一次。

三、沙滩排球运动的诞生

沙滩排球起源于美国，后传入巴西、意大利、澳大利亚、墨西哥、法国等国家，20世纪70年代逐渐在日本等亚洲国家广泛开展。1976年，在美国加利福尼亚的帕里塞德斯海滩举行了首次正式比赛。1979年，出现职业沙滩排球赛。1987年，全美职业沙滩排球协会成立，同年在巴西举行首届世界沙滩排球锦标赛。比赛场地长18 m、宽9 m，2001年改为长16 m、宽8 m。沙地由至少40 cm厚的细颗粒沙铺成。球网长9.50 m、宽1 m，男子网高2.43 m，女子网高2.24 m。球可为浅黄色或其他颜色，质量为260~280 g。比赛由两队参加，每队两名运动员，必须赤足参赛。每队可击球3次（包括拦网），将球击回对方场区，一名运动员不得连续击球2次。只有发球方可得分（决胜局除外），接发球方胜一球时，获发球权（决胜局则得分），2001年改为每球得分制。运动员必须轮流发球。每场比赛采用三局两胜制。

第二节　排球基本技术

排球基本技术是指运动员在比赛中采用的各种合理击球动作和为完成击球动作必不可少的其他配合动作的总称。

一、击球动作准备

（一）准备姿势

为了便于完成多种技术而采取的合理姿势称为准备姿势。按照身体重心的高低，可分为半蹲准备姿势、稍蹲准备姿势和低蹲准备姿势。

1. 半蹲准备姿势

两脚左右开立同肩宽，一脚在前，两脚尖稍内扣，脚跟稍提起，膝关节适当弯曲稍内收，上体前倾，身体重心落于两脚间稍偏前，两臂放松，自然弯曲，双手置于胸腹之间，身体适当放松，始终保持微动状态，两眼看球［图5-1(a)］。

图5-1　半蹲准备姿势

2. 稍蹲准备姿势

稍蹲准备姿势比半蹲准备姿势重心稍向前移，两腰弯曲程度小于半蹲准备姿势

[图 5-1(b)]。

3. 低蹲准备姿势

两脚左右、前后开立的距离比半蹲准备姿势更宽一些，两膝弯曲程度更大一些，身体重心更低、更靠前，膝部的垂直线超过脚尖，两手臂置于胸腹之间［图 5-1(c)］。

（二）移动

从起动到制动的过程称为移动。常用的步法有并步、跨步、交叉步、跑步和综合步法。

1. 并步（来球距身体一步左右时采用）

移动方向的异侧脚蹬地，同侧脚向来球方向跨出的同时制动。异侧脚迅速跟上成击球前准备姿势，当球距身体一侧稍远时，可快速连续并步。

2. 跨步

当来球较低，距身体较远时，应跨出一大步，同时屈膝，上体前倾，身体重心移至跨出的腿上，向前、侧或侧前方跨出。

3. 交叉步

向右侧交叉时，上体稍向右转，左脚从右脚前面向右交叉迈出一步，然后右脚再向右跨出一大步，同时身体转向来球方向，保持击球前的姿势。

二、垫球

垫球是以手臂为反弹面，利用来球的反弹力向上击球的技术动作。垫球主要用于接发球和防守，是组织一攻和反攻战术的基础。垫球主要有正面双手垫球、侧面双手垫球、体侧垫球、背向垫球、跨步垫球、滚翻垫球、鱼跃垫球、单手垫球和挡球等。

（一）正面双手垫球

正对来球方向移动成半蹲准备姿势。当球至腹前时，两手掌根迅速紧靠，两手手指重叠后合掌互握，两拇指平行，手腕下压，两臂外翻并夹紧伸到球下。同时配合蹬地、跟腰动作，使身体重心向上方移动，在腹前击球的后下部。触球时，用前臂腕关节以上 10 cm 左右桡骨内侧面为宜。要根据来球角度和要求垫至的位置，控制好垫球方向（图 5-2）。

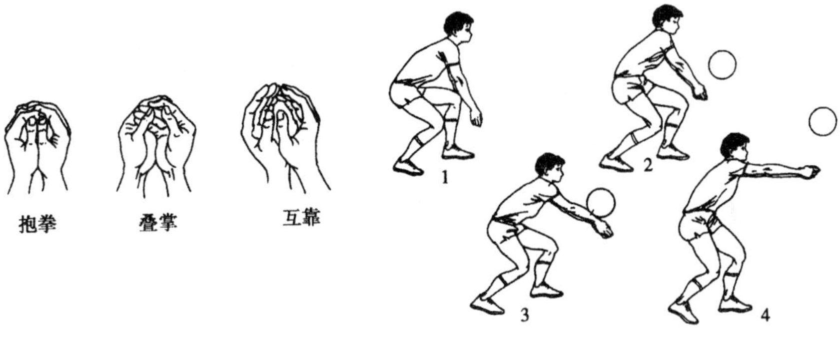

图 5-2 正面双手垫球

（二）侧面双手垫球

当球向右侧飞来时，左脚蹬地，跨右脚，重心右移，两臂夹紧向右伸出，左臂微向下倾斜，用向左转腰和提右肩的动作，配合两臂向右前方截住球飞行的路线，用两前臂垫击来球的后下部（图 5-3）。

图 5-3　侧面双手垫球

（三）体侧垫球

当球从左（右）侧飞来时，右（左）脚前脚掌内侧蹬地，左（右）脚向左（右）侧跨出一步，身体重心随即移至左（右）脚上，左（右）膝弯曲。同时两臂夹紧向左（右）侧伸出，用向右（左）转腰的动作，配合两臂自左（右）侧向前截住球的飞行路线，用两前臂垫击球的后下部（图 5-4）。

图 5-4　体侧垫球

（四）背向垫球

判断好来球的方向，迅速移动到球的落点处，背对触球方向，两臂夹紧伸直，击球点高于膝部。击球时，抬头挺胸，展腹后仰，直臂向后上方摆动抬送（图 5-5）。背向垫球是身体背对垫球方向的一种垫球方法，因此不易控制方向和落点，垫球时要有较好的位置感。

图 5-5　背向垫球

三、发球

发球既是一场比赛的开始，也是一种进攻的手段。发球的目的在于直接得分或破坏对方的进攻战术，减轻防守负担，创造反攻的有利条件。

（一）正面下手发球（以右手发球为例）

左手将球平稳抛起在腹前右侧 30 cm 左右，抛球同时，右臂伸直往身体右侧后下方摆动。击球时，右脚蹬地，右臂以肩为轴由身体后下方向腹前挥摆，在体前右侧以全掌或掌根击球的后下方，身体重心随之前移。击球后，迅速进场（图 5-6）。

图 5-6 正面下手发球

（二）正面上手发球

队员面对球网，两脚前后自然开立，左脚在前，用手托球于身前，用抬臂和手掌的平托上送，将球平稳地垂直抛于右肩前上方，高度适中。在左手抛球的同时，右臂抬起，屈肘后引，肘与肩平，上体稍向右转。击球时，利用蹬地、转体和收腹带动手臂挥动，在右肩前上方伸直手臂，在最高点以全手掌击球的中下部。击球时，手指自然张开吻合球，手腕要迅速主动地做推压动作，使击出的球呈上旋飞行（图 5-7）。为了加强发球的力量和攻击性，还可采用一步、两步或多步的助跑发球方法。

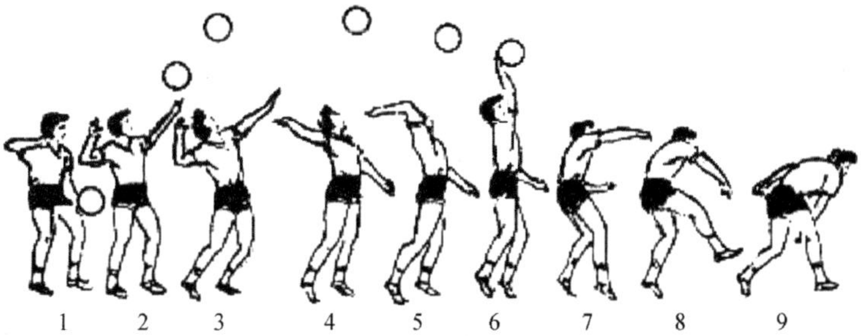

图 5-7 正面上手发球

（三）正面上手发飘球

正面上手发飘球是采用正面上手的形式，使发出的球不旋转、不规则地飘晃飞行的一种发球方法。由于面对球网，便于观察对方接发球情况。

准备姿势同正面上手发球，但抛球比正面上手发球稍低、稍靠前。击球前，手臂自后向前做直线挥动。击球时，五指并拢，手腕稍后仰，用掌根平面击球的中下部，作用力通过球体重心。击球瞬间，手指、手腕紧张，手形固定，不加推压动作，手臂有突停动作（图 5-8）。

图 5-8　正面上手发飘球

（四）勾手飘球

发勾手飘球采用侧面对网站位，可利用身体转动和腰部力量带动手臂的快速挥动去击球，比较省力。勾手飘球是目前排球比赛常用的一种主要发球方法，男女队员均可采用。

发球队员应左肩对网，左手将球平稳地抛向左肩前上方。在抛球同时，右臂伸直向身体右侧后下方摆动，身体重心移至右脚。当球开始上升到最高点时，右脚蹬地，身体向左侧转动，带动手臂沿弧线轨迹挥动，在右肩前上方以掌根或半握拳拇指根部坚硬平面击球后中下部，击球瞬间，手腕稍后仰并保持紧张，用力集中，作用力要通过球体的重心。击球后，可做突停或下拖动作，但不能有推压的动作。无论采用哪种发球动作，都必须做到以下三点：一是抛球平稳，二是击球要准，三是手法要正确。

四、传球

传球主要用于衔接防守和进攻。传球是用手指和手腕的动作去击球。传球技术种类较多，主要有正面双手传球、背传、侧传、跳传等。

（一）正面双手传球

两脚开立，稍比肩宽，膝关节稍屈，双手自然抬起，置于脸前。当球下降至近额前时，蹬地伸膝，两手向前上方迎击来球。击球点在额前上方约一个球的距离处，这样便于看清传球的目标，有利于对准球和控制传球的方向。当手腕触球时，两手自然张开成球形，手指与球吻合，手腕稍后仰，拇指相对成“一”字形或“八”字形。用拇指的内侧、食指的全部以及中指的第二、第三关节触球，无名指和小指两侧辅助控制传球（图 5-9）。利用伸臂和手腕、手指的紧张用力及球压在手指上产生的反弹力将球传出。要根据来球的速度、弧度、力量而适当地控制伸臂和手腕、手指的紧张程度，以加强或缓冲出球速度，控制好传球的弧度和距离，提高准确性。

图 5-9　正面双手传球

（二）背传

准备姿势与正面传球相同，传球时身体稍向后仰，击球点保持在额前，稍向头上方处，手触球缓冲后，手腕有明显的后翻动作，掌心向上，拇指托球并后挑，然后利用展腹、伸肘、蹬腿的力量，把球向后上方传出。

（三）侧传

准备姿势、迎球动作与正面传球相同，击球点保持在脸前或稍偏向传球方向一侧。传球手形与正面传球相同，但倾向击球一侧的手臂要低一些，另一侧手臂要高一些。蹬地后上体要向击球方向倾斜。双臂向传出的一侧用力伸展，异侧手臂动作幅度较大，伸展较快。

（四）二传

二传在排球比赛中是组织进攻和反攻的桥梁，二传队员必须做到起动及时和移动迅速，取位要得当，扩大视野，掌握二传技术特点等。

二传队员应根据第一传的出手方向、弧度、速度和落点，准确判断，及时起动，迅速移动到传球位置，做好传球准备。移动快，能有精力环视周围情况，便于组织战术配合；移动慢，可能造成传球失误，或该传的球只好垫，易丢掉较好的组织战术配合的机会。

在移动的过程中，应根据来球的落点，边判断、边取位。二传队员最好站在 2、3 号位之间，离网 1 m 左右处准备取位。判断来球后，力争使身体插入球下，并使身体转向来球方向，稳定重心将球传出。如果身体插入球下，来不及转向来球方向（或有意做隐蔽传球）时，也应力争稳定重心，把球传好。如果来不及使身体转向来球方向，又来不及稳定重心去传球时，只能在跑动中传球。在跑动中传球时，特别要强调出手要稳。

五、扣球

扣球是利用助跑速度，用力制动蹬地起跳，在空中以身体的爆发力和快速挥臂，最后用全手掌击球的一种技术动作。它是最强有力的进攻和最有效的得分手段。

（一）正面扣球

扣球前采用稍蹲准备姿势。助跑时左脚先向前迈出一步，接着右脚再迅速跨出一大步，同时两臂经体侧弧线向后，左脚及时并上，踏在右脚之前，两脚尖稍内转，迅速制动，由两脚后脚跟过渡到前脚掌，双脚蹬地向上起跳，两臂由后经下向上积极上摆，起跳后挺胸展腹，上体稍向右转，右臂屈肘向后引，身体成反弓形。挥臂时，以迅速转体收腹动作，依次带动肩、肘、腕各部位关节成鞭甩动作向上方挥动（图 5-10）。击球时，以全手掌击球后中上部，同时主动用力屈腕、屈指向前推压球，使球加速上旋。击球后，落地、屈膝、收腹缓冲，稳定重心，准备做下一个动作。

图 5-10　正面扣球

（二）调整扣球

扣由后场调整到网前的球叫调整扣球。其动作与正面扣球的动作相同，只是要求扣球队员应根据来球的方向、角度、弧线和落点，调整好人、球、网的关系。

六、拦网

拦网是第一道防线，它不是被动阻拦和被动防守，而是具有一定的攻击性，可以减轻后排防守压力，甚至可以直接拦网得分。拦网分为原地起跳拦网和助跑起跳拦网两种。组成拦网的形式又可以分为单人拦网、双人拦网和三人拦网。

（一）单人拦网

面对球网，两膝微屈，两脚平行开立，与肩同宽，距网 30~40 cm，两臂自然屈肘置于胸前，根据对方行动，两膝用力蹬地及时起跳。同时，两臂在体侧方划小弧用力上摆，带动身体垂直向上跳起。身体腾空后，两臂从额前贴近网并向球网上沿伸出，两臂伸直，两肩尽量上提。拦网时，两臂伸向对方场区上空，两手自然张开，屈指、屈腕呈勺型（图 5-11）。

图 5-11　单人拦网

（二）集体栏网

集体拦网主要由 2、3 号位或 3、4 号位队员组织拦网，当对方 4 号位组织进攻时，本方以 2 号位队员为主，3 号位队员移动到 2 号位协调配合拦网。如对方 3 号位进攻，一般以本方 3 号位队员拦网为主，4 号位队员移动到 3 号位协调配合拦网。如对方 2 号位进攻，则以本方 4 号位队员拦网为主，3 号位队员移动到 4 号位协调配合拦网。

第三节 排球基本战术

根据排球运动比赛规则、彼我双方的具体情况和临场变化，合理地运用技术而采取有组织、有目的和有预见性的配合行动，称为排球战术（包括集体战术和个人战术）。集体战术是指比赛中通过全队或几个队员之间的有组织、有目的的集体协同配合，来突破对方的防守或克制对方的进攻。个人战术是指比赛中主要靠队员个人技术动作的巧妙变化和灵活运用，来达到进攻和防守的目的。

一、阵容配备

阵容配备的目的，是把全队的力量有效地组织起来，最大限度地发挥每个队员的作用和特长。

（一）“四二”配备

“四二”配备前后排都能保持一个二传队员和两个进攻队员，能充分发挥本队的攻击力量（图 5-12）。这种配备不仅便于“中、边一二”简单的进攻形式，也便于“插上”“两次球”战术。其缺点是每一个进攻队员必然熟悉两个二传队员的传球特点，配合比较困难。

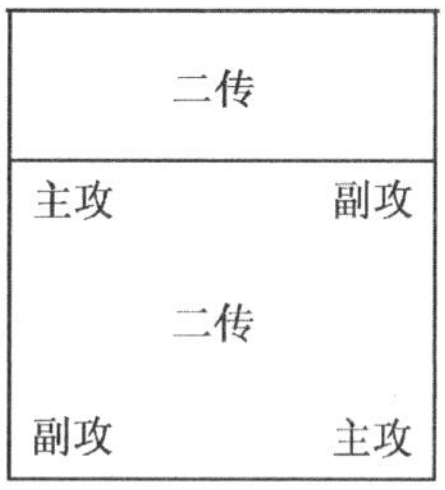

图 5-12 “四二”配备

（二）“五一”配备

全队队员扣球、传球和防守等技术比较全面时，可采用五个进攻队员和一个二传队员的配备，来加强进攻力量（图 5-13）。二传队员在前排时，打“中、边一二”战术或“两次球”战术；二传队员在后排时，可采用“插上”战术。其缺点是当二传队员轮到前排时，有 3 个轮次只有两点进攻；当防守反击时，二传队员轮到后排，要插上传球难度较大。

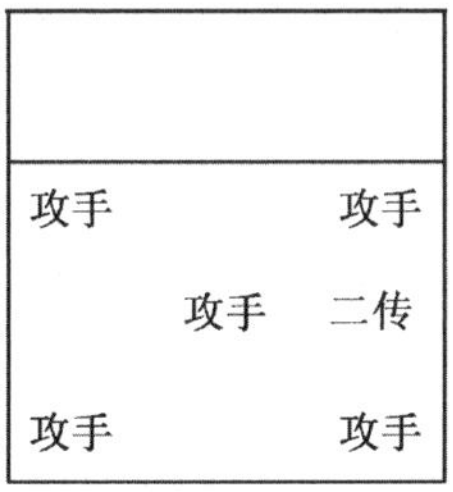

图 5-13 “五一”配备

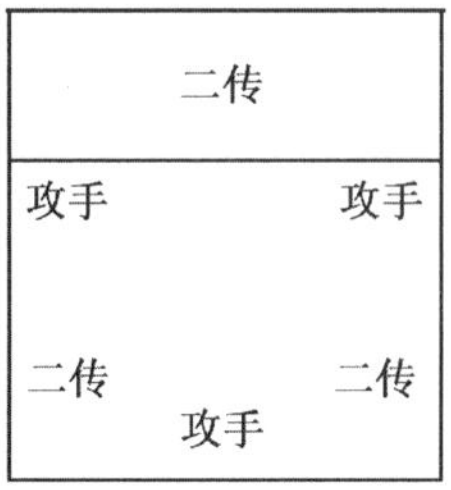

图 5-14 “三三”配备

（三）“三三”配备

“三三”配备由三个进攻队员和三个二传队员组成（图 5-14）。站位时，一个进攻队员间隔一个二传队员，这样在任何轮次上前后排都保持 1~2 个二传队员和进攻队员，便于采用“插上”和“两次球”战术，也便于采用“中、边一二”进攻战术。

二、发球战术

发球战术在比赛中运用的好坏，对争取比赛胜利有着重要的作用。例如，找准对方弱点或空当的发球，破坏对方战术的发球，利用自然条件达到战术目的的发球，发各种变化的球。

（一）进攻战术

进攻战术一般有“中一二”“边一二”“插上”等多种战术和形式。

1. “中一二”进攻阵形

“中一二”进攻阵形是指由前排中间队员做二传，将球传给其他两个前排队员扣球的进攻阵形（图 5-15）。它是最基本、最简单的一种进攻战术形式。由于二传居中，因此易于接应。能利用球网的两端进攻，分工明确，易于组成。但只有两人进攻，战术简单，变化较少，对方容易拦网。

2. “边一二”进攻阵形

“边一二”进攻阵形也是一种简单的、基础的战术形式。其方法是二传手站在 2 号位，将球传给 3、4 号位队员扣各种战术球，二传手扣两次球或转移（图 5-16）。这种战术配合由于两个扣球队员位置相邻，便于相互进行掩护配合，因此可以打出许多战术变化。

3. “插上”进攻阵形

在对方发球后，后排一个队员迅速插到前排担任二传，使前排保持有三个人进攻的机会（图 5-17）。这种形式可充分利用球网较长，组织出丰富的、巧妙的、快速多变的进攻战术配合，造成对方拦网困难。

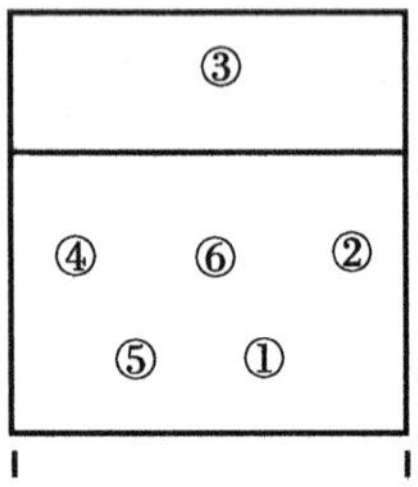

图 5-15　“中一二”进攻阵形

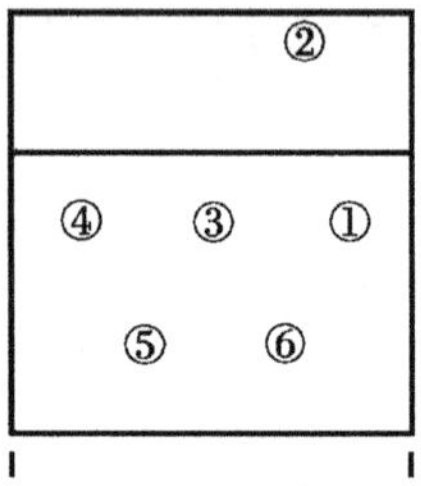

图 5-16　“边一二”进攻阵形

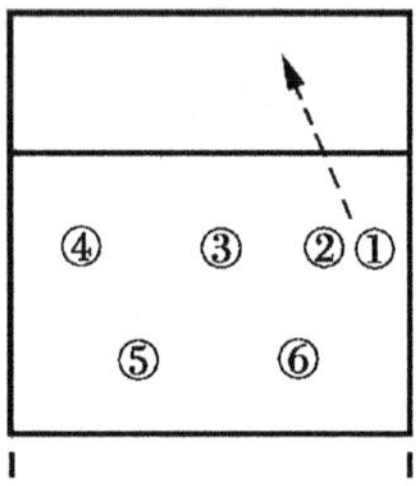

图 5-17　“插上”进攻阵形

（二）防守战术

根据对方进攻特点，防守可分为单人拦网、双人拦网和无人拦网情况下的防守战术。

1. 单人拦网

在对方扣球威力不大、线路变化不多的情况下可采用单人拦网防守战术（图 5-18）。

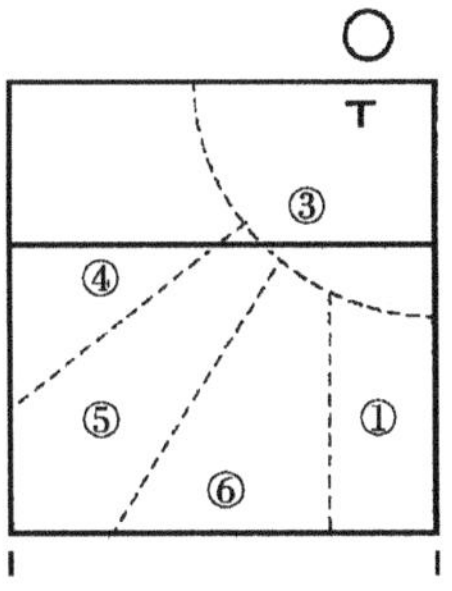

图 5-18 单人拦网

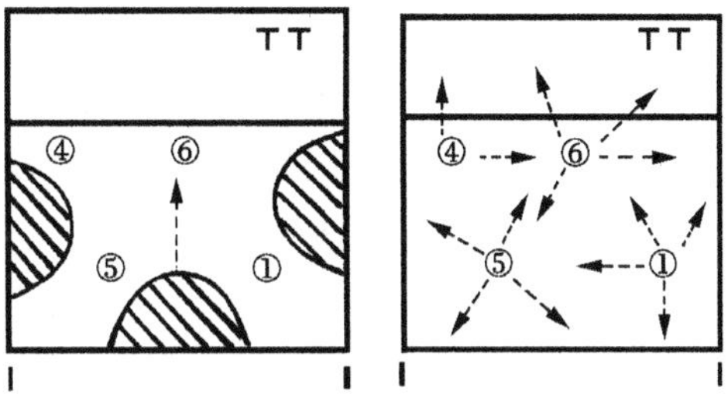

图 5-19 “心跟进”防守战术

2. 双人拦网

当对方进攻力量较强、线路变化较多时，可采用双人拦网防守战术。根据后排跟进的情况，分为“心跟进”和“边跟进”两种。

（1）“心跟进”（6 号位跟进）防守战术：当对方善于轻扣和吊球时，或在我方拦网较强，能封住 6 号位的情况下采用。其优点是加强了前场的防守力量，但后场区较空（图 5-19）。

（2）“边跟进”（1、5 号位跟进）防守战术：对方进攻较强，而且轻扣和吊球又较少或直线进攻较少时，可采用“边跟进”防守战术。其优点是加强了后场的防守力量，缺点是中场较空，防对方直线进攻的能力较差（图 5-20）。

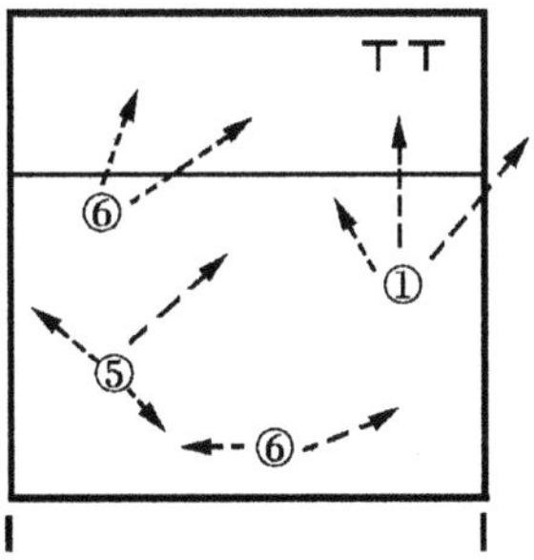

图 5-20 “边跟进”防守战术

3. 无人拦网

比赛中，由于对方战术多变、本方拦网受挫，导致无人拦网。在这种情况下，只能根据临场变化灵活取位，力争把球防起。

第四节 排球竞赛规则简介

排球比赛的目标就是每队采用符合规定的方法击球过网，落于对方的场地上，同时防止球在自己的场地上落地。比赛由发球开始，发球队员击球过网进入对方的场区，双方往返击球，直到球触地、出界或一队无法正确地回击为止。

一、场地设备

（一）球场

球场长 18 m，宽 9 m，四周留有一定的无障碍区，上空也应有一定的无障碍空间。球场中间挂网，网下面画有中线，把球场划分为两个区。中线两侧 3 m 处画有两条平行线，称为进攻线。进攻线把每个场区分为前、后场区。场上各线宽为 5 cm，端线的宽度包括在球场面积内。

（二）球网

球网长 9.50 m，宽 1 m，网孔为 10 cm 见方。网上沿缝有 5 cm 宽的双层白色帆布。球网挂在两侧的球网柱上，与中线垂直。男子网高为 2.43 m，女子网高为 2.24 m。球网两侧与场地边线相垂直处挂有一条宽 5 cm 的白色标志带。在标志带外侧各竖一根长 1.80 m、红白相间的标志杆，杆的顶端高出球网上沿 80 cm。

（三）比赛用球

比赛用球用柔软、有弹性的皮革制成，内有以橡胶或类似材料制成的球胆；球颜色一致且为浅色或是由国际排联（FIVB）批准的彩色球；球的圆周、气压、质量分别为 65~67 cm、0.30~0.325 kg/cm^2（30~32.5 kPa）、260~280 g。

二、排球竞赛主要规则

（一）场上的站位

竞赛场上每方均分为前、后两排，每排各有三个位置，分别称其为 1~6 号位，当发球队员击球时，如果场上队员不在其正确的位置上，则构成位置错误犯规。另外，发球队员击球时，下列情况也属位置错误犯规：

（1）场上其他队员未完全站在本场区内。

（2）不符合“每一名前排队员至少有一只脚的一部分比同列后排队员的双脚距中线更近”规则。

（3）不符合“每一名左边（右边）队员至少有一只脚的一部分比同排中间队员的双脚距左（右）边线更近”规则。

（二）发球

获发球权的一方发球，当发球队员出现下列情况之一为发球犯规：

（1）发球次序错误。

（2）击球时踏及场区（包括端线）或发球区以外的地面。

（3）球未抛起就击球。

（4）球抛起准备发球却未发。

（5）第一裁判鸣哨后 8 s 内未将球发出。

（三）击球

比赛中运用的传、垫、扣等技术统称为击球，当击球队员出现下列情况之一为击球犯规：

（1）连击犯规。身体任何部位均可触球，但一名队员（拦网队员除外）连续触球两次，即为连击（第一次击球，队员在同一动作中出现连续触及身体不同部位情况时除外）。

（2）持球犯规。触球时，球必须被击出（单一的击球反弹动作），不允许有停滞，更不可接住或抛出，否则即为持球。

（3）四次击球。规则允许每方最多击球三次（拦网除外），将球从网上的过网区击回对方，超过规定次数的击球，判为四次击球犯规。

（4）借助击球。击球队员借助同伴或任何物体的支撑进行击球，即为借助击球犯规。

（四）进攻性击球

发球、拦网除外，所有向对方的直接击球都属进攻性击球。进攻性击球的犯规有：

（1）过网击球（在对方场区空间击球）。

（2）后排队员犯规（后排队员到前场区完成进攻性击球，并且击球时球的整体高于网上沿）。

（五）触网

触网、触标志杆不算犯规，但队员在试图击球或影响比赛时的触网或触标志杆则算犯规。

队员击球后可以触及网柱、全网长以外的网绳或其他任何物体，但不得影响比赛。

（六）拦发球

拦对方发过来的球为拦发球犯规。队员在球网附近手高于球网上沿阻拦对方发过来的球，不论是否拦死，只要触球即为犯规。

（七）界内、界外球

球触及比赛场区的地面包括界线为界内球。

下列情况为界外球：球触及标志杆、网绳、网柱、场外物体、天花板或非比赛人员；球的整体或部分从过网区外过网；球落地的部分完全在界线以外。

（八）正常比赛间断

正常的比赛间断有“暂停”“换人”。每队每局有两次暂停机会，每次 30 s（两次可以合用），每队每局有 6 人次换人机会（一人从场上下来，另一人换上场为一人次换人）。

（九）自由人

国际排联为了加强竞赛中的防守，促使攻守平衡，于 1996 年世界女排大奖赛中试行了一项新规则，即球队增设自由人。主要规则如下：自由人须身着与其他同队球员明显不同颜色的球衣；自由人的替补无次数限制，但其上下两次之间须经过一次发球比赛过程；自由人的轮转只限于后排并不得发球；如球的位置高于网沿，自由人不得于场上任何位置将球处理过网至对方场地；不得拦网或企图拦网；在前场不得用传球组织进攻（进攻的击球点低于网上沿则不受此限）。

（十）比赛成绩

比赛中采用每球得分制，接发球队胜球时，获得发球权并得分。

比赛采用五局三胜制。前四局每局先得 25 分同时超过对方 2 分的队胜一局，当比分为24∶24时，比赛继续进行直至某队领先2分为止。决胜局先得15分并超过对方2分的队胜这一场比赛。

思考题

1. 简述排球发球动作技术要领。
2. 简述排球的基本阵容配备。

第六章 乒乓球

第一节 乒乓球运动概述

一、乒乓球运动的起源与发展

（一）世界乒乓球运动的起源与发展

乒乓球作为一种游戏起源于英国，它是从网球运动派生出来的。19 世纪英国一些大学生把网球移到室内，以餐桌为球台，以书作球网，用羊皮纸贴面做拍子，用橡胶材质做成球，在餐桌上推来推去。后来，这种游戏在英国流行起来，并命名为“桌上网球”（Table Tennis）。此时，乒乓球运动作为游戏，成了家庭娱乐活动之一。1890 年，出现了赛璐珞球，由于这种球打起来发出“乒、乓”的声音，于是人们称这项运动为“乒乓球”。

1918 年，欧洲许多国家相继成立了乒乓球协会，乒乓球竞赛活动开始在各国之间展开。1926 年 1 月，柏林国际乒乓球邀请赛期间，在德国人勒赫曼博士的倡议下，召开了一次关于建立乒乓球国际组织的座谈会，会议决定成立临时国际乒联，并委托英国乒协举办第 1 届欧洲乒乓球锦标赛。1926 年 12 月 12 日，在英国伦敦举行了第 1 届欧洲乒乓球锦标赛，此次比赛后被追认为第 1 届世界乒乓球锦标赛，并召开了第一次全体会议。会议通过了国际乒联章程，讨论和通过了乒乓球竞赛规则草案。1928 年 1 月，在斯德哥尔摩，有 14 个国家参加了第二次国际乒联全体代表大会和第 2 届锦标赛。会议讨论了这项运动的名称，最后定为“乒乓”，同时通过了“21 分记分法”。

乒乓球运动兴起之时，使用的是横握球拍。1902 年传入日本之后，出现了直握球拍。2003 年的第 47 届世乒赛正式开始使用一局 11 分制。

现在的乒乓球运动已经发展成为高科技、高速度和强旋转相结合的一种竞技体育项目，全世界有近 4 000 万人从事这项运动。

（二）中国乒乓球运动的发展

乒乓球运动被世界公认为是中国的“国球”。

乒乓球运动是从日本传入中国的。

1935 年，国际乒联来电邀请我国加入国际乒联并参加第 9 届世界乒乓球锦标赛，由于经费没有落实而未能实现。

1959 年 4 月 5 日，在第 25 届世界乒乓球锦标赛中，容国团为我国夺取了第一个男子单打世界冠军。

1961 年 4 月，中国乒乓球协会在北京承办了中国历史上第一个世界锦标赛——第 26 届世界乒乓球锦标赛。

自容国团 1959 年赢得第一个世界冠军至今，中国乒乓球队近 50 年来在奥运会、世界乒乓球锦标赛、世界杯乒乓球赛中共为祖国夺取了 100 多个世界冠军，并且囊括了 4 次世锦赛的全部金牌，创造了世界体坛罕见的长盛不衰的历史。

自从 1988 年汉城奥运会乒乓球首次成为正式比赛项目以来，中国几乎完全垄断了这一项目的金牌。

乒乓球运动在我国已形成普及—提高—再普及—再提高的良性循环。据统计，目前我国经常打乒乓球的人口为 1 000 多万。在改革开放的今天，为了提高全民族的身体素质，进一步振奋民族精神，在积极推行全民健身计划的浪潮中，乒乓球活动在我国变得更加时尚起来，越来越多的人在课余、工作之余、休息日参加这项运动。

二、国内外乒乓球重大赛事

（一）世界乒乓球锦标赛

世界乒乓球锦标赛是世界四大乒乓球赛事中规模最大、水平最高、参赛人数最多、唯一含有全部七项的比赛。它由国际乒乓球联合会主办，任何会员国均可派选手参加，设有男单、女单、男双、女双、男团、女团和混合双打七个比赛项目，每项都设有专门的奖杯。从第 45 届世乒赛开始，团体比赛和单项比赛分别在两个不同的国家或地区举行。

（二）世界杯乒乓球赛

1980 年，国际乒乓球联合会主办了第 1 届世界杯乒乓球比赛，此项比赛每年举办一届，由国际乒联指定的世界优秀选手和各大洲单打冠军及东道主一名选手参加比赛。

（三）奥运会乒乓球比赛

1983 年，在德国巴登由萨马兰奇主持召开的第 84 届国际奥委会全体委员会上，决定将乒乓球列为 1988 年奥运会正式比赛项目，设有男单、女单、男双、女双四个比赛项目。

（四）国际乒联巡回赛年度总决赛

该项比赛始于 1996 年，国际乒联积分男子前 16 名、女子前 12 名的单打选手和男子、女子前 8 名的双打选手，有资格参加年度总决赛。

第二节　乒乓球基本技术

一、握拍法

握拍法指运动员手握乒乓球拍的方法，有直拍握法和横拍握法两种。可根据个人的兴趣爱好、技术特点、身体条件，选择一种适合的握拍方法。不同的握拍方法有不同的优、缺点，从而产生各种不同的技术风格。

（一）直拍握法

正面拇指的第一指节和食指的第二指节分别按压在球拍的两肩，两指的距离适中，反面的中指、无名指和小拇指自然弯曲相叠，中指的第一节侧面按在球拍背面，使球拍保持平稳（图 6-1）。

图 6-1　直拍握法

图 6-2　横拍握法

（二）横拍握法

如图 6-2 所示，以中指、无名指、小指自然地握住拍柄，拇指在球拍正面轻贴在中指旁边，食指自然伸直斜放于球拍的背面，虎口轻微贴拍。在准备击球时或将球击出后，握拍都不宜过紧或过松。过紧会使手腕僵硬，影响球的飞行弧线；过松会因拍面不稳，影响发力和击球的准确性。

二、基本步法

由于来球的落点不断变化，要准确地还击每个球，除必须具备快速的反应和良好的身体素质外，还要靠正确、灵活的步法，及时移动身体到最佳的击球位置。

乒乓球运动常用的基本步法有单步、跨步、跳步、并步、交叉步等。

（一）单步

以一脚为轴心，另一脚向前或向后、向左、向右移动一步，身体重心随之落到移动脚上，挥拍击球（图 6-3）。其特点是移动简单，范围小，身体重心平稳，当来球离身体较近时采用。

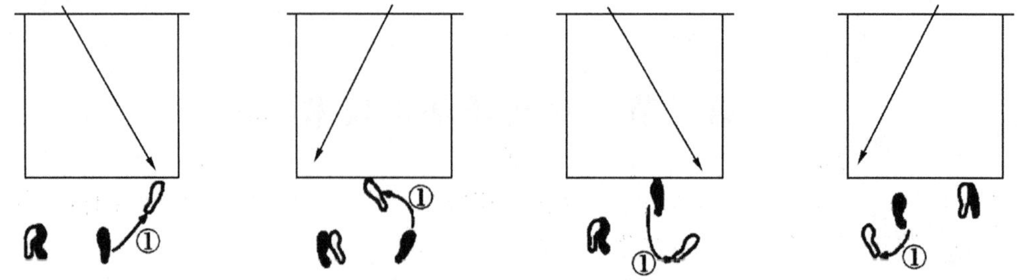

a. 单步向右前方移动　b. 单步向左前方移动　c. 单步向右后方移动　c. 单步向左后方移动

图 6-3　单步

（二）跨步

以来球方向的异侧脚蹬地，同侧脚向来球方向跨出一大步，身体重心随即移到同侧脚，异侧脚迅速跟上（图 6-4）。其特点是移动范围比单步大，当来球离身体较远时采用，移动速度快，多用于借力回击。

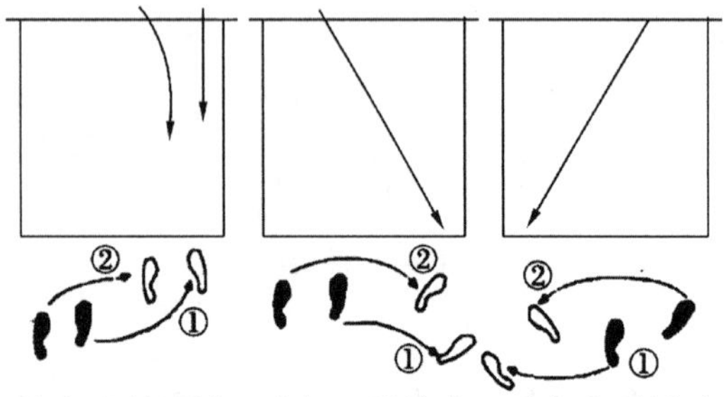

a.跨步正手打回头 b.跨步正手削突击 c.跨步反手削突击

图 6-4　跨步

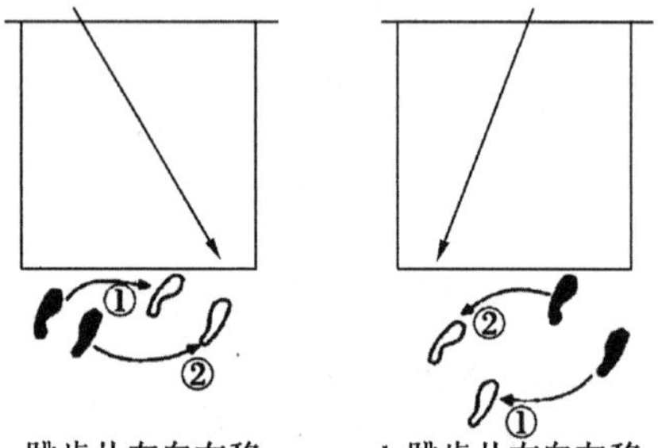

a.跳步从左向右移　b.跳步从右向左移

图 6-5　跳步

（三）跳步

以来球方向的异侧脚蹬地为主，两脚发力同时离地，异侧脚先落地，另一脚随即着地即挥拍击球（图 6-5）。跳移过程中，身体重心起伏不宜过大，落地要稳。其特点是移动范围比单步和跨步大，移动速度快，一般在来球离身体较远较急时采用。

（四）并步

由来球方向的异侧脚向同侧脚并一步，然后同侧脚再向来球方向迈一步，挥拍击球（图 6-6）。其特点是移动时脚步不腾空，身体重心平稳，移动范围不如跳步大。

（五）交叉步

来球方向的同侧脚发力，异侧脚迅速从体前做平行交叉横跨一大步，同侧脚迅速跟上落地还原，挥拍击球（图 6-7）。其特点是移动范围比其他步法大，适用于主动发力进攻，一般在来球距身体较远时采用。

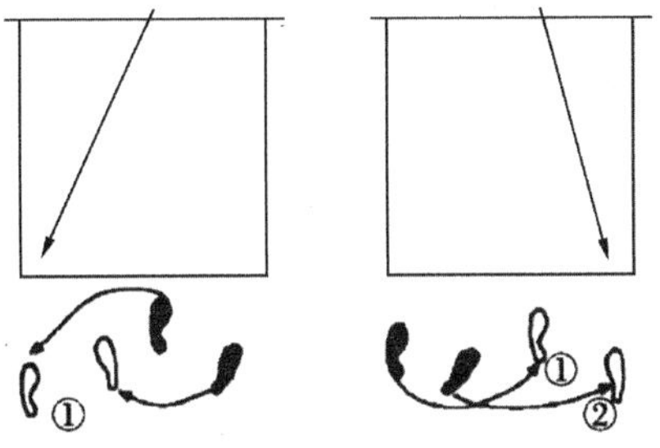

a. 并步从右向左移动　b. 并步从左向右移动

图 6-6　并步

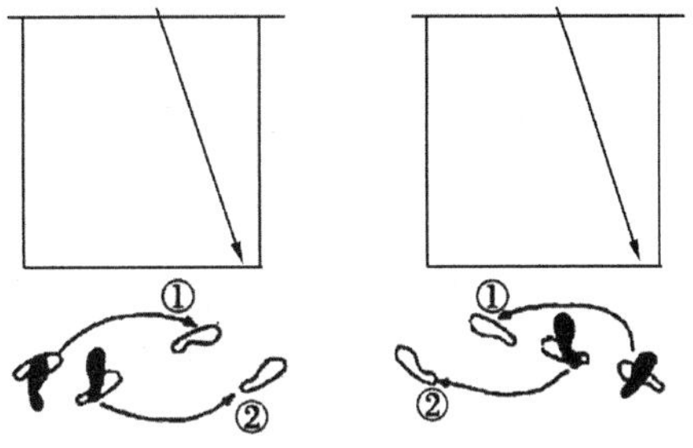

a. 交叉步从左向右移动　b. 交叉步从右向左移动

图 6-7　交叉步

三、发球

乒乓球比赛是从发球开始的，其技术的好坏将直接影响到得分和失分，发球是力争主动、先发制人的第一个环节。现介绍几种常用的发球技术。

（一）平击发球

平击发球速度慢，力量轻，几乎不带旋转，易掌握，是初学者的入门技术，也是掌握其他发球技术的基础。它分为正手平击发球和反手平击发球两种。

正、反手平击发球时，站位近台，抛球的同时，向右（左）侧后方引拍。当球下降至稍高于网时，上臂带动前臂向前平行挥动，拍形稍前倾，或接近垂直，击球的中上部。击球后，手臂继续向左（右）前上方顺势挥动，并迅速还原。

（二）正手发转和不转球

正手发转和不转球是用相似的动作迷惑对手，发出旋转差异较大的球，往往能够取得主动。它是中国队 1959 年发明的一种技术。

其准备姿势与正手平击发球相似。发加转球时，拍面后仰，用球拍下半部靠左的一侧去摩擦球的底部；发不转球时，拍面的后仰角度小一些，用球拍上半部偏右的一侧碰击球的中下部。

（三）发短球

发短球是指发至对方距球网约 40 cm 范围内的球，且第二跳不出台。其具有动作小、出手快、落点短的特点。正反手均可发短球。

抛球时，持拍手向身体右后方引拍，手腕放松。当球从高点下降至稍高于网时，前臂向前下方用力，拍面后仰，击球瞬间，以手腕发力为立，触球中上部并向底部摩擦。

（四）正手发左侧上（下）旋球

身体位于左半台，左脚在前，抛球时持拍手向右上方引拍，手腕略向外展，当球下落时，手臂迅速向左下方挥动，在与网同高时触球。发左侧上旋球时，手腕快速向左上方转动，使球拍从球的中部偏下向左上方摩擦；发左侧下旋球时，手腕快速向左下方转动，使球拍从球的中下部向左下方摩擦（图 6-8）。

图 6-8 正手发左侧上（下）旋球

（五）正手发逆侧上（下）旋球

身体位于左半台，左脚在前，当持球手将球向上抛起时，引拍，上臂抬起，肘关节向外上方提起，手腕内收，球拍拍头下垂并靠近身体，身体略向后转动。发侧下旋球时，拍面后仰，前臂以肘关节为发力点，由身体内侧向身体外侧前下方挥拍，用球拍的中下部摩擦球侧下部；发侧上旋球时，拍面立起，前臂以肘关节为发力点，由身体内侧向身体外侧前方挥拍，用球拍的中下部摩擦球侧中部。摩擦击球时，前臂带动手腕快速发力。

（六）反手发右侧上（下）旋球

能充分运用转体动作，旋转力较强；一般以发侧下旋球为主，配合发侧上旋球；在速度变化上，可把发侧上旋球当作奔球来用。

右脚在前，持拍手向左上方引拍，拍柄略向下；抛球后，当球下落时，前臂和手腕同时发力，向右下方挥拍，在与网同高时击球。发右侧下旋球时，手腕向右上方转动，使球拍从球的中部偏下向右上方摩擦；发右侧上旋球时，手腕向右下转动，使拍从球的中下部向右下方摩擦（图 6-9）。

图 6-9 反手发右侧上（下）旋球

四、接发球

接发球技术是各项基本技术的综合运用，只有全面掌握各种接发球的方法，才能在比赛中减少被动。

（一）基本要素

1. 对来球的判断

判断对方发球的方向和旋转，主要根据对方球拍在接触球一瞬间挥动的方向和摩擦球的部位。判断来球的旋转强弱，主要根据对方球拍在触球瞬间手臂与手腕动作的快慢和动作幅度的大小，在摩擦击球瞬间，挥臂速度越快和动作幅度越大，产生的摩擦力越大，则球的旋转越强。

2. 站位的选择

接发球站位是否合理，应以站位能否有效接到对方的任一落点来球，并能为本次进攻创造有利条件为依据。一般情况下，若对方站在球台左半台，本方也应站在球台左半台；若对方站在球台右半台，本方也相应站在球台中间偏右的位置。为了利于前后移动接长球和短球，身体一般离球台 30~40 cm。

（二）常用的接发球技术

1. 接正（反）手平击球

根据来球的方向和落点，一般采用正手推挡或击球技术接发球。

2. 接下旋加转球与不转球

观察发球时球拍触球的部位和摩擦用力的大小，一般对加转球采用搓球技术，对不转球采用攻球或推挡技术。

3. 接右侧上（下）旋转球

根据来球的方向和落点，一般采用推挡或快攻技术接发右侧上旋球，以拉攻或搓球技术接发右侧下旋球。

4. 接左侧上（下）旋转球

以推挡球技术接左侧上旋球，以搓球技术接左侧下旋球。

五、推挡

推挡球是直拍快攻打法的一项重要技术，具有站位近、动作小、速度快和变化多的特点。它既能成为争取主动的进攻手段，又能发挥积极防御、从相持变为主动的作用。

推挡球可分为平挡、快推、加力推、减力挡、推下旋、推侧旋等，下面介绍前三种。

（一）平挡

近台偏左站位，左脚稍前，屈膝提踵，含胸收腹，重心在前脚掌上，持拍手置于腹前，上臂靠近身体右侧，球拍呈半横状。前臂和手腕顺来球路线向前伸出主动迎球，上升期击球中部，拍面与台面几乎垂直（图 6-10）。

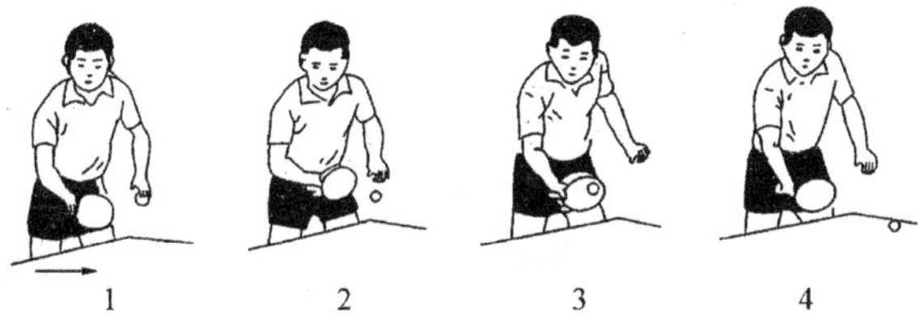

图 6-10　平挡

（二）快推

当球从台上刚弹起时，上臂带动前臂向前迎球，在来球的上升期或中期，借来球之力，前臂手腕用力向前将球推出，触球中部或中部稍偏上（图 6-11）。

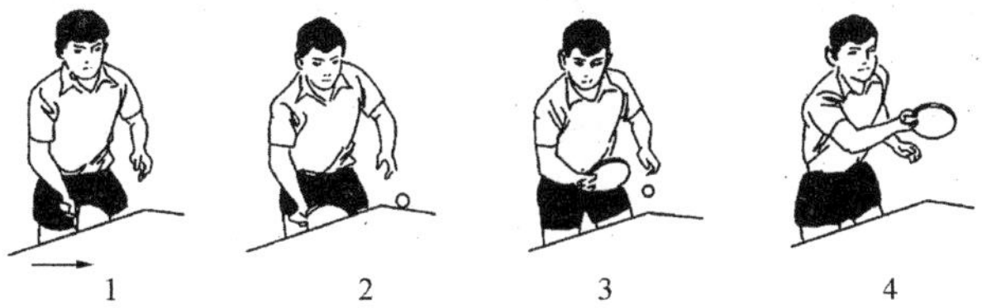

图 6-11　快推

（三）加力推

加力推动作幅度比快推大，击球时间为上升后期或高点期，触球瞬间，在前臂用力向前推击的同时，手腕由后向前弹击，击球后，手臂顺势向前下方挥动（图 6-12）。

图 6-12　加力推

六、攻球

攻球是各种不同类型打法的主要技术之一，攻球力量大、速度快、落点变化多，是得分的主要手段，攻球水平的高低是衡量选手实力的主要依据。

攻球技术种类繁多，按击球位置和站位可分为正手攻球、反手攻球和侧身攻球，按站位的远近可分为近台、中台和远台等。下面重点介绍正手攻球和反手攻球。

（一）正手攻球

近台偏右站位，左脚稍前，身体斜对球台，持拍手自然放松置于腹前，拍呈半横状。顺来球路线略向右侧引拍，约与台面齐高，拍面与台面夹角约为 80°，前臂与台面基本平行。当球从台上弹起，持拍手由右侧向左前上方挥动，以前臂快速内收发力，配合手腕内转沿球体做弧线挥动，在上升期击球的中上部，击球位置在身体右前方一前臂距离处（图 6-13）。

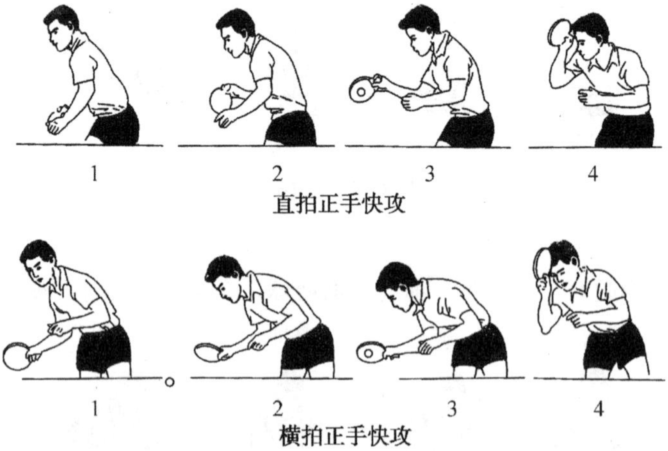

图 6-13　正手攻球

（二）反手攻球

站位近台，右脚稍前，持拍手自然弯曲置于腹前偏左，重心偏于左脚。顺来球路线向后引拍，当球从台上弹起，持拍手由左后向右前上加速挥拍，以前臂发力为主，手腕外转，拍面前倾，重心移至右脚，在球的上升期击球的中上部。

七、搓球

搓球是一项过渡性技术，也是一项很实用的技术。搓球应对下旋球比较稳健，特别是初学者应很好地掌握这项技术。搓球技术按击球位置可分为正手搓球和反手搓球，按击球速度可分为慢搓和快搓，按旋转可分为搓转与不转等，按搓球距离可分为摆短和搓长。

（一）慢搓

近台站位，右脚稍前，持拍手臂自然弯曲。击球前，向右上方引拍，拍面后仰。击球时，用前臂和手腕向前下方挥动，在下降期摩擦球中下部。

（二）快搓

站位及击球方法与慢搓相同，在上升期摩擦球中下部。

（三）摆短

近台站位，手臂前伸，使球拍接近来球的着台点，在上升期击球中下部，利用来球之力，将球轻“摆”到对方网前（图 6-14）。

图 6-14 摆短

八、削球

削球是一种防御性技术，主要通过旋转变化和落点变化控制与调动对方，具有稳健性好、冒险性小、以柔克刚的特点。削球技术正在向“实力+积极防御+攻球”的方向发展。

（一）正手削球

站位中台，左脚稍前，上体稍向右转，重心落于右脚，持拍手臂自然弯曲于腹前。顺来球方向向右上方引拍，约与肩同高，拍面后仰。当球从台上弹起时，持拍手上臂带动前臂从右上方向左前下方加速切削，手腕向下转动用力，在下降期击球中下部，并顺势前送。

（二）反手削球

中台站位，右脚稍前，上体左转，重心落于左脚，持拍手自然弯曲置于胸前。顺来球路线向左上方引拍，约与肩高，拍柄向下。当球弹起时持拍手从左上方向右前下方挥动，拍面后仰，用前臂和手腕加速用力切削，在下降期击球中下部，并顺势前送。

第三节　乒乓球基本战术

在比赛中，根据双方的实际情况，扬长避短，为争取比赛的胜利而有目的、合理地运用各种技术的方法叫战术。乒乓球战术一般由两种或两种以上的单项技术结合运用而构成。

一、发球抢攻战术

发球抢攻是先发制人的战术。它以旋转、线路、落点和速度不同的发球来增加对方回击的难度，降低回球质量，然后抢先进攻，以争取主动或直接得分。发球抢攻是进攻型打法的主要战术和得分手段。常用的发球抢攻战术如下：

（一）长球与短球结合落点变化进行抢攻

（1）发左、中、右三个落点，临场变化运用。

（2）左长右短、右长左短、中长中短。

（3）无规律的长短。

（二）上旋或下旋结合落点进行抢攻

（1）发左、中、右三个落点，临场变化运用。

（2）左长右短、右长左短、中长中短。

（3）无规律的长短。

（三）转与不转结合落点进行抢攻

（1）转与不转发相同落点，以不出台为主。

（2）转与不转发不同落点，连发短球后突发长球。

（3）急球与急下旋球结合发同一落点或不同落点。

（四）侧旋球结合落点进行抢攻

（1）左侧旋与左侧上（下）旋结合不同落点。

（2）右侧旋与右侧上（下）旋结合不同落点。

二、接发球战术

接发球战术是与发球抢攻战术相抗衡的一项战术，其目的是破坏对方发球抢攻战术的运用，争取形成主动的局面。常用的接发球战术主要有以下几种：

（1）接发球抢攻。这是最积极主动的接发球方法。如对方发短球稍高，可直接抢攻；如对方发长球、半出台或出台球，可抢攻或抢冲。运用此战术要求判断准、反应快、步法移动迅速。

（2）以摆短结合劈两大角长球，争取下一板主动先上手或抢攻。此法适用于接对方的下旋或侧下旋短球。

（3）用拉、拨、推的方法将球接至对方弱点处，再打其他技术。一定要注意压低弧线，控制好落点。

（4）正手侧身接发球。这是一种进攻性的接发球，值得大力提倡。

第四节　乒乓球竞赛规则简介

一、场地和器材

（一）球台、球网、球

球台长 2.74 m，宽 1.525 m，高 0.76 m。

球网应悬挂在一根绳子上，绳子两端系在高 0.152 5 m 的直立网柱上，网柱外缘离开边线外缘的距离为 0.152 5 m。整个球网的顶端距离比赛台面 0.152 5 m。

球应为圆球体，呈白色或橙色，且无光泽。其直径为 40 mm、质量为 2.7 g。

（二）球拍

球拍的大小、形状和质量不限，但底板应平整、坚硬。击球的拍面应用一层颗粒向外的普通颗粒胶覆盖，连同黏合剂，厚度不超过 2 mm；或用颗粒向内或向外的海绵胶覆盖，连同黏合剂，厚度不超过 4 mm。球拍两面不论是否有覆盖物，必须无光泽，且一面为鲜红色，另一面为黑色。

二、发球、接发球和方位选择

（1）选择发球、接发球和方位的权力应由抽签来决定。中签者可以选择先发球或先接发球，或选择先在某一方位。

（2）当一方运动员选择了先发球或先接发球，或选择了先在某一方位后，另一方运动员必须有另一个选择。

（3）在获得每 2 分之后，接发球方即成为发球方，以此类推，直至该局比赛结束，或者直至双方比分都达到 10 分或实行轮换发球法，这时，发球和接发球次序仍然不变，但每人只轮发一分球。

（4）在双打的第一局比赛中，先发球方确定第一发球员，再由先接发球方确定第一接发球员。在以后的各局比赛中，第一发球员确定后，第一接发球员应是前一局发球给他的运动员。

（5）在双打中，每次换发球时，前面的接发球员应成为发球员，前面的发球员的同伴应成为接发球员。

（6）一局中首先发球的一方，在该场下一局应首先接发球。在双打决胜局中，当一方先得 5 分时，接发球方应交换接发球次序。

（7）一局中，在某一方位比赛的一方，在该场下一局应换到另一方位。在决胜局中，一方先得 5 分时，双方应交换方位。

三、主要规则

（一）合法发球

（1）发球时，球应停放在不执拍手的手掌上，手应静止、张开、伸平，四指并拢，拇指不限。

（2）发球时，不执拍手与球接触应在比赛台面的水平面之上，并在发球员的台面端线之后。

（3）从球在不执拍手掌上静止的最后一瞬间起直到击球，整个球拍应始终高于比赛台面。

（4）发球员须用手把球几乎垂直地向上抛起，不得使球旋转，并使球在离开不执拍手的手掌之后上升不少于 16 cm。

（5）发球员在球抛起后从最高点下降时方可击球。

（6）运动员发球时，有责任让裁判员或副裁判员看清他是否按照合法发球的规定发球。

（7）发球时，球拍与球的接触点、球的位置必须在发球员台区的端线或假设延长线之后。

（二）合法还击

对方发球或击球后，本方运动员必须击球，使球直接越过或绕过球网装置，或触及球网装置后，再触及对方台区。

（三）失 1 分

回合中出现重发球以外的下列情况，应判失 1 分。

（1）未能合法发球。

（2）未能合法还击。

（3）拦击或阻挡。

（4）连续两次击球。

（5）球两次触及本方台区。

（6）用不符合规定的拍面击球。

（7）运动员或其穿戴的任何物品移动了比赛台面。

（8）不执拍手触及比赛台面。

（9）运动员或其穿戴的任何物品触及球网装置。

思考题

1. 乒乓球基本握拍法有哪些?
2. 简述乒乓球发球动作技术要领。
3. 乒乓球有哪些重大赛事?

第七章 羽毛球

第一节 羽毛球运动概述

一、羽毛球运动的起源与发展

（一）羽毛球运动的起源

最早的羽毛球作为一种游戏，出现在14~15世纪的日本，但由于球托太重，造价过高，所以这项游戏仅流行一时，就很快消失了。19世纪60年代，英国驻印度的军队里“普那”开展得尤为活跃，深受人们的欢迎。之后，一批退役的英国军官把“普那”带回了英国，随后在英国兴起，成为现代羽毛球运动的前身。1870年，英国出现了用羽毛和软木制成的球和穿弦的球拍。1873年，英国公爵鲍弗特在伯明顿镇的庄园里进行了一次羽毛球活动，由于下雨改在室内进行，游戏场地呈“葫芦”形，中间窄处挂一网。由于趣味性强，这项游戏迅速风靡整个英国，“伯明顿”（Badminton）也成了羽毛球的正式英文名称。

（二）羽毛球运动的发展

1893年，在英国14家羽毛球俱乐部的倡议下，组成了第一个世界羽毛球协会，并统一场地标准和修订比赛规则。1899年，英国羽协举办了首届“全英羽毛球锦标赛”，此后每年一届，沿袭至今。1934年，由英国、丹麦、法国、荷兰等国家发起，成立了国际羽毛球联合会，总部设在伦敦。1949年，举行了第1届世界羽毛球比赛，名为“汤姆斯杯”，即世界男子羽毛球团体锦标赛。1957年，举办了“尤伯杯”比赛，即世界女子羽毛球团体锦标赛。1977年，国际羽毛球联合会为了适应世界羽毛球运动的发展需要，设立了以个人单项为竞赛项目的羽毛球锦标赛，名为“世界羽毛球锦标赛”，同年在瑞典马尔默举行。1978年，一些国家在中国香港成立了世界羽毛球联合会，并于同年举办了世界羽毛球锦标赛。1981年，国际羽联和世界羽联在东京合并，成立了新的国际羽联，使世界羽毛球运动得到了极大的发展。

（三）我国羽毛球运动的发展

羽毛球运动约于1910年传入中国，最早仅在上海、天津、北京、广州等城市的基督教青年会和学校中开展。1953年，在天津举行的全国球类比赛中，羽毛球成为表演项目。虽然当时技术水平很低，但为今后的发展奠定了良好的基础。1954年，以王文教、陈福寿为代表的第一批印尼华侨回国，带回了先进的羽毛球技术，推动了我国羽毛球运动的发展。

1956 年，中国羽毛球协会成立，标志着我国羽毛球运动新纪元的到来。在羽毛球协会的组织下，我国每年都举办全国羽毛球比赛。1956 年 2 月，印尼队来我国访问，共比赛 10 场，结果印尼队全胜。但是，我国运动员不甘落后，认真分析了失败原因，奋发图强，刻苦训练。1957 年 4 月，我国运动员在回访印尼时，情况有了很大好转，在 9 场比赛中获得了 7 胜 2 负的好成绩。

1963 年，连获第 4 届、第 5 届“汤姆斯杯”冠军的印尼队来我国访问比赛，我国羽毛球队取得了 6 胜 4 负的战绩。1964 年，印尼队第二次访问我国，我国羽毛球队仍以 4∶1 取胜。同年 11 月，我国羽毛球队再次到印尼做访问比赛，取得了全胜的战绩。

1981 年 5 月，国际羽联恢复了我国的合法席位，中国运动员正式步入了世界羽毛球比赛的最高舞台。1982 年，中国队第一次参加“汤姆斯杯”比赛，并夺得冠军。在随后的比赛中，中国队愈战愈勇，多次获得“汤姆斯杯”“尤伯杯”比赛冠军。2011 年伦敦羽毛球世锦赛，中国羽毛球队再次复制奇迹，成功包揽全部五枚金牌，重现了 1987 年和 2010 年世锦赛包揽五金的辉煌，实现了连续两届世锦赛包揽五金，巩固了羽坛第一强国的地位。近几年，在世界羽毛球大赛中，中国队始终处于领先水平。

二、国内外羽毛球重大赛事

（一）全英羽毛球锦标赛

全英羽毛球锦标赛是由英格兰羽毛球协会于 1899 年创办的，它是世界上历史最悠久的羽毛球赛事。最初由英国和英联邦国家选手参加，现在已成为全球性的羽坛大会战。

（二）“汤姆斯杯”赛

“汤姆斯杯”赛即世界男子团体羽毛球锦标赛，1948 年举行第 1 届比赛，现为两年一届，在偶数年举行。比赛采用五场三胜制，由三场单打、两场双打组成。

（三）“尤伯杯”赛

“尤伯杯”赛即世界女子团体羽毛球锦标赛，1956 年举行第 1 届比赛，现为两年一届，在偶数年举行。比赛采用五场三胜制，由三场单打、两场双打组成。

（四）世界羽毛球锦标赛

世界羽毛球锦标赛即世界羽毛球单项锦标赛，设有男子单打、女子单打、男子双打、女子双打和混合双打五个比赛项目。1977 年起开始为三年一届，1983 年改为两年一届，在奇数年进行。

（五）“苏迪曼杯”赛

“苏迪曼杯”赛即世界羽毛球混合团体锦标赛，是代表国际最高羽毛球整体水平的重要赛事，与“汤姆斯杯”赛和“尤伯杯”赛齐名。1989 年开始举办，两年一届，在奇数年举行，比赛由男子单打、女子单打、男子双打、女子双打和混合双打组成。

（六）世界杯羽毛球赛

世界杯羽毛球赛属于邀请性比赛，由国际羽联邀请同年世界排名男单前 16 名、女单前 12 名、男双前 8 名、女双和混双前 6 名的选手参赛。

（七）国际系列大奖赛

国际系列大奖赛始于 1983 年，比赛分成若干区，由许多比赛组织成系列。根据运动员在各次比赛中的成绩积分排名，前 16 名进行总决赛。

第二节　羽毛球基本技术

在羽毛球比赛中，要求运动员准确地完成发球、接发球、击球等动作。所以，只有熟练地掌握羽毛球技术，才能在比赛中有目的地采取行动和合理击球。

一、握拍法

1. 正手握拍法

虎口对着拍柄窄面的小棱边，拇指和食指贴在拍柄的两个宽面上，食指和中指稍分开，中指、无名指和小指并拢握住拍柄，掌心不要紧贴，拍柄端与近腕部的小鱼际肌平，拍面基本与地面垂直（图 7-1）。正手发球、右场区各种击球及左场区头顶击球等，一般都采用这种握法（以右手握拍者为例）。

图 7-1　正手握拍法

2. 反手握拍法

在正手握拍的基础上，拇指和食指将拍柄稍向外转，拇指顶点在拍柄内侧的宽面上或内侧棱上，中指、无名指和小指并拢握住拍柄，柄端靠近小指根部，使掌心留有空隙。球拍斜侧向身体左侧，拍面稍后仰（图 7-2）。一般说来，击身体左侧的来球，大多先转体（背对网），然后用反手握拍法击球。

图 7-2　反手握拍法

二、发球

（一）正手发高远球

发高远球时应站在靠近中线一侧、前发球线后 1 m 左右，左脚在前，右脚在后，重心在右脚上。发球时，右手握拍向左后侧举起，肘部微屈，左手拇指、食指、中指握球，举在体前，发球时左手将球落下，右肩带动臂，从右上方往左前上方挥动，在球拍与球快要触到的一刹那，紧握球拍，并利用手腕屈伸的力量将球向前上方发力击球。击球后，球拍顺势向左上方挥动并缓冲，身体重心也由右脚移到左脚（图 7-3）。

图 7-3 正手发高远球

图 7-4 正手发网前球

（二）正手发网前球

其基本动作与发高远球类似，但站位稍靠前。握拍要放松，上臂动作要小，主要靠前臂带动手腕向前推送，球轨迹的弧度要尽量小，贴网而过，落点在前发球线附近（图 7-4）。

（三）反手发网前球

可在前发球线后 10~15 cm 及中线附近，正面对网，两脚前后站立，重心在前脚，右手反手握拍，屈肘，拍头向下横于腰间，左手拇指、食指、中指捏球的羽毛球托朝下，球体在拍面前，击球时前臂带动手腕朝前推送或切击，将球击出（图 7-5）。

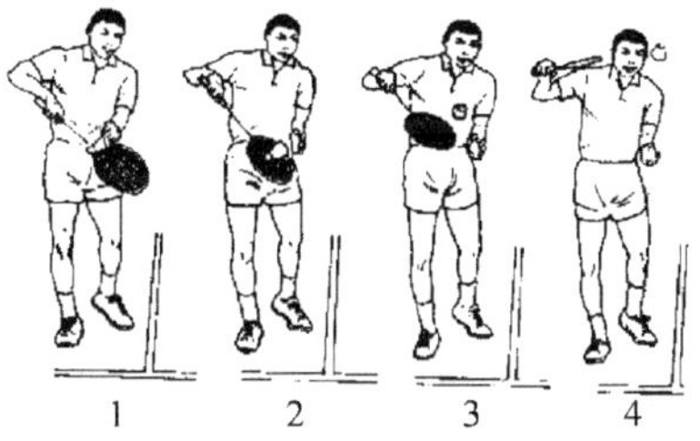

图 7-5 反手发网前球

三、接发球站位

（一）单打站位

通常站位是在离前发球线约 1.5 m、靠近中线的位置。左脚在前，右脚在后，双膝微屈，身体重心放在前脚上。后脚脚跟稍抬起，身体半侧向球网，球拍举在身前，两眼注视对方。

（二）双打站位

由于双打发球区较单打发球区短，发高远球易出界和被对方扣杀，所以，双打发球多以发网前球为主，接发球时应站在靠近前发球线的地方。双打接发球的准备姿势与单打基本相同，略有区别之处是身体前倾较大，球拍高举，在球处于网上的最高点时击球。

四、击球

（一）高手击球

1. 正手高球

以快速合理的步法移动到球降落点的位置上，击球点在自己头部的前上方，左肩对网，左脚在前，右脚在后，重心在右脚上，左臂自然高举，右手握拍举在右肩上方；击球时由准备动作开始，接着上臂后引，肘关节上抬明显高于肩部，将球拍后引至头部，自然伸腕（拳心朝上），然后在后脚蹬地、转体收腹的协调用力下，以肩为轴，上臂带动前臂快速向前上方甩腕，在手臂伸直到最高点时击球，击球后，持拍手臂顺惯性往前下方挥动，并收拍至体前；同时，右脚向前迈出，身体重心移到前脚上（图 7-6）。

图 7-6　正手高球

图 7-7　正手杀球

2. 正手吊球

击球准备和前期动作同正手高球，只是吊球时击球点比击高远球稍前，拍面正面向内侧斜，手指、手腕发力，做快速切削压动作，击球托的后部和侧后部。

3. 正手杀球

正手杀球击球前的准备姿势和击球动作与正手击高远球基本一样，不同的是最后用力方向朝下，而且要充分利用蹬地、转体、收腹以及手臂和手腕的爆发力全力地将球向前下方击出，击球的一刹那要紧握球拍（图 7-7）。

（二）低手击球

1. 挡球

两脚屈膝平行站立，两眼注视“杀球”，如杀过来的球在右侧，即用正手挡球，右脚向右跨出一步，重心移向右脚，右臂放松握拍。若用反手挡球，动作同正手挡球，方向相反。

2. 正手抽球

当对方击来右后场低球时，快速移至适当位置上，重心在右脚上，用正手握拍法，右臂屈肘举拍于右肩上方，在右脚着地的一刹那，靠前肩带动手腕做“抽鞭”式的挥拍，将球抽向对方。

（三）网前击球

侧身对网，右脚跨步成弓箭步，左脚在后自然拉开，上体微前倾，右手持拍前伸，约与肩平；肘关节微屈，注意握拍要放松。网前击球有搓球、勾打角球、推球、扑球、放网前球等。

1. 搓球

击球前准备姿势同上，击球时，拍面稍前倾，利用手腕和手指的力量向前“切削”或“提拉”球托底部，使球击出后旋转或滚过网。搓球一般在对方来球较靠近网上时运用。

2. 正、反手放网前球

准备姿势同上，击球时，拍面朝下方倾斜，前臂带动手腕和手指用前送动作击球托底部（图 7-8）。正、反手放网前球时除握拍不同，其他要领相同。

图 7-8　放网前球

3. 正、反手网前推球

准备姿势同上，击球时，拍面前倾，几乎与网平行；利用前臂带动手腕和手指，快速“闪动”，将球击出；正手推球多用食指的力量，反手推球多用拇指的力量。

4. 扑球

击球时，拍面前倾，前臂带动手腕和手指快速闪动发力，击球后立即收拍，以免触网犯规。要求动作速度快、爆发力强。

五、步法

（一）基本步法

1. 垫步

当右（左）脚向身体前（后）方向迈出一步时，后脚跟进，同时前脚向同一方向再迈一步。一般在调整步距时运用。

2. 交叉步

左右脚交替向前、向侧、向后移动的步法，称为交叉步。向某一方向移动时，外侧脚从前面跨越另一只脚，称为前交叉；外侧脚从后面跨越另一只脚，称为后交叉。一般在后退打后场球时运用较多。

3. 小碎步

移动步幅较小和频率较快的交叉步，称为小碎步。一般在启动、调整步法击球及击球后回位时运用。

4. 并步

左（右）脚向身体右（左）侧方向移动一步后，右（左）脚向同一方向再移动一步，称为并步。

5. 蹬跨步

在移动的最后一步，左脚用力向后蹬的同时，右脚向来球的方向跨出一大步，称为蹬跨步。一般在上网击球和后场底线两角移动抽球时运用较多。

6. 蹬转步

以一只脚为轴，另一只脚做向前或向后移动的步法，称为蹬转步。

7. 腾跳步

起跳腾空击球的步法为腾跳步。它可分为两种：一种是对方击来高远球时，起跳到最高点时杀球；另一种是上网扑球或向两侧移动突击杀球时，以前脚或双脚起跳，进行扑球或突击杀球。

（二）综合步法

1. 上网步法

右侧上网步法：如站位靠前，可采用两步交叉上网；如站位靠后，可采用三步交叉加蹬跨步的移动步法。为了快速上网，可采用垫步上网。

左侧上网步法：与向右侧上网步法相同，只是方向相反。

2. 左、右两侧移动步法

向右侧移动步法：如离来球较近，用蹬跨步到击球位；如离来球较远，则垫一小步后，用蹬跨步到击球位。

向左侧移动步法：与向右侧移动步法相同，只是方向相反。

3. 后退步法

正手击球后退步法：一般采用侧身的并步加跳步的后退步法，利于移动到正确的击球位置后击球，其用于击右半场的来球。

头顶击球步法：一般采用侧身的后交叉步加跳步的后退步法，利于移动到正确的击球位置后击球，其用于击左半场的来球。

第三节　羽毛球基本战术

一、单打战术

（一）发球抢攻战术

此战术主要是以发网前球和平快球为主，限制对方的进攻，迫使对方挑球，然后用杀球和吊球进攻对方的空当和弱点。发球抢攻战术主要用于对付防守能力较差的对手。在比赛进入最后关键时刻，运用此战术往往使临场经验不足的对手感到束手无策。

（二）攻后场战术

采用重复打高远球或平高球的技术，压对方后场两角，迫使对方处于被动状态，一旦其回球质量不高，便伺机杀吊对方的空当。

（三）逼反手战术

一般来说，后场反手击球的进攻性不强，球路也较简单。对于后场反手较差的对手要毫不放松地加以攻击。先拉开对方位置，使对方反手区露出空当，然后把球打到反手区，迫使对方使用反手击球。

（四）打四点球突击战术

以快速的平高球、吊球准确地打到对方场区的四个角落，迫使对方前后左右奔跑，当对方来不及回中心位置或失去重心时，抓住空当和弱点进行突击。

（五）吊、杀上网战术

先在后场以轻杀配合吊球把球下压，落点要选择在场地两边，使对方被动回球。若对方还击网前球时，便迅速上网搓球或勾对角快速平推球；若对方在网前挑高球，可在其后退途中把球直接杀到他身上。

（六）先守后攻战术

这一战术可用来对付那种盲目进攻而体力又差的对手。比赛开始，先以高球诱使对方进攻，在对方只顾进攻疏于防守时，即可突击进攻。或者在对方体力下降、速度减慢时再发动进攻。这是以逸待劳、后发制人的战术。

二、双打战术

（一）攻人战术

无论哪一方，上场的两队员技术水平都不可能一样，总有强、弱之分，当一方取得进攻机会时，应专攻弱者；防守时，想方设法，把弱者调至后场，让其进攻，以减小进攻的威胁，伺机反攻。这种战术在对方两人技术水平有较大差异时使用效果最佳。

（二）推压底线进攻战术

以快速的平高球或长抽球压住对方底线两角，使在对方扣杀时也能以平抽反击或挑高球到对方两底角来调动对方，伺机进攻。这种打法具有硬压的特点，控制对方的中后场，并组织进攻。要求中前场的击球点高，击球动作小而有力，强调推、抽、压技术的运用。这种战术要求运动员具有较强的防守能力和较好的底线平抽球技术。

（三）发球与接发球战术

发球时，根据对方情况选择好站位，以球路变化为手段争取主动。一般以发网前球为主，争取球路变化的突然性。

（四）后攻前封战术

当本方取得主动攻势时，后场队员逢高必杀，前场队员积极移动，封网扑打。

（五）攻中路球战术

当对方左右站位防守时，可把进攻目标放在对方两人之间的空当，使对方两人互相争抢击球或两人都犹豫而漏接失误，这种战术主要用于两人配合较差的对手。

第四节　羽毛球竞赛规则简介

一、场地和器材

（一）场地

球场为长方形，长 1 340 cm，宽 610 cm。用宽 4 cm 的线画出，线的颜色一般使用白色、黄色或其他容易辨别的颜色。所有的线都是它所确定区域的组成部分。

（二）羽毛球网

球网全长 610 cm，宽 76 cm，球网上端用 7. 5 cm 白布对折缝合，用细钢丝绳从中穿过，并悬挂在两端的网柱上（球网中心距离地面高度为 1. 524 m，在网柱上的两端距地面 1.55 m)，球网一般用深绿色或深褐色的优质绳子，以 2 cm 左右的小方孔编制而成。

(三) 羽毛球

有 16 根羽毛固定在球托部，羽毛顶端围成圆形，直径为 58~68 mm，球托直径为 25~28 mm，底部为圆形，羽毛球质量为 4.6~5.5 g。

二、羽毛球竞赛主要规则

(一) 记分方法

每场比赛采取三局两胜制；先得 21 分的一方赢得当局比赛；如果双方比分打成 20：20，领先得 2 分的一方胜该局；如果双方比分打成 29：29，则先得到第 30 分的一方获胜；每局的胜方，在下一局比赛中首先发球。

(二) 交换场区

(1) 第一局结束，第三局开始前，第三局中或只进行一局的比赛中，当领先的一方（一局得分为 21 分）得 11 分，运动员应交换场区。

(2) 运动员未按规则的规定交换场区，一经发现立即在死球时交换场区，已得分数有效。

(三) 发球

(1) 开始发球时，任何一方都不容许非法延误发球。发球员和接发球员都必须站在斜对角发球区内发球和接发球，脚不能触及发球区内的界线。两脚必须都有一部分与地面接触，不得移动，直至将球发出。发球员的球拍必须先击中球托，与此同时，整个球要低于发球员的腰部。

(2) 击球瞬间，球拍杆应指向下方，使拍框明显低于发球员的整个握拍手部。

(3) 发球开始后，发球员的球拍必须连续向前挥动，直至将球发出。发出的球必须向上飞行过网，如果不受拦截，应落入接发球员的发球区内。

(4) 一旦双方运动员站好位置，发球员的球拍头第一次向前挥动，即为发球开始。

(5) 发球员须在接发球员准备好后才能发球，如果接发球员已试图接发球，则被认为已做好准备。一旦发球开始，球被发球员的球拍触及或落地即为发球结束。

(6) 双打比赛发球员和接发球员的同伴站位不限，但不得阻挡对方发球员或接发球员的视线。

(四) 违例

(1) 发球不合法。

(2) 发球员发球时未击中球。

(3) 发球时，球过网后挂在网上或停在网顶。

(4) 比赛时，球落在球场边线外、球从网孔或从网下穿过、球不过网；球碰屋顶、天花板或四周墙壁；球碰到运动员的身体或衣服，球碰到场地外其他人或物体。

(5) 比赛时，球拍或球的最初接触点不在击球者网的这一方（击球者击球后，球拍可以随球过网）。

（6）运动员球拍、身体或衣服触及网或网的支持物；运动员的球拍或身体以任何程度侵入对方场区、妨碍对手，如阻挡对方紧靠球网的合法击球。

（7）比赛时，运动员故意分散对方注意力的任何举动，如喊叫、故作姿态等。

（8）击球时，球夹在或停滞在拍上紧接着又被拖带；同一运动员两次挥拍连续击中球两次；同一方两名运动员连续各击中球一次；球碰球拍后继续向后场飞行。

思考题

1. 简述羽毛球的主要竞赛规则。
2. 简述羽毛球发球动作技术要领。

第八章 网 球

第一节 网球运动概述

一、网球运动的起源与发展

（一）世界网球运动的起源与发展

网球运动起源于法国。早在 12~13 世纪，法国的传教士常常在教堂的回廊里，用手掌击打一种类似小球的物体，以此来调剂刻板的教堂生活。这种活动渐渐地传入法国宫廷，并很快成为王室贵族的一种娱乐游戏。开始他们在室内进行这种游戏，后来移向室外，在一块开阔的空地上，将一条绳子架在中间，两边各站一人，双方用手来回击打一种裹着头发的布球。

14 世纪中叶，法国王储将这种游戏使用的球赠给英皇亨利五世。于是，这种游戏便传入英国。

16~19 世纪是网球活动的兴旺时期。1873 年，英国的温菲尔德少校改进了早期网球的打法，并将场地移向草坪，同年出版了《草地网球》一书，提出了一套接近于现代网球的打法。1874 年，又规定了球网的长度和高度，在英国创办了简易的草地网球比赛。1875 年，英国板球俱乐部修订了网球比赛规则后，于 1877 年 7 月举办了第 1 届温布尔顿草地网球锦标赛。至此，现代网球正式形成，并很快在欧美盛行起来，成为一项深受欢迎的球类运动。

（二）我国网球运动的发展

网球运动于 19 世纪后期传入我国。先是在上海、广州等几个城市的外国传教士和商人之间出现了网球运动，后来个别教会也开展了这项活动。中华人民共和国成立后，我国的网球运动不断发展，技术水平迅速提高。1980 年，我国被国际网球联合会接纳为正式成员。2002 年，李婷、孙甜甜在雅典奥运会上夺得女双冠军。2006 年，中国七朵金花在法网公开赛中创纪录地有 4 位选手打进了第二轮，其中首次参加法网的李娜打进了第三轮，而在女双比赛中澳网冠军组合郑洁、晏紫闯进了半决赛，创造了中国选手参加法网以来的最佳战绩。2011 年，李娜获得法网女单冠军。2014 年，李娜获得澳网女单冠军。

二、国内外网球重大赛事

（一）四大网球公开赛

1. 温布尔顿网球锦标赛

温布尔顿网球锦标赛是现代网球史上最早的比赛，于 1877 年由全英板球俱乐部和英国草地网球协会创办。首次正式比赛在该俱乐部位于伦敦西南郊的温布尔顿总部举行，名为“全英草地网球锦标赛”。比赛只设男子单打，1901 年，接受国外选手参赛，当时只限于英国自治领地的小国参加。1905 年，开始扩大为国际性的球赛。该比赛于每年 6 月底至 7 月初定期举行。

2. 法国网球公开赛

法国网球公开赛与温布尔顿网球锦标赛一样，是在世界网坛上享有盛名的传统比赛。它始于 1891 年，通常在每年 5 月底至 6 月初举行，比赛地点设在巴黎西部的一座大型体育场内。该地自从 1927 年成了法国网球公开赛赛场后，一直成为世界著名网球运动员向往的圣地，而获得这个公开赛桂冠的选手，也与温布尔顿网球锦标赛冠军一样名震世界。在法国网球公开赛史上特别值得一提的是，1989 年，17 岁的美籍华裔选手张德培曾先后挫败伦德尔和埃德伯格等名将，成为这个公开赛最年轻的男单冠军，也是第一位获此殊荣的亚裔血统选手。

3. 美国网球公开赛

美国网球公开赛首届比赛只有男子单打，于 1881 年在美国罗得岛新港举行，以后每年举行一届，通常在 8 月底至 9 月初。这项比赛开始名为“全美冠军赛”，1915 年起，移至纽约林山进行。1968 年，被列为四大公开赛之一，是一年中最后举行的大赛。1970 年，改名为全美公开赛。由于美国网球的地位和高额奖金以及中速硬场地，吸引了众多选手参加。

4. 澳大利亚网球公开赛

澳大利亚网球公开赛虽是四大公开赛中最迟创建的赛事，但从 1905 年创办至今，也已经有 100 多年的历史。赛地在墨尔本，安排在 1 月底至 2 月初举行。出于赛地远离欧美大陆，赛事又在年初举行，时值当地盛夏，气候奇热，欧美选手都不愿长途跋涉冒暑去参加比赛。然而到 1968 年，国际网球职业化，它被列为四大公开赛之一以后，得分和奖金均高于一般巡回赛事，其身价也有所抬高。

（二）奥运会网球赛

早在 1896 年雅典举行的第 1 届奥运会上，男子单打与双打就被列为正式比赛项目。后来，由于国际奥委会和国际网球联合会在职业运动员和业余运动员的定义上有分歧，已经连续七届奥运会都有的网球比赛被取消。直到 1984 年的洛杉矶奥运会上，网球才被列为表演项目；1988 年的汉城奥运会上，网球才重新被列为正式比赛项目。

另外，还有一些颇具影响力的公开赛，如意大利公开赛、卡塔尔公开赛、日本公开赛、利普顿公开赛、巴黎公开赛、北京公开赛等。

第二节　网球基本技术

网球运动的基本技术由发球、接发球、正（反）拍抽击球、正（反）拍截击球、挑高球和高压球等技术所组成。

一、握拍法

（一）东方式握拍法

1. 正手握拍法

左手先握住拍颈，使拍子与地面垂直，然后手掌也垂直于地面，手握拍柄好像与人握手，故也称“握手式”握拍法。准确地说，用右手掌根与拍柄右上斜面贴紧，拇指垫握住拍柄的左垂直面。由此拇指与食指成“V”形，对准拍柄的右上斜面和左上斜面的上端中间［图 8-1(a)］。

2. 反手握拍法

在正手握拍法的基础上，把手向左转动四分之一圆周，虎口对着拍柄左上斜面，手掌根部贴住拍的左上斜面，拇指伸直贴在拍柄的左垂直面上，食指下关节压住右上斜面［图 8-1(b)］。

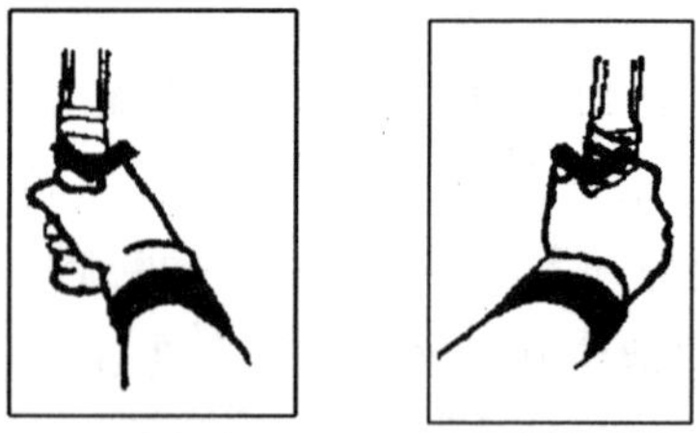

(a) 正手握拍法　(b) 反手握拍法

图 8-1　东方式握拍法

图 8-2　大陆式握拍法

（二）大陆式握拍法

正、反手击球用同一种握法，虎口的“V”字形对准拍柄上平面与左上斜面的交界线上，掌根贴住上平面，与拍柄底部齐平（图 8-2）。

（三）西方式握拍法

1. 正手握拍法

将球拍平放在地上，用手抓起后，掌心朝下，手掌的大部分放在拍柄的底部，手掌根贴在拍柄的右下斜面上，拇指压在拍柄的上部手面，食指的下关节握住拍柄的右下斜面，拇指与食指呈“V”字形，对准握柄的右垂直面［图 8-3(a)］。

2. 反手握拍法

即西方式正手握拍后，把球拍上下颠倒过来，置于身体反手一侧，用同一拍面击球［图 8-3(b)］。

这种握拍法的优点是：适于硬场地，利于击高于肩部的来球。缺点是：手腕用力多，易疲劳，打软场地时不适应，对付低球较难。这种握法在初学者中采用较多。

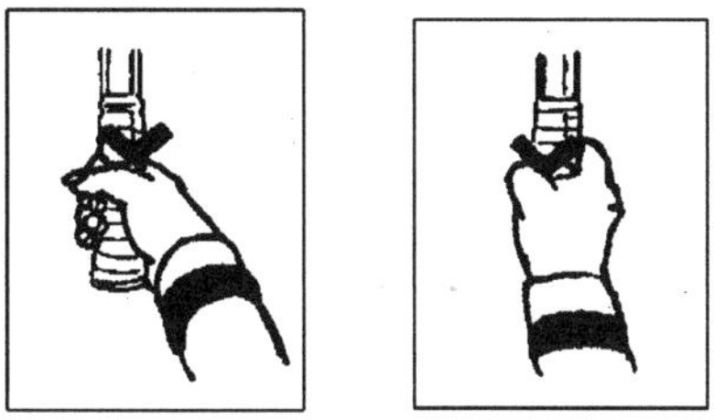

(a) 正手握拍法　　(b) 反手握拍法

图 8-3　西方式握拍法

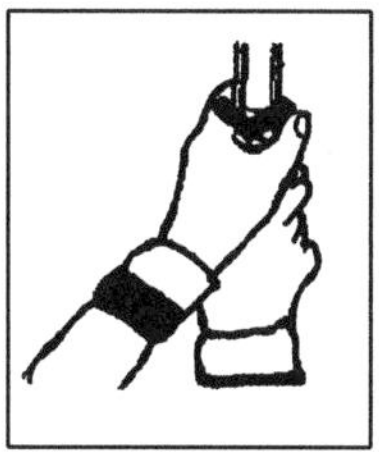

图 8-4　双手反手握拍法

（四）双手反手握拍法

右手用东方式反手握拍法，握在拍柄端部；左手用东方式正手握拍法，握在右手的上方（图 8-4）。

二、发球

发球是网球的重要技术之一，在所有击球动作中，发球方式是唯一完全由击球者自由选择和控制的。发球者可以把球抛到最合适的位置，可以自由选择发球的力度、球旋转的强弱、弹跳的高度及落地点。

发球的基本类型有三种：平击球（大力球）、切削球（侧旋球）和旋转球（侧上旋球）。

（一）平击球（大力球）

平击球是力量最大的发球，击出的球速最大，很少旋转，因此也被称为“炮弹式”发球。球差不多笔直地下去，在绝大多数场地上球反弹较低，且失误率较高，球往往擦网才能进入场内。

（二）切削球（侧旋球）

发切削球时，左手抛出的球应离右肩至少为 30 cm。右手臂跟进，从自己身体的右上方迅速有力地划向下方。球的旋转是由拍面与球的接触角度以及身体、手臂的跟进动作产生的。为了加强发球的旋转性，应该尽量把手臂抬高，在高处发球。同时手臂与身体的跟进动作要尽可能地一气呵成，不要中途停顿。

（三）旋转球（侧上旋球）

旋转球综合了侧旋和上旋的特点，球高高地过网后，急速地落进发球区，在大多数场地上球落地后反弹很高。旋转球不太容易发好，但掌握了正确的旋转发球技术可给接发球者造成困难。另外，它是一种安全的发球方式。

三、接发球

接发球是网球技术中最重要和最难掌握的技术。因为发球员处于主动地位，接发球员则处于守势的地位，球一发出，接发球者立即要对球的速度和旋转做出快速的判断。若想完成一个理想的接发球动作，接好这个球，就必须在球过网之前便移动身体重心，即很好地预测来球的方位、力量大小、速度、快慢，决定采取平击还是削击，以便及时到位还击，否则就可能还击不利而被动挨打。

接发球时的击球动作与正常击球动作基本相同，只是没有明显的后引，特别是对于快速的来球，回球时多采用阻挡式动作，即和截击球打法相似，不要做过大的挥动。击球点在体前（稍侧些）略高于胸的位置。击球后很少有随挥动作，拍头竖起。身体重心停在前脚掌上，后脚可以略抬起，一般不要离开地面，以便迅速复位还击各种来球。对随球上网者例外，可借助击球之势飞步向前。至于不同高度的来球，要采用不同的还击方法。

（1）对于平网高度的来球，用正常的打法还击，关键是当球与拍面接触的一刹那要准确地控制拍面角度，针对对手站位情况，确定球的飞进方向与落点。

（2）若来球带有较大的下旋或侧旋，弹跳得低而浅，必须迅速上步，以稍后仰的拍面积极地向前推出并加以削切，使球既有速度，落地后弹起又较低或变向。

（3）还击高过肩的球时，要积极上步，立足于早打。击球时锁住肩关节，固定手腕，击球时切忌下压，要向高处挥击，似乎要将球打向对手的挡网，然而由于拍子的走向在体前，击球后拍面趋于关闭式，击球动作是一个上旋动作，所以球还是飞落向底线内。击球时注意不要使拍面过早关闭，也不要将球击向发球区。

四、正、反手击球

正、反手击球动作由准备姿势、转肩引拍、挥拍击球和随挥四个环节组成。

（一）正手击球

1. 准备姿势

准备动作以右手持拍为例，面对网，两脚开立，略比肩宽，两膝微屈，上体稍前倾，身体重心在两脚前掌上；左手托拍颈，右手握拍，肘关节弯曲，位于腹前，拍头指向前方，略偏左上翘（图 8-5），当看到来球时迅速做出反应去迎击来球。正确的准备姿势是击球的先导，准备姿势的好坏决定着击球的成败。

图 8-5　准备姿势

2. 转肩引拍

当球朝右手方向飞来时，左手离开球拍，肩向右转，身体侧向球网，两脚前后开立，重心在后脚上；随之转体，应快速平稳地向后摆动球拍，球拍后摆的轨迹同英文大写字母 C，呈水平状态后摆，使球拍指向后方；左肩对着球网。

3. 挥拍击球

击球前，左脚对着来球方向（即右前 45°）跨一步，跨步要早，主动向前迎击球；向前挥拍击球时，要握紧球拍，手腕绷紧，球拍从稍低于腰部处开始做弧线轨迹运动，逐步上升，向前挥动，触球点在身体右前方，拍面垂直或稍前倾，拍与球接触时间要长一些，以利于控制球的方向。

4. 随挥

当球离开拍后，球拍应有一个自然的跟球动作，使握拍手臂充分地向前伸展，肘关节向前、向上跟进，把球拍挥到左肩上方结束。

（二）单手反手击球

1. 准备姿势

与正手击球的准备姿势相同。

2. 转肩引拍

在来球飞向反手方向瞬间，变换握法，采用东方式反手握拍法；移动到位的最后一步，保持右脚在前，身体向左侧转动，侧身背对球网，球拍向左后方挥摆，持拍手臂肘部适当弯曲，拍头翘起。

3. 挥拍击球

挥拍击球时以髋带动肩向右侧转动，击球点在身体左前方，拍触球时，手腕固定握紧，拍面垂直或稍后仰，击球时身体前倾。

4. 随挥

进行随挥动作时，转体约 45°，随挥到身体右侧前上方，此时重心在前脚上，后脚跟踮起（图 8-6）。

图 8-6　单手反手击球

（三）双手反手击球

1. 准备姿势

与正手击球的准备姿势相同。

2. 转肩引拍

在移动到最后一步时保持右脚在前，身体右侧朝向来球方向，双手握拍向左后摆动，右臂伸展，左臂弯曲，同时右手握拍介于东方式和大陆式反手握拍法之间，左手用东方式正手握拍法。这样可以固定拍面，增强击球力量。

3. 挥拍击球

迎球中挥臂与转体配合，球拍由低向高挥动，击球点在髋前，触球时握紧球拍，拍面垂直或稍后仰，击球中部。

4. 随挥

击球后双手随挥至右侧头部高度（图 8-7）。

图 8-7　双手反手击球

五、截击球

当球还没落地并在空中飞行时，被凌空打掉，称为截击。它回球速度快、力量重、威胁大。目前优秀网球运动员普遍采用发球上网或接发球上网技术，因而，截击球技术被提到进攻性打法不可缺少的重要地位。

（一）正手截击球

以右手握拍为例，截击时站在网前 2.5~3 m 处。准备姿势与一般截击球基本相同，但球拍要举得高些，约与腿部同高，截击后摆动作要小，击球点保持在身体前方，拍触球瞬间手腕固定，用力紧握球拍，略加向前推击的动作。

（二）反手截击球

准备姿势同正手截击球。动作区别是反手截击球比正手截击球的击球点要靠前一些。因此，要及早跨出右脚，重心也要落于右脚。出拍时右手往前，左手向后，击球时手腕固定，拍面稍前倾，触球中上部。击球后右臂伸展，向前下压送。

六、高压球

高压球多用在网前的击球动作，当自己上网时，对方挑高球破上网，这时多在头部上空用扣杀动作还击来球。有时在底线附近对付落地后弹跳很高的球时也用高压球。绝大多数的高压球用正拍打。高压球一般有两种：一种是落地高压，一种是凌空高压。这两种高压技术的运用要根据对手的来球来选择，其中凌空高压球是网球运动中最难掌握的技术之一。

七、挑高球

挑高球就是把球向高空挑起，这是在比赛中对手占领了网前阵地、自己又无机会打穿越球的情况下而使用的方法，以迫使对手退回后场，因此，挑高球已成为网球运动中一项重要技术。

第三节　网球基本战术

一、单打战术

（一）发球战术

第一发球可采用大力发球，在右区发球时，发向对方中线附近，迫使对方反手接球；第二发球可采用侧旋球，发向对方右侧，利用侧旋，迫使对方离开场区接球。

在左区发球时，多数的球应发向对方左边线附近，也即对方的反手位。当然，临场还必须根据对方接发球的位置发落点，打到对方防守差的地区。

一般发出大力的强烈的上旋球后，应立即上网截击，既能使自己处于有利的进攻地位，又能给对方很大的压力。

（二）接发球技术

接对方发来的大力发球，首先，应尽量不失误地回击球，不要企图立即打死对方。其次，尽可能将球击到对方两底角之一，一般击向对方底角，较有利于自己。而接对方较软弱的发球（一般都是第二发球），应力争将球打到对方防守困难一角的深区，并积极上网，封住角度，争取网前得分。

（三）底线抽击战术

利用在底线的耐心抽击，尽量将球打深，拉开角度。最大限度地调动对方，消耗对方的体力，使对方陷入被动，出现防守上的漏洞，再打其空隙地带而得分。对反手较弱的对方，可集中力量连续数次攻击、压迫其反手，迫使对方逐步偏于反手一角的站位，再突然改变击球方向，打向对方正手一角，使其奔救不及。

（四）破网技术

对方上网时，最有效的方法是在对方上网跑动过程中将球打到他脚下。如果对方上网速度快，已处于网前有利位置，则以直线或斜线球打对方的两边线区域，一般打出带上旋的球破网效果较好。或以挑高球的方式，击向对方反手底角附近。

二、双打战术

（一）双打站位

双打站位一般是：正拍好的运动员站在右面，反拍好的运动员站在左面。一前一后、一左一右是最常见的站位（图 8-8）。

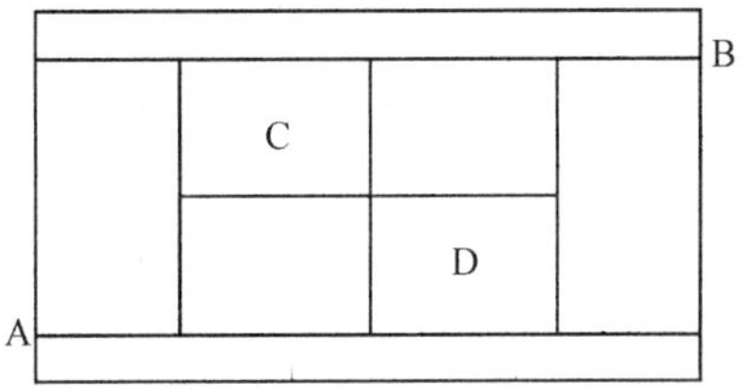

图 8-8　双打站位

（二）发球上网战术

双打应尽量占据网前的有利位置。提高第一发球的成功率，将球发向对方反拍区，发出之后紧跟上网，以两人的封网截击扑杀对方。

（三）破发球上网战术

对付发球上网一般做如下处理：把球击向发球线附近，或直接击向跑动上网者脚下；加强上旋，把球斜线击向发球区边线附近；挑高球到对方上网队员身后；乘对方非发球队员站位偏中时，直线击球破网。

（四）同伴之间的配合原则

（1）处于两人中间的球，应由正拍击球者回击。

（2）处于两人中间的斜线球，应由距离近的人去迎击。

（3）对方接发球回击中场的球，上网队员争取打截击，发球队员则做好打漏球的准备。

（4）上网队员移动到左侧或右侧截击时，底线队员应立即移动，弥补场区露出的空隙地带。

第四节　网球竞赛规则简介

一、场地

网球单打场地和双打场地如图 8-9 所示。

网球场是长方形的，单打场地长 23.77 m、宽 8.23 m，双打场地长 23.77 m、宽 10.97 m（图 8-9）。球网中央低，两端高，把球场横隔为两个区。球场内划分为前场与

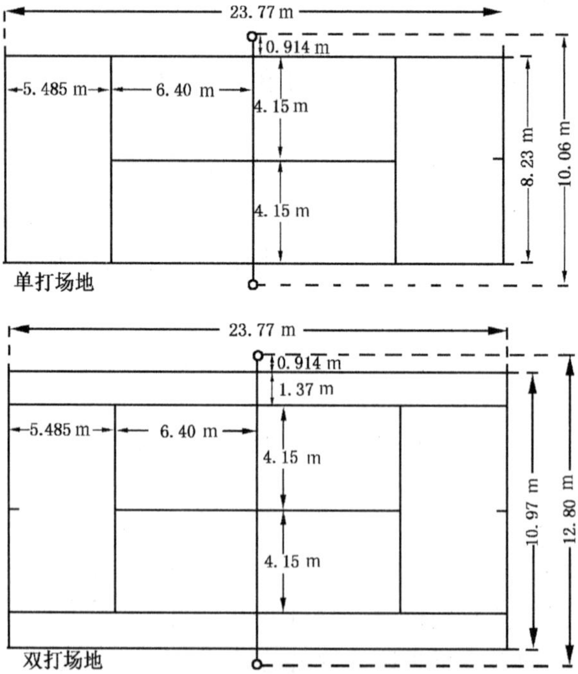

图 8-9　场地

后场。前场由中线划分为右发球区与左发球区。中线的假想延长线与端线交于中点。“中点”是长 10 cm、宽 5 cm 的一段线段。球场除端线宽度为 10 cm 外，其余各线宽度为 5 cm。

“戴维斯杯”团体赛及由国际网联主办的其他锦标赛规定端线以外至少有 6. 40 m 的空地，边线以外至少有 3. 66 m 的空地。网球场主要分为草地场、红土场、硬地场、人工草地场等。

二、竞赛规则

（一）胜 1 分

遇到下列情况时，判对方胜 1 分。

（1）发球员连续 2 次发球失误。

（2）发球员脚误。

（3）接球员在发来的球没有着地前用球拍击球，或球触及自己的身体及所穿戴的衣物。

（4）在球第 2 次落地前未能还击过网。

（5）还击的球触及对方场区界线以外的地面、固定物或其他物件。

（6）还击空中球失败。

（7）在比赛中，击球员故意用球拍拖带或接住球，或故意用球拍触球超过 1 次。

（8）“活球”期间运动员的身体、球拍（不论是否握在手中）或穿戴的其他物件触及网、网柱、单打支柱、绳或钢丝绳、中心带、网边白布或对方场区以内的场地地面。

（9）还击尚未过网的空中球（过网击球）。

（10）除握在手中（单手或双手）的球拍外，运动员的身体或穿戴的物件触球。

（11）抛拍击球。

（12）比赛进行中，运动员故意改变其球拍形状。

（二）胜一局

运动员每胜一球得 1 分，胜第一分记分 15，胜第二分记分 30，胜第三分记分 40，一方先得四分者为胜一局。如双方各得三分时为“平分”。“平分”后一方先得一分时，为“该运动员占先”。“占先”后再得一分，才算胜一局。如一方“占先”后，另一方又得一分，则仍“平分”。依次类推，直到一方在“平分”后净胜两分才为该局胜。

（三）胜一盘

（1）一方先胜六局为胜一盘，但遇双方各得五局时，一方必须净胜两局才算胜一盘。

（2）决胜局计分制是在某盘的局数为 6 平时，先得 7 分者为该局及该盘胜；若分数成 6 平时，须净胜 2 分为该局及该盘胜。

（四）发球

1. 发球前的规定

（1）发球员在发球前应先站在端线后、中点和边线的假定延长线之间的区域里，然后用手将球向空中任何方向抛起，在球接触地面之前用球拍击球。球拍与球接触后，就算完成球的发送。

（2）发球员的位置。比赛开始，发球员站在右区端线后发球，得（失）1分后，换到左区端线后发球，此后，每得（失）1分就换区发球。

2. 发球违例

（1）脚误：发球时，脚踏端线、中点，或站在假定延长线之外，或通过走、跑而改变原来站立的位置。

（2）发球时未击中球。

（3）发出的球在落地前触及固定物。

3. 发球次序

第一局比赛终了，接发球员成为发球员，发球员成为接发球员。以后每局终了，均依次互相交换，直至比赛结束。

双打比赛应在每盘开始之前，按照下述方式决定发球次序。

（1）每盘第一局开始时，由发球方决定由何人开始发球，对方则同样地在第二局开始时决定由何人首先发球。第三局由第一局发球方的另一球员发球，第四局由第二局发球方的另一球员开始发球，以后各局均按此次序轮换发球。

（2）先接发球的一方，应在第一局开始时，决定何人先接发球，并在这盘单数局继续先接发球。对方同样应在第二局开始时，决定何人先接发球，并在这盘双数局继续先接发球。他们的同伴应在每局中轮流接发球。

4. 发球无效

下列情况应判发球无效，须重发球。

（1）合法的发球触及球网、中心带、网边白布后，仍落到对方发球区内，或发球触及球网、中心带、网边白布后，在落地前触及接发球员的身体或其穿戴的物件。

（2）无论发球成功还是失败，接发球员均未做好准备。

（五）交换场地

（1）双方应在每一盘的单数局（1、3、5、7……）结束后，以及每盘结束双方局数之和为单数时，交换场地；如一盘结束时双方局数之和为双数，则不交换场地，须等下一盘第一局结束后再交换场地。

（2）决胜局中双方得分之和为6分或6分的倍数时须交换场地。

（六）合法击球

以下情况均为合法击球：

（1）当回击的球触球网、网柱、单打支柱、钢丝绳、中心带或网边白布后，从网上越过落入对方场内。

（2）对方发出或还击的球落到本方有效场区内又反弹回去或被风吹回对方场区上空时，本方运动员挥拍过网击球，球落到对方场区内，其身体、衣服或球拍并未触及球网、网柱、单打支柱、钢丝绳、中心带、网边白布或对方场区的地面。

（3）球从网柱或单打支柱以外还击至对方场区（不论还击的球是高于或低于球网还是触及网柱或单打支柱）。

（4）对方来球落地一次或在落地之前还击都算有效击球。

思考题

1. 网球握拍法有哪几种?
2. 简述网球基本战术。

第九章 游 泳

第一节 游泳运动概述

一、游泳运动的起源与发展

（一）世界游泳的起源与发展

游泳是人类在与大自然斗争中产生和发展而来的。从出土的 5 000 多年前的陶器上，我们可以看到雕刻着人们潜入水中猎取水鸟的图案。随着社会的发展，游泳从作为人们生产、生活的一种手段，到满足军事需要，逐步演变为增强体质、休闲娱乐的方式，并发展成为现代竞技体育的比赛项目。

19 世纪中期和 20 世纪初期，在英国和澳大利亚等国出现了近代游泳运动，并逐渐发展起来。1828 年，英国在利物浦乔治码头修建了世界上第一个室内游泳池。1837 年，在英国伦敦成立了第一个游泳协会。1869 年 1 月，在英国成立了大城市游泳俱乐部联合会（现英国业余游泳协会前身），并将游泳确定为专门的运动项目。游泳运动随之传入英国殖民地，继而传遍全世界。1896 年，在希腊雅典举行的第 1 届现代奥林匹克运动会上，游泳被列为竞赛项目之一。1908 年，成立了国际业余游泳联合会，并制定了国际游泳比赛规则。在 1912 年的第 5 届奥运会上，正式设立了女子比赛项目。1952 年第 15 届奥运会后，把蛙泳和蝶泳分为两个单项进行比赛。从此，竞技游泳发展成 4 种游泳姿势和 32 个竞赛项目。1979 年 9 月初，在日本东京举行了第 1 届世界杯游泳比赛。各种世界大型游泳赛事的广泛开展，使游泳运动在世界范围内的传播更加迅速，发展更为普及，人们对游泳运动的了解更加具体化。

（二）我国游泳运动的发展

我国历史悠久，水域辽阔，早在约 2 500 年前，我国史料中就已经有了关于游泳活动的记载。19 世纪后期和 20 世纪初期，近代游泳运动从我国沿海地区，如广东、福建、上海、青岛、大连等城市传入，并快速发展起来。

中华人民共和国成立后，我国游泳运动技术水平迅速提高，在 1953 年第 4 届世界青年学生联欢节的游泳比赛中，我国选手吴传玉获得男子 100 m 仰泳冠军。1957 年至 1960 年间，我国著名游泳运动员戚烈云、穆祥雄、莫国雄 3 人，先后 5 次打破男子 100 m 蛙泳世界纪录。之后，多个项目也跻身世界前列。在 1983 年第 5 届全运会上，我国游泳运动队有 16 人 30 次打破 14 项全国最高纪录。

1986年，在韩国首尔举行的第10届亚运会上，我国游泳运动员创下三项亚洲最好成绩。1988年，在广州举行的第3届亚洲游泳锦标赛中，我国共获24枚金牌，女子选手杨文意刷新了50 m自由泳世界纪录，另有7人刷新6项亚洲最好成绩。第25届奥运会上，我国游泳女队一举夺得4枚金牌和5枚银牌，奖牌和积分跃居世界四强之列，震撼世界。2005年，在加拿大蒙特利尔举行的第11届世界游泳锦标赛上，高畅在女子50 m仰泳半决赛中，打破该项目的世锦赛纪录。2006年短池世锦赛上，齐晖独得3枚金牌，吴鹏夺得男子200 m蝶泳金牌并打破了赛会纪录。2009年世锦赛上，中国队的张琳获得男子800 m自由泳冠军，赵菁获得女子50 m仰泳冠军，此外还获得两项女子游泳接力的团体冠军。2011年世界游泳锦标赛上，中国队在金牌榜上仅次于美国，排在第二位，孙杨夺得男子1 500 m自由泳冠军并且打破了澳大利亚名将哈克特的世界纪录。2015年世界游泳锦标赛上，中国队夺得14金，位于金牌榜第一，宁泽涛在男子100 m自由泳中以47秒84的成绩成为夺得这个项目冠军的首个亚洲选手。2016年里约奥运会上，孙扬获男子200 m自由泳金牌、400 m自由泳银牌，徐嘉余获男子1 000 m仰泳银牌，傅园慧获女子100 m仰泳铜牌。在2017年布达佩斯和2019年光州世界游泳锦标赛上，孙杨获男子200 m、400 m自由泳冠军。

二、国内外游泳重大赛事

（一）世界游泳锦标赛

世界游泳锦标赛是由国际泳联总会主办的最高级别的大型国际性游泳赛事，主办机构是国际泳联总会。第1届世界游泳锦标赛于1973年举行，1978年至1998年间举办间隔年数屡有变化，自2001年起，恢复每两年举办一次。

（二）奥运会游泳赛

从1896年第1届奥运会起，游泳就是奥运会的竞赛项目。

（三）国际泳联游泳世界杯赛

国际泳联游泳世界杯赛是国际泳联最高规格的赛事之一。赛事设男子、女子比赛项目，包括仰泳、蛙泳、蝶泳、自由泳、混合泳5种泳姿共34项个人比赛及接力项目。世界杯赛从1989年开始，每年举行。

（四）短池世界锦标赛（1993年开始）

短池世界锦标赛简称短池世锦赛，前身为短池游泳世界杯系列赛总决赛。与世界游泳锦标赛不同，短池世锦赛只设游泳比赛，分男女比赛项目。泳池长25 m。有5种泳姿的个人比赛：仰泳、蛙泳、蝶泳、自由泳和混合泳。该比赛从1993年开始，每两年举办一次。

第二节　游泳基本技术

一、熟悉水性

（一）水中行走练习

6~7 人一组，依次下水，手拉手向前走。水中走动时，可向前、向后和向两侧走，并从浅水区向深水区过渡。

（二）呼吸练习

（1）面向池壁站立，两手扶池或拉住同伴双手，在水面上吸气后蹲下，将头没入水中憋气，坚持片刻，头出水后先呼气后吸气，反复练习。

（2）原地站立，深呼气后闭气，低头团身，双手抱膝，背部露出水面停留片刻；站立时两臂前伸，手掌向下压水并抬头，同时两脚向正下方伸展。

（3）站立方向同上，两臂自然向前伸，深吸气后身体前倾并低头，同时两脚向后下方蹬池底，使身体飘浮于水中（面）。

二、蛙泳

（一）开始姿势

蛙泳开始时身体水平地俯卧水中，两臂向前伸直并拢，头略前抬，水齐前额，脸浸入水中（图 9-1）。这也是滑行姿势。

图 9-1　蛙泳开始姿势

（二）腿部动作

蛙泳时腿部蹬水动作是推动身体前进的主要动力。运动员一般都采用窄收窄蹬的技术。腿部动作分为滑行、收腿、翻脚和蹬水四个阶段。

1. 收腿

开始收腿时，两膝自然逐渐分开，小腿向前回收，脚跟向臀部靠拢，边收边分。收腿时，力量要小，放松，自然，两腿和小腿回收时要收在大腿的投影截面内，以避开迎面水流，减少小腿前收时的阻力。收腿结束时，大腿与躯干之间的夹角约为 130°~140°，两膝内侧与髋关节同宽（图 9-2）。

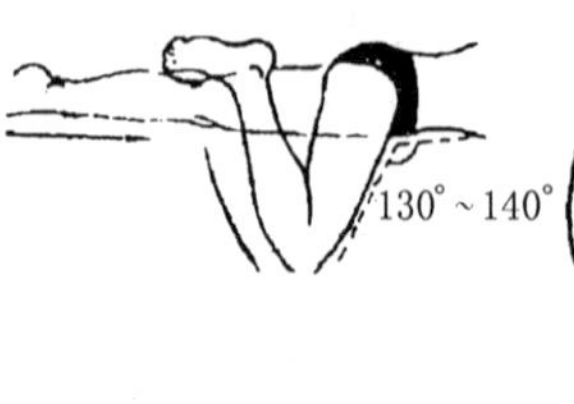

图 9-2　收腿

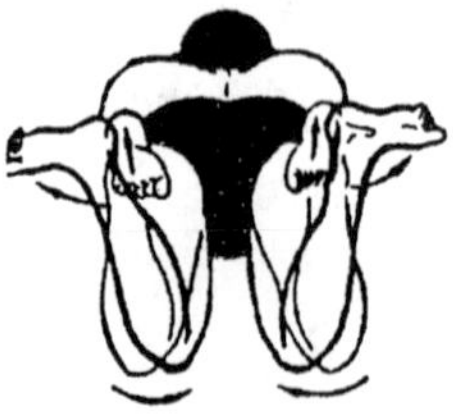

图 9-3　翻脚

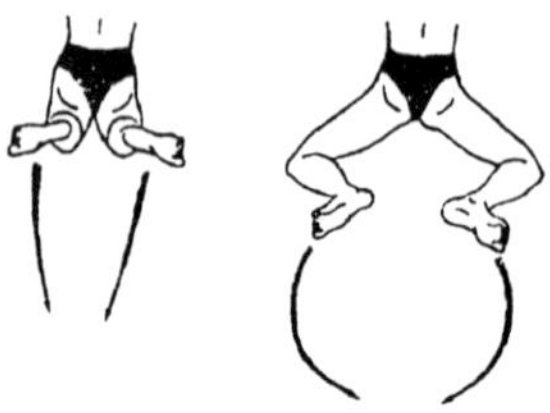

图 9-4　蹬水

2. 翻脚

收腿结束时，脚仍向臀部靠拢，这时膝关节稍向里扣，同时两膝向外侧翻开，这样能使脚和小腿内侧对着蹬水方向，并加大了对水面积，这样就为大腿发挥更大力量做好积极准备（图 9-3）。

3. 蹬水

蹬水是靠翻脚时大腿内旋造成膝内压，带动小腿和脚向后蹬水的。同时，靠大腿内旋带动小腿内旋，产生对踝关节的制动作用，这种制动有力地带动小腿、踝关节，直至脚尖，在向后蹬水的同时用力加速地做蹬、夹紧密结合的动作，直至两腿成内旋姿势并拢，起着最有力的推进作用（图 9-4）。

4. 滑行

紧接鞭状蹬腿，身体借助惯性力高速向前滑行。这时，两腿并拢向后伸直，身体成水平姿势，下肢放松，只靠腿部肌肉的适当收缩，把脚跟稍稍提向水面，为收腿做好准备。

（三）臂部动作

蛙泳臂部动作可分为滑行、抓水、划水、收手、伸臂五个不可分割的阶段。

1. 滑行

伸臂结束，身体靠蹬水向前滑行。两臂自然放松伸直，手指自然并拢，掌心向下，两手尽量接近水面。这种姿势可使身体在较高位置上保持稳定，整个身体成流线型。

2. 抓水

紧接滑行，肩保持前伸，两臂内旋，使两臂和掌心转向斜外下方，屈手腕（成 150°～160°），结束抓水时两臂与水平面和与前进方向都各成 15°～20°（图 9-5）。

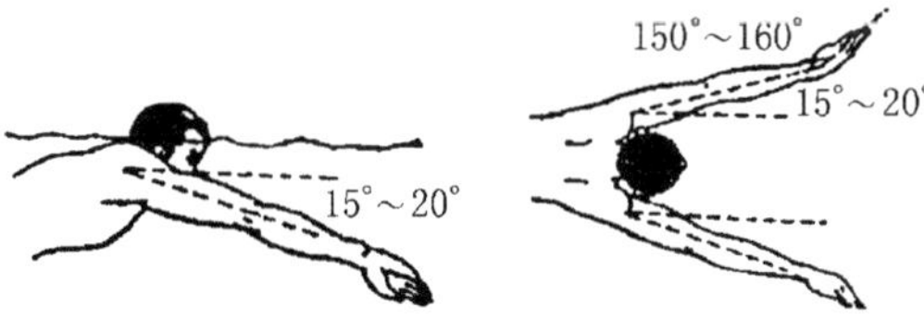

图 9-5 抓水

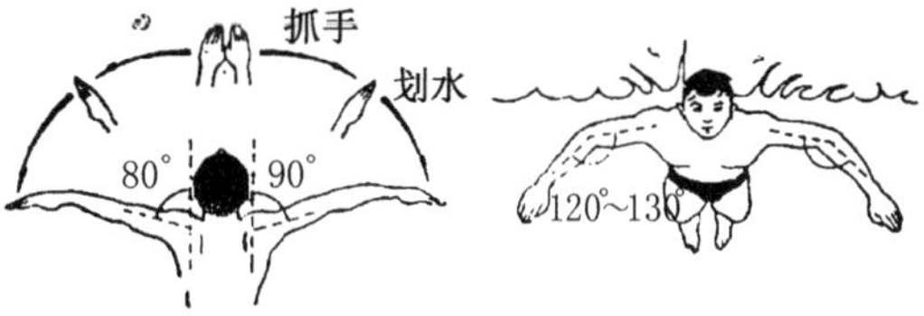

图 9-6 划水

3. 划水

两手同时向后划至与前进方向约成 80°，划水时肩部仍向前伸展，保持高抬肘姿势。整个动作过程肘高于手，肘前于肩，手带动小臂，接着上臂在向后切的过程中，肘关节屈度从开始的 150°～160°至最后的 120°～130°（图 9-6）。

4. 收手

收手是划水阶段的继续，收手过程中能产生较大的推进力和上升力。当划水结束时，手掌在向内上方移动的同时，上臂外转，向前推肘。手提到头的前下方，掌心相对，斜向内下，臂放松（图 9-7）。

图 9-7 收手

5. 伸臂

紧接收手，继续推肘伸臂。在伸肩关节的同时，靠推动伸肘来完成。因此，两手是先向前上方再向前伸。伸臂结束时，两臂恢复滑行姿势。

三、自由泳

（一）身体姿势

自由泳时身体几乎水平地俯卧水面成流线型，头部姿势对身体姿势和动作都有一定的影响。在游进中应保持头部平稳，水齐前额，吸气时自然转向一侧（图 9-8）。

（二）腿部动作

自由泳时两腿在水下交替做鞭状打水动作。以髋关节为轴，大腿发力，带动小腿和脚，使髋、膝、踝各关节相继传递。大腿、小腿、脚掌各部分相对运动形成一个柔韧的上、下打腿的鞭打动作。膝关节的最大弯曲度为 140°~160°，以形成较大的推进作用。两腿交替打水，动作要连贯，有节奏。两脚尖上下最大幅度为 30~40 cm（图 9-9）。

图 9-8　自由泳身体姿势

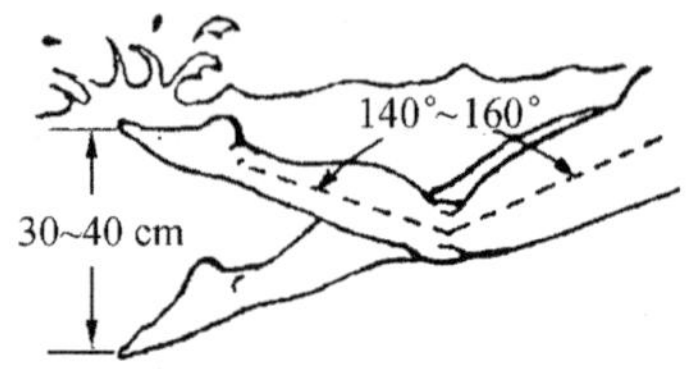

图 9-9　腿部动作

（三）臂部动作

臂部动作是自由泳时推动身体前进的主要动力。为了便于分析动作，把一个周期分为入水、抱水、划水、出水和空中移臂五个阶段。

1. 入水

完成空中移臂后，手在控制下自然放松地入水。入水时手指自然伸直并拢，通过臂内旋，肘关节抬高，屈成 130°~150°，使肘关节处于最高点，掌心斜向外下方（图 9-10）。

图 9-10　入水

2. 抱水

臂入水后，在积极向前下方插入的过程中，手掌从向斜外下方转向斜内后方并开始屈腕、屈肘，保持高抬肘姿势。到抱水结束、划水开始时，上臂与水平面约成 30°，小臂与水平面成 60°，手掌接近垂直，肘关节屈至 150°左右（图 9-11）。

3. 划水

划水是发挥最大推进作用的主要阶段，分为拉水和推水两个部分（图 9-12）。紧接抱水阶段进入拉水，这时，要保持高抬肘，并使上臂内旋，继续屈肘。

拉水至肩的垂直平面后，即进入推水部分，这时，肘的屈度约为 100°（图 9-13）。

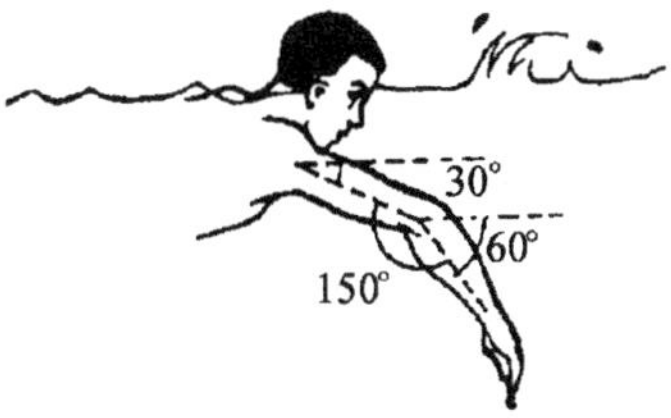

图 9-11 抱水

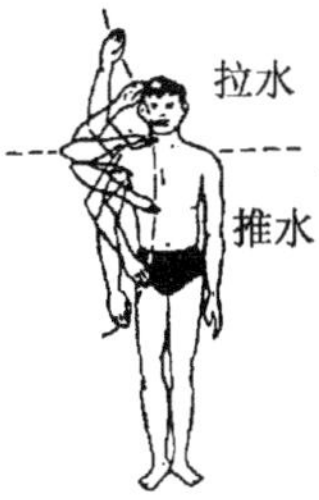

图 9-12 拉水和推水

图 9-13 推水开始肘的屈度

4. 出水

划水结束后，臂由于惯性的作用很快地靠近水面，此时应立即借助三角肌和斜方肌的适当收缩，将臂提出水面，并放松屈肘向外上方做“拉”的动作，将小臂和手提出水面。出水时，掌心朝后上方。

5. 空中移臂

图 9-14 空中移臂

移臂时肩关节应向前靠近身体，使肩膀和肩锁充分伸展，以利加大动作幅度。肘关节始终保持较高的部位。手掌始终接近水面前移，开始时掌心向外上方，移至肩的垂直平面时向后，结束移臂时转向外下方（图 9-14）。

四、仰泳

（一）身体姿势

仰泳时身体平直地仰卧水中，胸部自然伸展，腹部微收成流线型。头和肩略高于臂，头要稳定，后脑浸入水中，脸露出水面，水平面位于两耳际，眼看后上方（图 9-15）。

（二）腿部动作

以髋为轴，大腿发力，带动小腿和髋、膝、踝有节奏地做上下鞭状踢水动作。仰泳打水时大腿动作幅度比自由泳小，但小腿的弯曲角度比自由泳大，约为 135°，两脚上下幅度约为 45 cm（图 9-16）。

图 9-15 仰泳时身体姿势

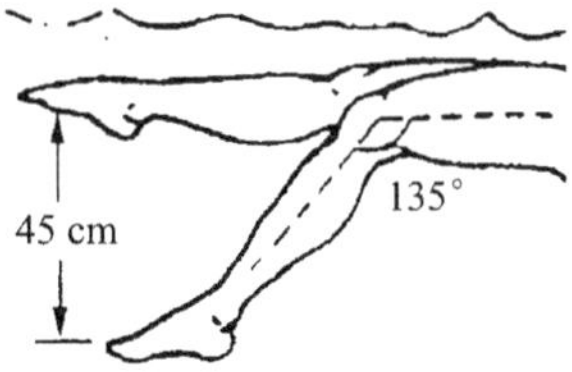

图 9-16 腿部动作

（三）臂部动作

仰泳时臂部动作是推进身体前进的主要动力。当前，仰泳都采用两臂交替在体侧屈臂划水的动作。为了便于分析动作，把一个周期分为入水、抓水、划水、出水和空中移臂五个阶段。

1. 入水

空中移臂入水，入水时臂自然伸直，掌心朝外下方，小指领先入水。手稍内收，与上臂成 150°~160°。

2. 抓水

手臂入水后，躯干上部稍向入水臂一侧转动，形成抓水姿势。完成抓水动作时，上臂与前进方向构成的角约为 40°，手掌离水面 30 cm 左右，肘关节开始弯曲，形成前抬肘姿势。

3. 划水

仰泳的划水动作是推进身体前进的主要动力。划水动作分拉水和推水两个部分。

（1）拉水：紧接抓水，肘关节屈成 150°，使手掌和小臂都达到良好的“对水”姿势。当划到肩部垂直平面时，手掌离水面 15 cm 左右，小臂与上臂形成的角为 90°~110°(图 9-17)。

（2）推水：当臂划过肩关节时应充分利用拉水的速度和划水面，使整个臂同时用力向后下方做推压动作，上臂带动小臂和手加速内旋推水，并以手的下压结束推水动作，这时手掌在大腿侧下方，离水面 45~50 cm（图 9-18）。

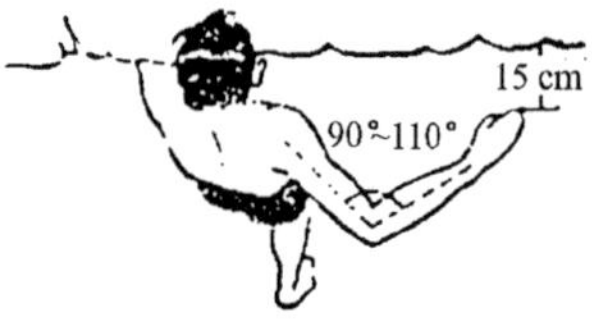

图 9-17 **拉水**

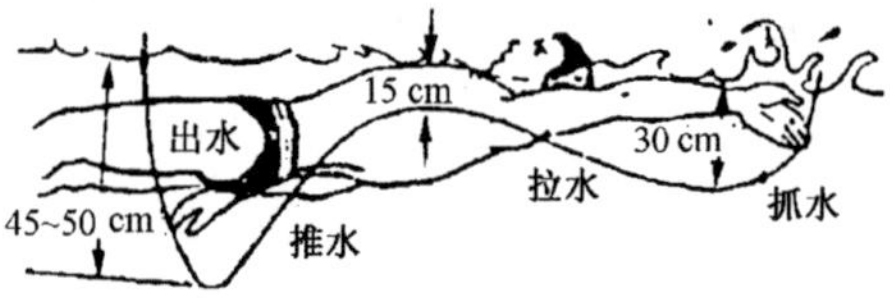

图 9-18 **推水**

4. 出水

出水是手臂划水结束后迅速提出水面的动作过程。利用臂内旋下压的反作用和三角肌的适当收缩，使臂自然地提出水面，手出水时掌心向内，大拇指向上领先出水，整个动作应该是放松的。

5. 空中移臂

当一臂完成了划水动作时另一臂正在入水；当一臂出水时另一臂抓水；当一臂空中移臂时另一臂划水。

（四）臂腿完整配合

臂腿配合是否合理，直接影响整个动作的平衡和协调自然。臂在划水过程中，腿的上踢下压动作要避免身体的过分转动，并保持身体的平衡，以加强踩水的效果。

现代仰泳技术中采用 6：2：1 的配合形式，即 6 次打腿、2 次划臂、1 次呼吸。这种配合技术应用比较普遍，也有个别运动员采用 4 次打腿、2 次划臂和 1 次呼吸的配合技术。

第三节 游泳安全与救护

一、游泳的安全知识

游泳是一项有实用性和健身价值的运动，但同时也存在很大的危险性。所以，在游泳过程中要小心谨慎，以防发生事故。

游泳的不安全因素主要有以下几个方面。

（一）抽筋

抽筋大多数是因忽视准备活动、疲劳、冷刺激、过分紧张、动作不协调或用力过猛等引起的。因此，游泳前可用水冲淋身体，以防止温度骤变而引起机体不适。当人体抽筋时，切莫惊慌失措，可自救或呼救，用痉挛腿对侧的手拉住痉挛腿的脚趾，用力向身体方向扳拉，另一手压痉挛腿膝盖，使小腿伸直。大腿痉挛，可用两手用力抱住小腿贴近大腿，反复振压直至解脱。

（二）疲劳和空腹情况下进行游泳

这种情况容易引起人体活动能力暂时下降，从而引起某些不良生理反应或其他症状。空腹时游泳，由于血糖浓度降低，反应迟钝，四肢乏力，容易引起“低血糖”症，从而导致活动能力下降。

（三）水情不熟

游泳前应首先了解水域的情况，包括水深、水质、水中或水底的障碍等。应选择水底平，无淤泥、水草，无急流漩涡等的水域，并结伴进行，以便相互照顾，防止发生意外事故。

（四）对自己的技术和能力估计不足

当游泳下水遇到突发情况，如水温太低、水太深或风浪加大时，心理上易产生恐惧感，造成动作变形，呼吸困难。因此，游泳锻炼者绝不能盲目自信，锻炼时一定要量力而行。一旦出现因心慌而造成呛水现象时，首先要保持镇定，放松漂游，力争自如呼吸。

二、救护

救护主要有间接救护和直接救护两种。一旦发现溺水事故或苗头时，应迅速采取有效措施，切不可延误时间。

（一）间接救护

间接救护也称使用器材救护。使用的器材主要有救生圈、浮板、木块、救生绳等，一旦发现情况，要及时把救生器材送至溺水者或呼救者身边。

（二）直接救护

直接救护是指在不借助任何器材的情况下徒手进行的施救技术。直接救护大致可以分为入水前观察、入水、游近溺水者（包括解脱）、拖带、岸上紧急救护等过程。

1. 入水前观察

入水前边迅速脱去妨碍游泳的衣裤，边观察周围水情，选择最近入水点。

2. 入水

在游泳池或熟悉的水域可采用头朝下的跳水方式入水。在不熟悉的水域可采用骑跨式入水，两臂上举，两腿分开，当入水时，两臂下压，两腿蹬压水面，使头部不会没入水中，以便观察。

3. 游近溺水者

救护者一般采用头在水面的泳姿。如溺水者面向自己，可潜入水中，扶其髋部，转其背，使之背向自己，实行拖带。另一种方法是正面接近溺水者，用左（右）手握住他的右（左）手，用力向右（左）拉，使其背向自己，实行拖带。

4. 拖带

一般救护，在拖带时采用侧泳或反蛙泳两种技术。

（1）侧泳拖带法。有两种拖带法：一种是一手托其后脑，另一手在体侧划水，两腿蹬夹水；另一种是抱胸拖带法，即从背后沿其左肩上方至其右腋下斜抱住溺水者，另一手在体侧划水。

（2）反蛙泳拖带法。有两种拖带法：一种是扶颈拖带法；另一种是两手扶腋拖带法。

5. 岸上紧急救护

一般情况下应经过以下几个过程。

（1）清理溺水者口鼻中的脏物，如淤泥、杂物、呕吐物及活动假牙等，保持呼吸道的通畅。

（2）及时排除溺水者胃腹中的水。一般有两种方法：一种为屈膝压腹排水法，即救护者一腿跪地，另一腿弯曲，将溺水者的腹部贴于弯曲的大腿上，一手扶住其头部使其颈部伸直，食道张开，另一手压（拍）其背部，尽快排水；另一种为提腹排水法，即让溺水者俯卧在地上，救生员两手相交，托住其腹部，将溺水者头朝下提起，并有节奏地上下用力抖动，排出其腹水。

（3）进行人工呼吸。主要有三种方法。

口对口呼吸法：这是效果最佳的方法。让溺者仰卧，头部抬高，稍向后仰，使气道开放，右手托其下颏，左手捏住鼻子，用嘴直接对口吹气，然后松开左手并压其胸部，帮助溺水者呼气。反复进行，每分钟约做12~15次。

举臂压胸法：救护者跪于溺水者头部上方，握其两手腕，将溺水者双臂弯曲，用其前臂压迫双肋处以压出肺部空气，帮其呼气。频率与前法相同。

体外心脏按压法：救护者立或跪在溺水者的胸侧，另一手压在该手的手背上，以利加压；用掌根部置于溺水者胸骨的1/3处，手指放松，手臂伸直，上体前倾，掌根用力下压，下压时要慢，放松时要快，一压一松反复进行，节律为每分钟60~80次。

思考题

1. 简述自由泳和蛙泳的技术要领。
2. 简述游泳的救护技术。
3. 游泳的不安全因素有哪些?

第十章 健美操

第一节 健美操运动概述

健美操是一项以有氧运动为基础，以健、力、美为特征，融体操、舞蹈、音乐为一体的健身运动。它既是健身美体、陶冶情操的大众健身方式，又是竞技运动的一个项目。

一、现代健美操运动的起源与发展

（一）世界健美操运动的起源与发展

古印度很早就流行一种瑜伽术，它把姿势、呼吸和意念紧密结合起来，通过调身（摆正姿势）、调息（调整呼吸）、调心（意守丹田入静），运用意识对肌体进行自我调节，健美身心，达到延年益寿的目的。古代人对健身健美的追求，以及提倡体操与音乐相结合的主张是现代健美操形成与发展的基础。

现代健美操在欧洲体操流派的基础上吸收了东方体操的基础动作以及非洲舞蹈中优美、有序、有节奏的动作，这些动作在理论和实践上的创新对现代健美操的发展起了推波助澜的作用。20 世纪 70 年代中叶，美国著名的群众体育专家 K. 库彼尔博士致力于有氧体操的研究，发表了《新有氧体操》和《有氧体操有益于大众》等著作，使有氧体操不仅在美国，而且在欧洲受到了重视。美国是对世界健美操的发展有着重要影响的国家，其代表人——影视明星简・方达，根据自己的健身体会和经验，撰写了《简・方达健美术》一书。该书自 1981 年出版后，引起了世界的轰动。她以现身说法，促进了健美操在世界范围内的推广。自 1985 年开始，美国正式举办一年一度的健美操锦标赛，并确定了竞赛项目和规则，使健美操发展成为竞技性运动项目。

健美操不仅在美、英、法等国家迅速发展，而且在其他许多国家和地区也得到不同程度的开展，苏联早就把健美操列入大、中、小学的体育教学大纲。在亚洲地区，日本、菲律宾、新加坡等国家也建有许多健美操活动中心及健身俱乐部，人们开始将健美操作为自己的主要健身方式，由此形成了世界范围内的“健美操热”。

（二）我国现代健美操运动的兴起

健美操于 20 世纪 70 年代末传到我国，它不仅接受了欧洲健美操的模式，而且把中国古老文化的气功、武术、民间舞蹈等与欧美健美操融为一体，创造了具有中国特色的徒手、持轻器械的健美操，以进行身体形态、机能和素质的训练。1984 年，原北京体育学院成立了健美操研究组，接着上海体育学院成立了健美操教研室，率先开设了健美操课程，一些大专院校也根据原国家教育委员会对高校体育教学的要求，在体育基础课中逐步安排了健美操内容，继而开设了健美操选项课，从而把我国的健美操从社会引向了学校。继 1986 年 4 月在广州举行的我国首次“全国女子健美操邀请赛”后，1987 年 5 月，在北京我国又成功地举办了首届竞技健美操比赛——“长城杯”健美操邀请赛。为了有组织、有计划地推动全国大学生健美操运动的发展，1992 年 2 月，在北京成立了中国大学生体育协会健美操、艺术体操分会。1992 年 9 月，中国健美操协会在北京正式成立，标志着我国健美操运动进入一个崭新的发展阶段。

二、国际上最有影响的健美操组织

（一）健身协会

1. IDEA（国际健身协会）

IDEA 总部设在美国，它举办的“IDEA 健身大会”在世界上非常有影响力。

2. ASIAFIT（亚洲健身协会）

ASIAFIT 总部设在香港，是亚洲最有影响力的健身性国际组织。亚洲健身协会有自己的专业出版物，并组织各种健身的宣传和教育活动，如一年一度的“ASIAFIT 健协会”等。

3. FISAF（国际健美操与健身联合会）

FISAF 总部设在澳大利亚，它除了每年举办健美操专业比赛外，还组织各种健美操培训班，并颁发国际健身指导员证书。

（二）竞技性健美操国际组织

1. FIG（国际体操联合会健美操委员会）

从 1995 年开始，每年举办 FIG 健美操世界锦标赛。我国是其会员国。

2. ANAC（国际健美操冠军联合会）

ANAC 总部设在美国，每年举办 ANAC 世界健美操冠军赛。

3. IAF（国际健美操联合会）

IAF 总部设在日本，每年举行健美操世界杯赛。

第二节　健美操基本动作

一、健美操基本徒手动作

健美操基本徒手动作是根据人体结构及活动特点而确定的。常见的基本徒手动作有以下几种。

（一）头颈动作

形式：头颈的屈、头颈的转、头颈的平移、头颈的绕及绕环。

方向：向前、向后、向左、向右的屈和平移；向左、向右的转、绕和绕环。

要求：做各种形式头颈动作时，节奏一定要慢，上体保持正直。

（二）肩部动作

形式：单肩的、双肩的提肩、沉肩、收肩和展肩；单肩的、双肩的绕和绕环、振肩。

方向：向前的、向后的绕及绕环。

要求：提肩、沉肩时两肩在一曲面尽量上下运动；收肩、展肩幅度要大，肩部要平；振肩动作要有速度、力度和弹性。

（三）上肢动作

1. 手形

健美操的手形有很多种，主要有拳和掌两种。手形运用得好，会使健美操动作更加丰富多彩、生动活泼，更具有感染力。

（1）并拢式：五指伸直，相互并拢，大拇指微屈，指关节贴于食指旁［图 10-1(a)］。

（2）分开式：五指用力伸直，充分张开［图 10-1(b)］。

（3）芭蕾手式：五指微屈，后三指并拢、稍内收，拇指内扣［图 10-1(c)］。

（4）拳式：握拳，拇指在外，指关节弯曲，紧贴于食指和中指［图 10-1(d)］。

（5）立掌式：五指伸直，手掌用力上翘［图 10-1(e)］。

(a)并拢式　(b) 分开式　(c) 芭蕾手式　(d) 拳式　(e) 立掌式　(f) 西班牙舞手式

图 10-1　手形

（6）西班牙舞手式：五指用力，小指、无名指、中指自掌指关节处依次屈，拇指稍内扣［图 16-1(f)］。

2. 手臂动作

形式：臂的举、臂的屈伸、臂的摆动、臂的绕及绕环、臂的振等。

方向：向前、向后、向左、向右、向上、向下等。

要求：做臂的举、屈伸时，肩下沉；做臂的摆动、绕及绕环时，肩拉开用力。

（四）胸部动作

形式：含胸、展胸、振胸。

要求：练习时，收腹、立腰。

（五）腰部动作

形式：腰的屈、腰的转、腰的绕和绕环。

方向：向前、向后、向左、向右。

要求：腰前屈、转时，上体立直；腰绕和绕环时，速度放慢。

（六）髋部动作

形式：顶髋、提髋、摆髋、绕和绕环髋、行进间正髋和反髋走。

方向：向前、向后、向左、向右。

要求：髋部练习时，上体放松。

二、健美操基本步伐

1. 交替类

（1）踏步。两腿原地依次抬起，依次落地。

抬头、挺胸、收腹，下落时，踝、膝、髋关节依次有弹性地缓冲。

（2）走步。迈步向前走时，脚跟先着地，过渡到全脚掌着地；向后走时则相反。在落地时，膝、踝关节要有弹性地缓冲。

（3）一字步。一脚向前一步，另一脚并于前脚，然后依次还原。向前迈步时，脚跟先着地，过渡到全脚掌着地，前后均要有并腿过程。每一拍动作膝关节始终有弹性地缓冲。

（4）“V”字步。一脚向前侧方迈一步，另一脚随之向另一方迈一步，成两脚开立，屈膝，然后依次退回原位。两腿膝、踝关节始终保持弹动状态，两脚分开后成分腿半蹲，重心在两脚之间。

（5）漫步。一脚向前迈出，屈膝，重心随之前移，另一脚稍抬起，然后原地落下。或向后撤一步，重心后移，另一脚稍抬起，然后原地落下。两脚始终保持交替落地，身体重心随动作前后移动，但始终在两脚之间。

（6）跑步。两腿经过腾空，依次落地缓冲，两臂屈肘摆臂。落地屈膝缓冲，脚跟尽量先落地。

2. 迈步类

（1）并步。一脚迈出，另一脚随之并拢，屈膝点地，再向反方向迈步。两膝始终保持弹动，动作幅度和力度可随风格而定。

（2）迈步点地。一脚向一侧迈出一步，两腿经屈膝移重心，另一腿向前、向侧或向后用脚尖或脚跟点地。两膝同时有弹性地屈伸，重心移动轨迹呈弧形。上体不要扭转。

（3）迈步吸腿。一脚迈出一步，另一腿屈膝抬起，然后向反方向迈步。经过屈膝半蹲，抬膝时支撑腿稍屈膝。

（4）迈步后屈腿。一脚迈出一步，另一腿后屈，然后向反方向迈步。经过屈膝半蹲，支撑腿稍屈膝，后屈腿的脚跟靠近臀部。

（5）侧交叉步。一脚向一侧迈出一步，另一腿在其后交叉，随之再向侧迈一步，另一脚并拢，屈膝点地。第一步脚跟先落地，身体重心快速随着脚步而移动，保持膝、踝关节的弹动。

3. 点地类

（1）脚尖点地。一腿稍屈膝站立，另一腿伸出，脚尖点地，然后还原到并腿姿势。支撑腿始终保持屈膝站立，并且随动作有弹性地屈伸。

（2）脚跟点地。一腿稍屈膝站立，另一腿伸出，脚跟点地，然后还原到并腿姿势。只可做向前和向侧的脚跟点地。支持腿始终保持屈膝站立，并且随动作有弹性地屈伸。

4. 抬腿类

（1）吸腿。一腿屈膝抬起，落下还原。支撑腿保持屈膝弹动，大腿上抬超过水平，上体保持正直。

（2）摆腿。一腿稍屈膝站立，另一腿摆动，然后还原。摆腿时上体顺势前倾、后倒或侧倾。

（3）踢腿。一腿稍屈膝站立，另一腿抬起，然后还原。抬起腿要有控制，上体保持直立。

（4）弹踢腿（跳）。一腿站立（跳起），另一腿先向后屈，然后向前下方弹踢，还原。通常以高冲击力的形式出现。腿弹出时要有控制，上体保持直立。

（5）后屈腿（跳）。一腿站立，另一腿向后屈膝，放下腿还原。支撑腿保持弹性，两膝并拢，脚跟靠近臀部。

5. 双腿类

（1）并腿跳。两腿并拢跳起，落地缓冲有控制。

（2）分腿跳。分腿站立，屈膝半蹲，向上跳起，分腿落地，屈膝缓冲。屈膝半蹲时，大、小腿夹角不要小于90°，空中注意身体的控制。

（3）开合跳。由并腿跳起、分腿落地，然后再由分腿跳起，并腿落地。分腿屈膝蹲时，两脚自然外开，膝关节沿脚尖方向屈，膝关节夹角不小于90°，脚跟落地。

（4）半蹲。两腿有控制地屈和伸。可分为并腿半蹲和分腿半蹲。分腿半蹲时，两腿左右分开稍大于肩（或与肩同宽），脚尖稍外开，屈膝时膝关节角度不得小于90°，方向与脚尖方向一致，臀部向后45°方向下蹲，上体保持直立。

（5）弓步。两腿前后分开，平行站立，下蹲。半蹲时，后腿膝关节向下，大腿垂直于地面，重心始终在两脚之间。

（6）提踵。两脚跟抬起、落下，稍屈膝。两脚夹紧、重心上提时，腹部收紧，落下时屈膝缓冲。

第三节　健美操成套动作

国家体育总局和大学生“两操”协会于1998—2009年连续向社会推广了全国健美操大众锻炼标准多级别的成套规定动作。下面介绍的是全国健美操大众锻炼标准第三套规定动作中的三级。

一、组合一

动作			
节拍		下肢步伐	上肢动作
预备姿势		站立	
一	1~4	右脚开始向侧迈步后屈腿 2 次，2 时右转 90°	1~2 右臂摆至侧上举，左臂摆至胸前平屈，3~4 同 1~2，但方向相反
	5~8	向右迈步后屈腿 2 次，6 时右转 180°	双手叉腰
动作		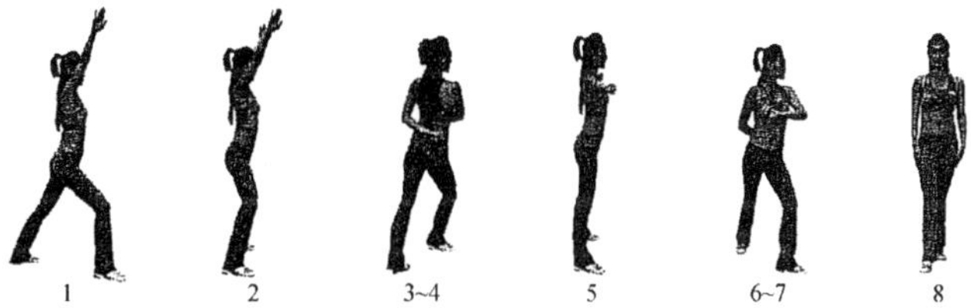	
节拍		下肢步伐	上肢动作
二	1~2	1/2 “V” 字步	1 右臂侧上举，2 左臂侧上举
	3~8	6 拍漫步，8 右转 90°	随脚的动作自然前后摆动
动作			
节拍		下肢步伐	上肢动作
三	1~8	右脚开始交叉步 2 次，左转 90°，呈 “L” 字形	1 双臂前屈，2 胸前平屈，3 同 1，4 击掌，5~8 同 1~4
动作			
节拍		下肢步伐	上肢动作
四	1~4	右脚侧并步跳，1/2 后漫步	1~2 双臂侧上举，3~4 左臂摆至体后，右臂摆至体前
	5~8	左转 90°，左脚开始小马跳 2 次	5~6 右臂上举，7~8 左臂上举
第五至第八个 8 拍，动作相同，但方向相反			

二、组合二

动作			
节拍		下肢步伐	上肢动作
一	1～4	左脚向左前上步吸腿 2 次	双臂自然摆动
	5～6	右脚向后交换步	双臂随下肢动作自然摆动
	7～8	左脚上步吸腿	双臂自然摆动
动作		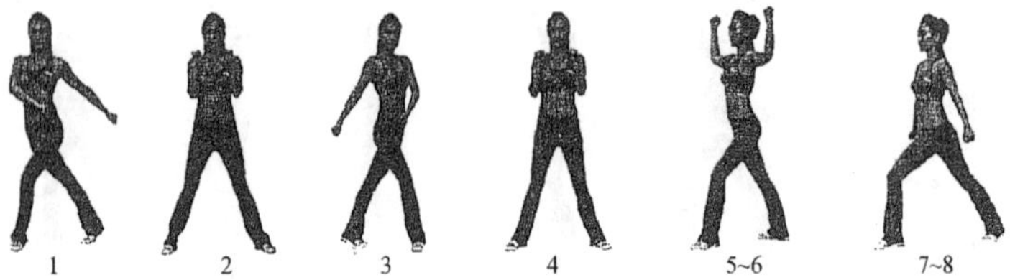	
二	1～4	左脚开始向右侧交叉步	双臂随步伐向反方向臂屈伸
	5～8	右转 45°，左脚做漫步	5～6 双臂肩侧屈外展，7～8 经体前交叉摆至侧下举
动作			
节拍		下肢步伐	上肢动作
三	1～4	左脚开始“十”字步，同时左转 90°	双臂自然摆动
	5～8	左脚开始向侧并步跳 2 次	双臂自然摆动
动作		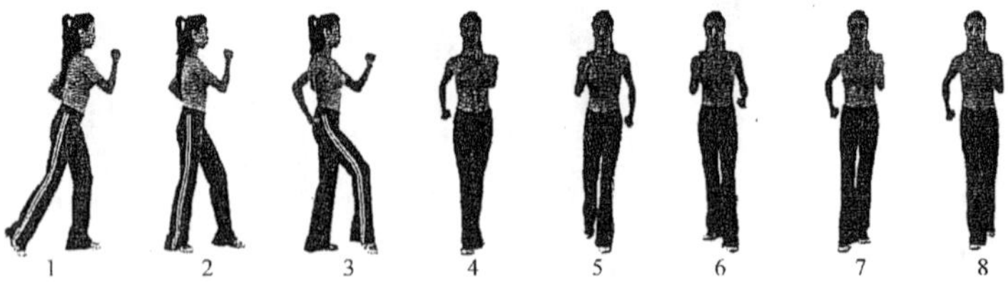	
节拍		下肢步伐	上肢动作
四	1～8	左脚漫步 2 次，右转 90°	双臂自然摆动
第五至第八个 8 拍，动作相同，但方向相反			

三、组合三

<table>
<tr><td colspan="2">动作</td><td colspan="2">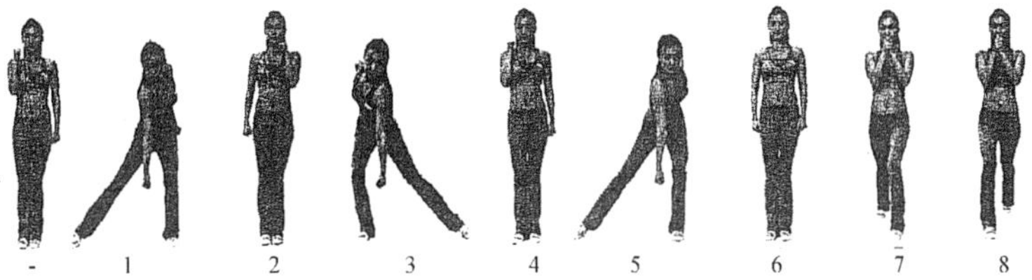</td></tr>
<tr><td colspan="2">节拍</td><td>下肢步伐</td><td>上肢动作</td></tr>
<tr><td rowspan="2">一</td><td>1~6</td><td>右脚开始做侧点地 3 次</td><td>1~2 右臂向下臂屈伸，3~4 左臂向下臂屈伸，5~6 同 1~2 动作</td></tr>
<tr><td>7~8</td><td>左脚开始向前走 2 步</td><td>击掌 2 次</td></tr>
<tr><td colspan="2">动作</td><td colspan="2">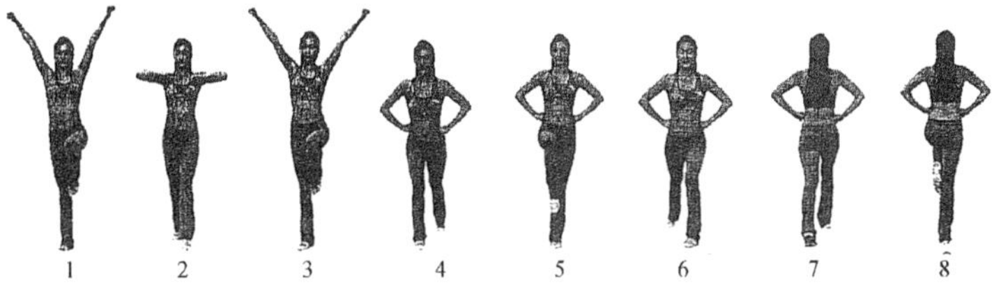</td></tr>
<tr><td rowspan="2">二</td><td>1~4</td><td>左脚开始吸腿跳 2 次</td><td>1 侧上举，2 双臂胸前平屈，3 同 1，4 双手叉腰</td></tr>
<tr><td>5~8</td><td>吸右腿跳，向后落地，转体 180°，吸右腿跳</td><td>双手叉腰</td></tr>
<tr><td colspan="2">动作</td><td colspan="2">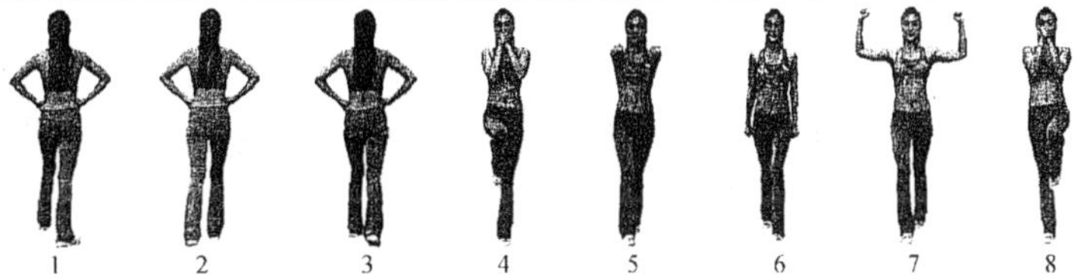</td></tr>
<tr><td colspan="2">节拍</td><td>下肢步伐</td><td>上肢动作</td></tr>
<tr><td rowspan="2">三</td><td>1~4</td><td>左脚开始向前走 3 步吸腿跳，同时左转体 180°</td><td>1~3 叉腰，4 击掌</td></tr>
<tr><td>5~8</td><td>右脚开始向前走 3 步吸腿跳</td><td>5~6 手臂同时经前向下摆，7~8 经肩侧屈外展至体前击掌</td></tr>
<tr><td colspan="2">动作</td><td colspan="2">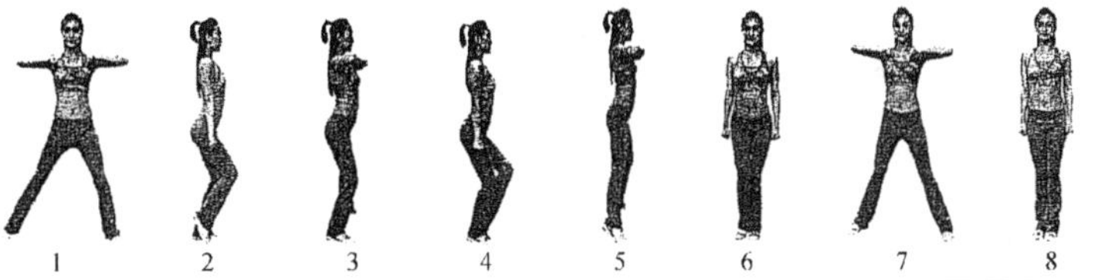</td></tr>
<tr><td colspan="2">节拍</td><td>下肢步伐</td><td>上肢动作</td></tr>
<tr><td>四</td><td>1~8</td><td>左脚开始侧并步 4 次，呈“L”字形</td><td>双臂做屈臂提拉 4 次</td></tr>
<tr><td colspan="4">第五至第八个 8 拍，动作相同，但方向相反</td></tr>
</table>

四、组合四

<table>
<tr><td colspan="2">动作</td><td colspan="2">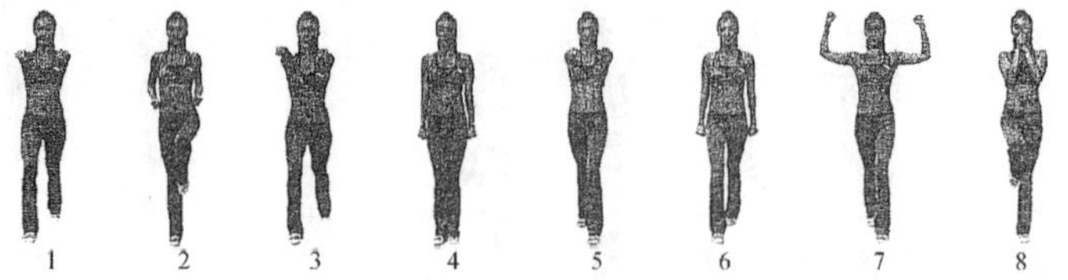</td></tr>
<tr><td colspan="2">节拍</td><td>下肢步伐</td><td>上肢动作</td></tr>
<tr><td rowspan="2">一</td><td>1~4</td><td>右腿上步吸腿</td><td>双臂做向前冲拳，后拉 2 次</td></tr>
<tr><td>5~8</td><td>左脚向前走 3 步吸腿</td><td>手臂同时经前向下摆，8 击掌</td></tr>
<tr><td colspan="2">动作</td><td colspan="2">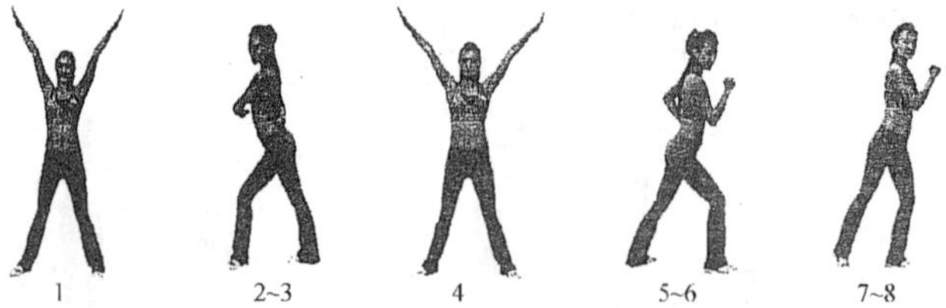</td></tr>
<tr><td rowspan="2">二</td><td>1~4</td><td>1 右脚向侧迈步，2~3 向前做 1/2 前漫步，4 左脚向左侧迈步</td><td>1 侧上举，2~3 随脚的动作自然摆动，4 同 1 动作</td></tr>
<tr><td>5~8</td><td>右脚向左前方漫步</td><td>双臂自然摆动</td></tr>
<tr><td colspan="2">动作</td><td colspan="2"></td></tr>
<tr><td colspan="2">节拍</td><td>下肢步伐</td><td>上肢动作</td></tr>
<tr><td rowspan="2">三</td><td>1~6</td><td>右脚开始上步吸腿 3 次</td><td>1 肩屈外展，2 击掌，3~6 同 1~2 动作</td></tr>
<tr><td>7~8</td><td>左脚前 1/2 漫步</td><td>双臂自然摆动</td></tr>
<tr><td colspan="2">动作</td><td colspan="2"></td></tr>
<tr><td colspan="2">节拍</td><td>下肢步伐</td><td>上肢动作</td></tr>
<tr><td>四</td><td>1~8</td><td>左转 90°，向左做侧交叉，转体 180°，接侧交叉步</td><td>1~4 双臂做外展、内收、外展、击掌，5~8 同 1~4 动作</td></tr>
<tr><td colspan="4">第五至第八个 8 拍，动作相同，但方向相反</td></tr>
</table>

五、力量训练部分

开始动作（1×4）

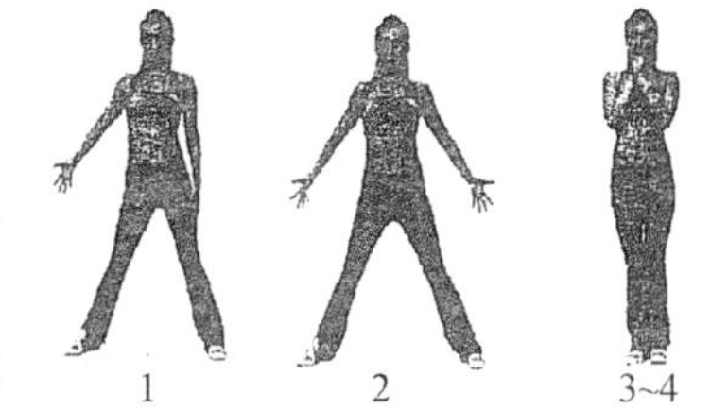

过渡动作一（1×8）

节拍分段			动作描述
开始动作	4 拍	1 ~ 2	右腿向右一步成并立，右臂侧下举，左臂侧下举，掌心向前
		3 ~ 4	击掌 2 次
过渡动作	一	1 ~ 2	向右转体 90°，右腿后伸成大弓步，右手撑地，左臂侧举向上
		3 ~ 8	3 ~ 4 左转 180°成屈膝坐，5 ~ 6 双手前上举，后倒成仰卧，7 ~ 8 双臂经体侧至头后

腹肌练习二（1×8）

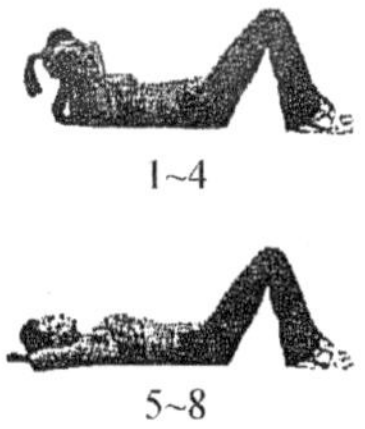

腹肌练习三（1×8）

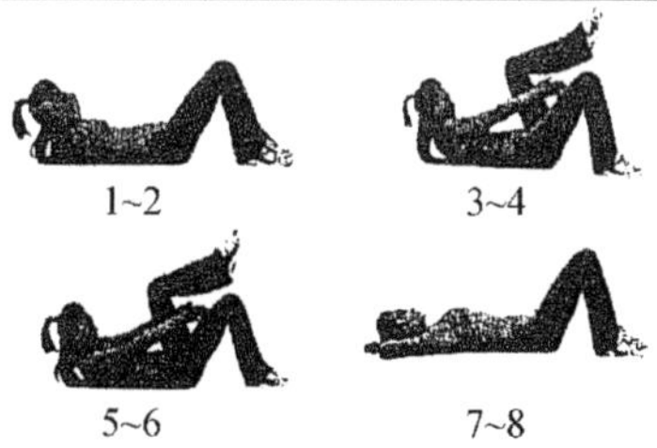

节拍分段			动作描述
核心力量练习	二	1 ~ 8	1 ~ 4 收腹抬起上体，5 ~ 8 还原
	三	1 ~ 8	1 ~ 2 抬起上体，3 ~ 4 双手右腿后击掌，5 ~ 6 双手左腿后击掌，7 ~ 8 还原
	四至五	1—8	动作同第二至第三个 8 拍

过渡动作六（1×8）

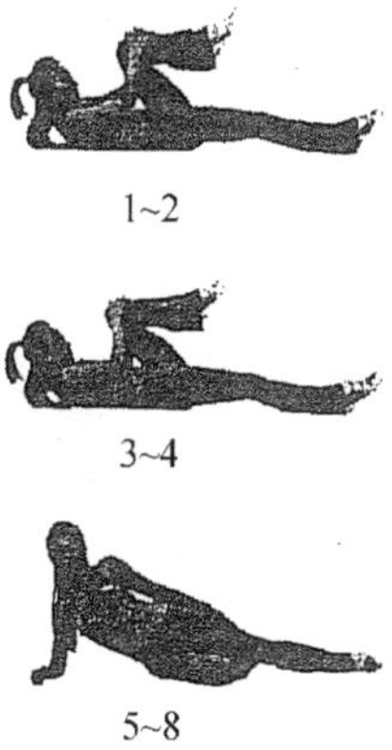

过渡动作七（1×8）

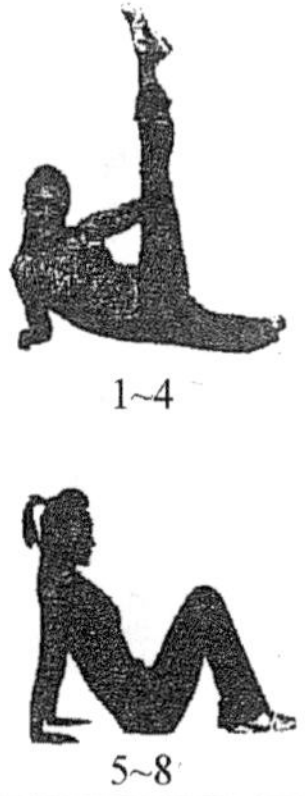

续表

节拍分段			动作描述
过渡动作	六	1~2	抬起上体，双手抱右膝
		3~4	同1~2，抱左膝
		5~8	右转90°成侧卧，左腿后屈，左小臂撑地
腹肌练习	七	1~8	1~4搬左侧腿，5~8左转90°成屈腿做，双手体后撑地，指尖向前

过渡动作 八（1×4）

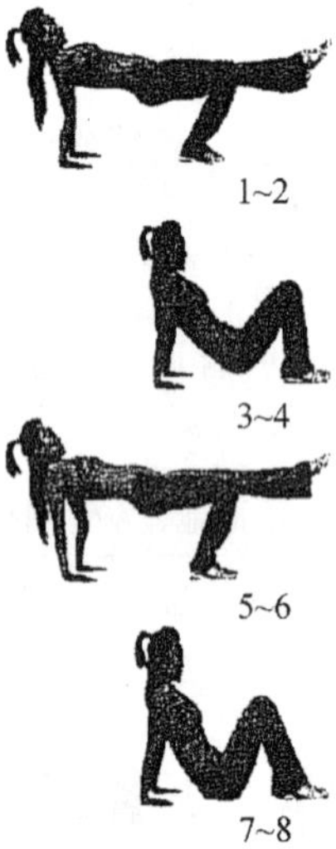

过渡动作 九（1×8）

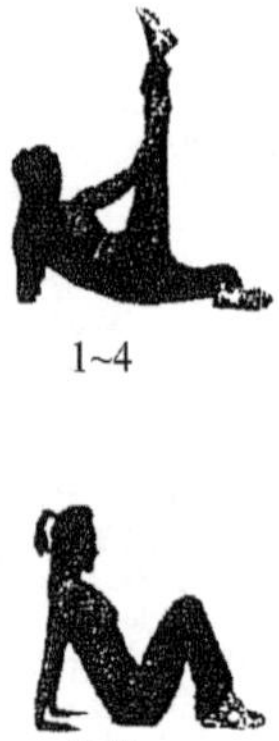

腹背练习 十（1×8）

节拍分段			动作描述
腹背练习	八	1~8	1~2抬起髋部，右腿水平伸直，3~4还原，5~8换另一腿
过渡动作	九	1~8	1~4左转90°成左腿后屈侧卧，小臂撑地，搬右侧腿，5~8还原成屈腿坐
腹背练习	十	1~8	动作同八，但方向相反

过渡动作 十一（1×8）

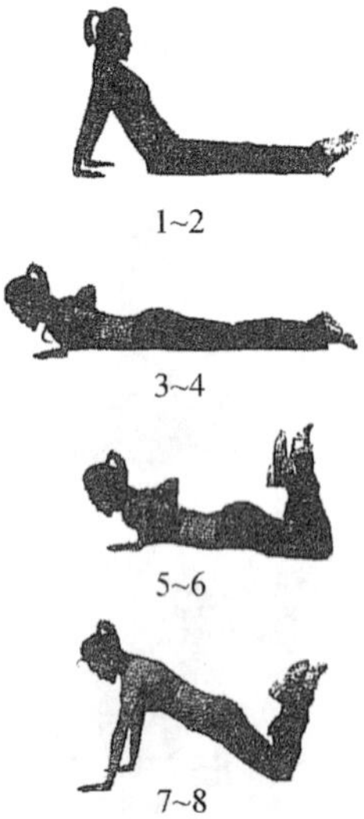

俯卧撑练习 十二至十五（1×8）

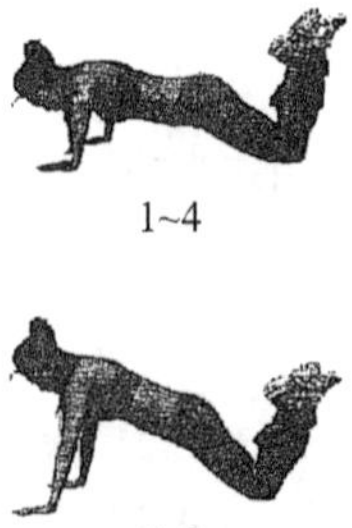

续表

节拍分段			动作描述
过渡动作	十一	1~8	1~2 双腿伸直，3~4 右转 180°成俯撑，双手体侧撑地，5~6 屈腿，7~8 双手伸直撑起成跪撑
俯卧撑练习	十二至十五	1~8	1~4 屈臂，身体保持稳定，5~8 还原。

过渡动作 十六（1×8）	 	过渡动作 十七（1×8）	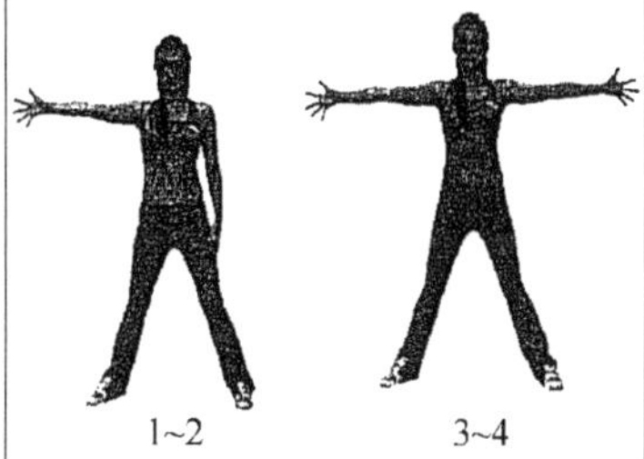 	结束动作	

节拍分段			动作描述
过渡动作	十六	1~8	左转 180°，左脚向前迈步，左手撑膝站起
	十七	1~8	右脚向侧迈步成并立，1~2 右臂经肩侧屈至侧平举，3~4 左臂经肩侧屈至侧平举，5~6 双臂上举，双手互握，7~8 双手握拳至胸前
结束动作	一拍	1	右脚向左前方迈步，屈膝，上体右转，双臂侧下举

第四节 健美操竞赛规则简介

2009 年版全国大众健美操比赛评分规则在 2003 年版规则的基础上，根据近年来的执行情况进行了一定的修改，从而更加适合当前大众健美操的发展情况，为各层次和各级别的群众性健美操比赛提供了科学可行的评分参考。本评分规则的适用范围为全国大众健美操比赛和所有层次的比赛，包括各省市、区县、单位、学校的群众性健美操比赛，以及健美操大众锻炼标准分区赛比赛和全国总决赛。

一、总则

健身健美操是在音乐伴奏下，以身体练习为基本手段、以有氧运动为基础，达到增进健康、塑造形体、改善气质、娱乐休闲的目的的一项运动。

制定本规则的目标是保证全国大众健美操比赛评分的客观性、规范性和公正性。

大众健美操比赛包括规定动作比赛（全国健美操大众锻炼标准）和自选动作比赛。

（一）年龄与分组

儿童组（小学生）12 岁以下，少年组（中学生）13~17 岁，青年组 18~34 岁，中年组35~49岁，老年组 50 岁以上。

（二）参赛人数

规定动作：每队 6 人，性别不限，或按比赛规程执行。

自选动作：每队 3~16 人，性别不限，或按比赛规程执行。

（三）比赛场地与设备

赛台高 80~100 cm，比赛场地为 12 m×12 m 的地板或地毯，后面有背景遮挡。有专业的放音设备和舞台灯光。裁判席设在比赛场地的正前方。

（四）成套动作时间

规定动作按《全国健美操大众锻炼标准》的规定时间执行。自选动作的成套动作时间为 2 分 30 秒至 3 分，计时从动作开始到动作结束。

（五）音乐伴奏

（1）规定动作音乐由主办单位提供，音乐为《全国健美操大众锻炼标准》中规定的动作音乐，并统一播放。

（2）自选动作音乐由参赛队自备，必须录在数码储存器的开头，须备 2 份，其中 1 份报到后交大会放音组。自选动作音乐允许有 2×8 拍的前奏，音乐速度不限，但必须是高质量的。

（六）比赛服装

（1）着健身服或运动式休闲服和运动鞋（旅游鞋式，不可穿球鞋、体操鞋等）。

（2）服装上可有亮片等装饰物，女运动员可化淡妆；比赛时运动员不得佩戴首饰。

（七）裁判组组成

裁判组由 1 名裁判长、5~7 名裁判员、1 名记录长、2~3 名记录员、1 名计时员（自选动作比赛）、1~2 名放音员、2~3 名检录员、1 名宣告员组成，也可根据比赛规模的大小适当增减裁判人员。

（八）评分方法

（1）采取公开示分的方法，成套动作满分为 10 分，裁判员的评分精确到 0.1 分。

（2）裁判员的评分去掉一个最高分和一个最低分，中间 3 个分数的平均分即为总分，再减去裁判长减分即为最后得分。

（3）不接受对比赛成绩和结果的申述。

思考题

1. 简述健美操的基本徒手动手。
2. 简述健美操的基本步法。
3. 简述健美操基本竞赛规则。

第十一章 体育舞蹈

第一节 体育舞蹈概述

一、体育舞蹈的发展

（一）世界体育舞蹈的发展

体育舞蹈也称“国际标准交谊舞”（以下简称“国标舞”），集娱乐、运动、艺术于一体，是以男女为伴的一种步行式双人舞。

体育舞蹈起源于欧洲、拉丁美洲，经历圈舞、对舞、集体舞等民间舞蹈演变过程，成为流传广泛的社交舞蹈。1924 年，由英国皇家舞蹈教师协会发起的欧美舞蹈界人士在广泛研究传统宫廷舞、交谊舞和拉美国家的各式土风舞的基础上，对此进行了规范和美化加工，于 1925 年正式颁布了华尔兹（慢三步）、探戈、狐步、快步等舞种的步伐，总称标准舞。

1950 年，由英国 ICBD（标准舞国际理事会）主办了首届世界性的大赛——黑池舞蹈节，并把规范后的舞蹈命名为国际标准交谊舞，我国简称“国标”。此后每年的五月底，在英国的“黑池”都举办一届世界性的大赛。

国际标准交谊舞通过比赛在世界各地不断推广，其自身也得到了发展。1960 年，英国皇家舞蹈教师协会又整理了拉丁舞蹈，并将它纳入国际标准交谊舞的范畴。这样就形成了具有统一舞步的两大系列十个舞种的国际标准交谊舞。

（二）中国体育舞蹈的发展

国际标准交谊舞于 20 世纪 30 年代传入中国，先在上海、天津、广州等地流行。中国开展体育舞蹈是在 20 世纪 80 年代中期，并发展迅速。1991 年 5 月，中国体育舞蹈联合会成立。中国现在是世界舞蹈及体育舞蹈理事会（WDDSC）的准会员、国际体育舞蹈联合会（IDSF）的正式会员，并举办了一系列的国内、国际体育舞蹈大赛。

近年来，“国际标准交谊舞”已统一称为“体育舞蹈”。虽然交谊舞历经沧桑改名换姓，而且舞姿舞步日趋规范严谨，与传统的交谊舞比较已发生了根本变化，但是万变不离其宗，其源头仍然是交谊舞。

二、体育舞蹈重大赛事

（一）UK 公开赛

UK 公开赛于每年 1 月下旬在英国的 Bournemouth 国际中心举行，历时三天。UK 公开赛是英国一个历史悠久的舞蹈赛事。

（二）International 锦标赛

International 锦标赛于每年 10 月中旬在英国举行，历时三天。这也是英国最著名的比赛之一，截止到 2014 年已经成功举办了 62 届，而且主办方从未更换过比赛场馆，赛事的名气也因那如雷贯耳的场馆名字而更加响亮。对于每年的 International 锦标赛，能够通过前两天的比拼最终进入艾尔伯特皇家礼堂（Royal Albert Hall）才是最激动人心的，因为前两天的比赛在英国布伦特伍德国际中心（Brentwood International Centre）举行，几大重要组别，如职业摩登和拉丁、业余摩登和拉丁，都将决赛搬到艾尔伯特皇家礼堂进行最后的拼杀。所以能进入艾尔伯特皇家礼堂，那是一件无比荣耀的事情。

（三）黑池舞蹈节（Blackpool Dance Festival）

黑池舞蹈节（Blackpool Dance Festival）于每年的 5 月底在英国黑池的冬季花园（Winter Garden）举行，历时一个多星期，是英国历史上最为悠久的一大舞蹈节。黑池是国际标准舞的"圣地"，全世界的舞者都期待能够在那里留下自己光辉的脚印。在黑池舞蹈节中，除了扣人心弦的四大重要组别（职业摩登、职业拉丁、业余摩登和业余拉丁）的激烈角逐之外，四国邀请赛可谓是极其吸引人们的眼球，主办方会邀请四个国家，每个国家选出两对最优秀的摩登选手和两对最优秀的拉丁选手上台表演，最终决出最优秀的获胜国家。

上述三大比赛之所以如此享誉于全世界，其中一个重要的原因就是其强大和专业的评审阵容。国际上的国标舞泰斗都会在每年的比赛中现身，他们的资历是无人可以挑战的。站在选手的立场上，能够在泰斗面前展示自己的舞蹈、接受他们的评价是一种激励，更是一种动力。

第二节 体育舞蹈基本知识

一、体育舞蹈基础知识

（一）标准握持

标准握持，应当使共舞双方形成整体性结构，融为一体。它不仅关系到造型的优美，而且影响着信息的传递、重心的稳定、用力方法的正确与统一以及特殊技巧的运用等一系列问题。在现代交谊舞蹈中，除探戈之外，所有舞种的标准握持都是一样的。其要点如下。

1. 脚

双脚平行并拢，切忌不可"八"字形张开；右脚尖对准舞伴的两脚之间；重心集中于前脚掌且不能抬起脚跟。

2. 手

男舞伴的右手掌心向里，扶在女舞伴左侧腰部的上方，五指并拢，肘与指尖形成一条直线，大臂与肩膀呈椭圆形展开；女舞伴左手轻放在男舞伴右大臂三角肌处，四指并拢，用虎口定位；男舞伴左手和女舞伴右手相握。

3. 躯干

在保持双方肩横线平行的前提下，各自的头部向左侧转动45°，双眼平视前方。女舞伴上体后展约15°，成挺拔式弯曲，表现出女性特有的曲线美。

（二）基本舞姿

掌握正确的舞姿是学好体育舞蹈必不可少的条件。正确的舞姿必须是规范的舞姿，规范才可称为标准，规范才能优美。优美的舞姿富于观赏性和表演性，可以给人以美的艺术享受。体育舞蹈的基本舞姿如下：

1. 开式舞姿

开式舞姿是指男女平行相对站立时，单手相握或者双手相握在体前而另一手臂向外展开的一种舞姿，这种舞姿常在拉丁舞中使用。一般要求重心在支撑腿上，两腿前后或者左右开立，结合使用在各种舞步中，完成各种舞姿和造型。上下连接“闭式”“扇形位”“散式”等舞姿，舒展奔放，自由灵活，能充分展现四肢和躯干动作。

2. 闭式舞姿

男女舞伴双足并合，脚尖正对前方，相对平行而立；男女舞伴互相将自己的右脚尖对准对方的双脚中线，间距为6~9 cm，女舞伴偏向男舞伴右旁约1/3；男女舞伴的头向左转过去，女45°并稍向左倾斜，男25°越过对方右肩上方向前看；男舞伴肩平，背直，腰挺，膝松弛，气舒缓，女舞伴胸、腰微向后倾弯约25°。

3. 散式舞姿

散式舞姿也称P. P 舞姿。在闭式舞姿的基础上，男舞伴将头及上身略向左打开，女舞伴将头及上身略向右打开，两人的头均朝同一方向。

4. 扇形位舞姿

扇形位舞姿是伦巴舞、恰恰舞常用的舞姿之一。女舞伴站在男舞伴的左侧相隔一只手臂的距离，男舞伴的左手（掌心向上）和女舞伴的右手（掌心向下）相握，女舞伴的身体和男舞伴的身体呈直角形排列，女舞伴的左臂和男舞伴的右臂均侧平举。女舞伴的左脚向后踏出一步，重心落在左脚；男舞伴的右脚向右侧跨出一步并稍微向前，重心落在右脚。

（三）舞步

1. 直步

面向舞程线，双脚并拢，脚尖正对正前方，脚跟正对正后方，前进或后退。

2. 横步

以直步为参考点，向脚外侧方向平移。

3. 切步

以直步为参考点，运步时，动作脚内侧朝向前进方向。

4. 扣步

以直步为参考点，运步时，动作脚外侧朝向前进方向。

5. 擦步

当动力脚从一个开位向另一个开位移动时，必须先与主力脚靠拢，且重心不变。

6. 滑步

舞步由三步组成，在第二步双脚并拢。

7. 锁步

两脚前后交叉。

8. 踌躇步

前进暂时受阻，而重心停留于一脚后时间超过一拍的舞步。

9. 逗留步

身体运动或旋转受阻时，双脚几乎静止不动的舞步。

10. 轴转

一脚掌旋转，另一脚处于或前或后的反身动作位置。

二、各舞种简介

（一）摩登舞简介

标准舞音乐时而激情昂扬，时而缠绵性感，动作细腻严谨，穿着十分讲究，体现了男士的绅士风度和女士的妩媚。男士须身着燕尾服，白领结；女士则以飘逸、艳丽长裙表现出她们的华贵、美丽、高雅、闺秀之美态。其舞步流畅、轻柔洒脱，舞姿优美、起伏有序，音乐节奏清晰，舞蹈富于技巧性，是老少皆宜的舞系。

1. 华尔兹（Waltz）

华尔兹起源于17世纪德国乡间土风舞，具有优美、柔和的特质，是历史悠久、生命力较强的舞蹈形式，也是较受人喜爱的舞蹈之一。华尔兹一词最初来自古德文“Walzel”，意思是“滚动”“旋转”“滑动”。12世纪流行于德国巴伐利亚和奥地利维也纳地区的农民中，17世纪进入维也纳宫廷，18世纪被誉为“欧洲宫廷舞之王”。19世纪初传入美国波士顿，20世纪重返欧洲，并以新的“慢华尔兹”的形式席卷欧洲大陆。现今的华尔兹已经过改良，融合瑞士及奥地利等地的土风舞“维也纳华尔兹”的特性，并将音乐的速度放慢。旋转是华尔兹的精髓所在，甚至可以说是华尔兹的生命。改良过的华尔兹，约在第一次世界大战后由英国传出。由于舞姿优美，加上三拍子的音乐又是那么动人，抒情中带有些许的浪漫与哀怨气息，因此极受欢迎。

音乐：3/4拍，重音在第一拍，每分钟32小节左右。

2. 探戈（Tango）

探戈舞可以说是标准舞家族中的“异类”，无论握持、音乐性格、移动、舞步等，都无法与其他标准舞系融合。其起源迄今尚无定论，有人认为它源于阿根廷、巴西，甚至墨西哥；也有人认为它是吉卜赛人的舞蹈。根据史料记载，公元1900年探戈即在巴黎出现。

英国式探戈自始至终都保持着它的神秘色彩。其音乐抑扬顿挫，刚强有力，令人热血沸腾；舞步奇形怪异，如摆头顿足，欲进还退，雄赳赳气昂昂……舞蹈风格充满豪迈精神，此即为现今的标准式探戈。

音乐：2/4 拍或 4/4 拍，每分钟大约 33 小节。

3. 狐步（Fox Trot）

狐步的起源已不可考证，但一般认为起源于美国黑人舞蹈。1941 年演员哈利·福克斯模仿马在慢步行走时的动作，并设计了一种舞蹈形式，在美国大为流行，人们因此称狐步为福克斯。现在国际上跳的狐步是英国的约瑟芬·宾莉改编的。狐步的舞步相当具有美国风格，行云流水的动作中充满悠闲、轻松、流畅及优美的特性。比赛中的狐步与上述略有不同，虽然音乐同样恬静柔美，行云流水的舞风依旧，然而因竞技所延伸出的一些高难度动作，已经与美式简单轻松的狐步舞大相径庭。一般选手皆认为狐步是最难拿捏的一项舞种，要诠释出狐步舞的流畅特性，须有深厚的基础才行。

音乐：4/4 拍，重音在第一拍及第三拍，每分钟约 28 小节。

4. 快步舞（Quick Step）

快步舞从美国民间舞“P、E、E、PBODY”改编而成，为标准舞中较快速的一种舞蹈，早期快步舞吸收了快狐步动作，后又引入芭蕾的小动作，使动作更显轻快灵巧。现在国际上跳的是英国式的快步舞。

如果将华尔兹比喻为以旋转为主体，那么快步舞则是以直线轻快移动为主轴。由于快步舞音乐节奏较快，一般人会误解为舞动时需满场飞舞。其实高级舞者都会恰如其分地掌握音乐节奏，快慢有序，所谓“静如处子，动如脱兔”，更能淋漓尽致地展现快步舞的魅力。因此，舞步不宜急着向前冲刺或太大步地移动，这样将有失控之虞，反而无法表现其轻快活泼的本质。

音乐：4/4 拍，每分钟约 50 小节。

5. 维也纳华尔兹（Viennese Waltz）

它是社交舞中历史较悠久的舞种之一，又称为圆舞曲或宫廷舞，起源于奥地利北部山区农民舞，因其具有欢愉及自由气氛，故极受欢迎。维也纳华尔兹步法不多，多半以快速的左右旋转、动作交替、绕着舞池飞舞为主，间或加入原地左右旋转动作，舞者裙摆飞扬，华丽多姿。由于施特劳斯曾为维也纳华尔兹撰写不少动听舞曲，更使得这项舞蹈风靡整个欧洲。维也纳华尔兹舞的风格特点是动作舒展大方，连绵起伏，节奏清晰，旋律活泼，动作优美，舞步轻快流畅，旋转性强。

音乐：3/4 拍，每分钟约 56 小节。

（二）拉丁舞简介

拉丁舞除斗牛舞外，都源于美洲和非洲。与摩登舞不同的是，拉丁舞的舞伴之间可贴身，可分离，各自在固定范围内辐射式地变换方向、角度，展现舞姿。拉丁舞的步法灵活多变，各舞种通过对胯部及身体摆动不同的技术要求，完成各种舞步，表现各种风格。拉丁舞的舞姿妩媚潇洒，婀娜多姿，风格生动活泼，热情奔放。拉丁舞的曲调缠绵浪漫，活泼热烈，节奏感强。拉丁舞的着装浪漫洒脱，男着上短下长的紧身或宽松装，女着紧身短裙，显露女性曲线美。

1. 伦巴（Rumba）

伦巴起源于古巴，其音乐缠绵浪漫，舞蹈风格柔媚、抒情，是表现爱情的舞蹈。它的舞曲具有独特鲜明的节奏，配上拉丁美洲的打击乐器，给人一种轻松甜美之感，舞蹈充满浪漫情调，有“拉丁舞之魂”的美誉。

音乐节拍为 4/4 拍，速度为每分钟 27~31 小节，伦巴是四拍走三步的舞蹈，要“先出胯，后出步”，第 2 拍和第 3 拍各走一步，第 4 拍和第 1 拍共走一步。

基本步法有：基本动作、库可拉恰、扇开步、阿列曼娜、曲棍步、定点转、纽约步、手接手、右陀螺转步、闭式扭胯转步、开式扭胯转步、右分展步、左分展步、螺旋步等。

2. 恰恰（Cha-Cha-Cha）

恰恰起源于古巴，节奏欢快，有诙谐、花哨的风格，所以备受欢迎，是拉丁舞中最流行的舞蹈。在动作上一反男子领舞的习惯，男女动作不求统一整齐，且多半是男子随后。音乐节拍是 4/4 拍，速度为每分钟 29~32 小节，4 拍跳 5 步，包括三个慢步和两个快步。慢步占一拍，快步占半拍。

基本步法有：追步、锁步、基本动作、扇开步、阿列曼娜、曲棍步、定点转、手接手、纽约步、右陀螺转步、闭式扭胯转步、开式扭胯转步、右分展步、左分展步、交叉基本步、古巴断步等。

3. 牛仔舞（Jive）

牛仔舞起源于美国，音乐欢快跳跃，舞步活泼矫健，风格热烈诙谐、轻捷灵巧。牛仔舞的舞步都是由追步形成的，舞姿较松弛和自由，所有的舞步都是用脚掌来跳，舞步较小，步与步之间往往由踝、膝关节的弹动来连接。牛仔舞的舞步是 6 拍跳 8 步。

音乐节拍为 4/4 拍，速度为每分钟 40~46 小节。

基本步法有：追步、原地基本步、并退基本步、连接步、右到左换位、左到右换位、背后换手、侧行走步、美式旋转等。

4. 桑巴（Samba）

桑巴起源于巴西，它的风格特点是动作粗犷、起伏强烈，舞步奔放、敏捷，富有强烈的感染力，在拉丁舞中属于行进性的舞蹈。

音乐节拍是 2/4 拍，速度为每分钟 40~56 小节。

5. 斗牛舞（Paso Doble）

斗牛舞起源于西班牙，是模仿西班牙斗牛士动作，由西班牙风格的进行曲伴舞的一种拉丁舞。男为斗牛士，气宇轩昂，刚劲威猛，女为红色斗篷，英姿飒爽，柔美多变。

音乐为旋律高昂雄壮、鲜明有力的西班牙进行曲。节奏为 2/4 拍，每分钟 60~62 小节。一拍一步，八拍一循环，特点是舞步流动性大，沿着舞程线绕场行进。舞姿挺拔，无胯部动作及过分膝盖屈伸。用踝关节和脚掌平踏地面完成舞步。动静鲜明，力度感强，发力迅速，收步敏捷顿挫。

第三节　体育舞蹈竞赛规则简介

一、体育舞蹈竞赛的特点

（一）竞赛内容

体育舞蹈竞赛有两个系列的舞蹈：摩登舞系列和拉丁舞系列。每个系列包括 5 项舞蹈。摩登舞包括华尔兹、探戈舞、狐步舞、快步舞、维也纳华尔兹。拉丁舞包括伦巴、恰恰、桑巴、牛仔舞和斗牛舞。两个系列分开进行比赛。此外还有 5 个舞种混合编排的集体舞。

（二）分组

一般的体育舞蹈比赛分为职业组和业余组两大组别，在中国，因为有很多体育舞蹈专业院校和专业学生，所以在两大组别之外还有专业院校组。职业组分为职业 A 组、职业 B 组和职业新星组，专业院校组分为 A 组及专业院校各年龄组，业余组包括少年组、青年组、壮年组、常青组等，其中少年组也是以年龄来划分组别的。

（三）场地和时间

比赛通常是在一个长 24 m、宽 15 m 的赛场进行，选手按逆时针方向行进。场地要求不反光、防滑、平整、四周有界线。比赛中每支舞的时间通常是 1 分 15 秒至 2 分钟。

（四）赛制和音乐

比赛分为预赛、初赛、复赛、半决赛和决赛。每一支舞的比赛都会准备 5 首舞曲，比赛时随机进行选择，每一个组别用的都是相同的舞曲。职业组的音乐旋律更优美，儿童组的音乐节奏感更强。

（五）竞赛种类

体育舞蹈竞赛分锦标赛、公开赛、邀请赛和表演赛。从竞赛规模来看有国际性的、全国性的和地区性的，也有基层组织的。它的最高级别是世界锦标赛。在我国，根据中国体育舞蹈运动协会的规定，由中国体育舞蹈运动协会主办的锦标赛和公开赛属全国性的正式比赛，其他则属于地区性的比赛。

二、体育舞蹈的评判标准

在体育舞蹈竞赛中，裁判员根据下列 6 项标准对参赛选手进行评定。

（一）基本技术

1. 足部动作

（1）各种步伐的方位、角度准确。

（2）脚和地面接触部位准确。

（3）舞步的时间值准确。

2. 姿态

（1）各个不同舞种的握持动作准确。

（2）运步过程中的姿态准确、优美。

3. 平衡和稳定

（1）舞伴之间力的使用得当，动作能保持平衡、稳定。

（2）在完成高难动作时能保持身体的平衡、稳定。

4. 移动

（1）移动是由身体带动的，不只是脚的动作。

（2）移动要流畅，根据不同舞种的移动特性，给予正确判断。

（二）对音乐的表现力

（1）对各种舞种的节奏要求清晰，表现准确。

（2）对各种音乐的风格有很好的理解，并能很好地体现音乐的风格和情调。

（三）对舞蹈风格的体现

（1）能细致区别出各种舞种之间在风格、韵味上的差别。

（2）在表现出各舞种风格的同时，还能体现出舞者个人的风格。

（四）舞蹈的编排

（1）动作编排流畅新颖，运用自如。

（2）舞蹈的编排既能体现出舞蹈的基本风韵，又含有一定的技术难度。

（3）动作编排有章法，并符合音乐的风格及结构。

（五）临场表现

（1）比赛现场遇到意外情况时有应变能力。

（2）比赛能保持良好的竞技状态，专心、自信并有控制力，临场发挥好。

（六）赛场效果

舞者的气质、风度、仪表、仪态、出场、退场的总体形象要好。

思考题

1. 简述体育舞蹈的基本舞步。
2. 标准舞有哪几种?

第十二章 瑜 伽

第一节 瑜伽运动概述

一、瑜伽的起源与发展

瑜伽起源于古印度，瑜伽（YOGA）一词来自梵文，意味着一致、结合或和谐，即身心处于稳定、平衡的状态。

公元前800年，瑜伽作为主题在印度圣典中占有了一席之地。到了公元200年年初，古典瑜伽创立者帕坦伽利在其所著的《瑜伽经》中，把业已存在的瑜伽知识和行法予以系统化，发展成印度哲学六大古典体系之一，又称“王瑜伽”，其瑜伽行法形成了固定的八支。随后，建立在帕坦伽利八支行法基础上的哈他瑜伽，得到广泛流传，其重要特点是身体的修习成为核心，并极大地发展了净身、坐法和调息等瑜伽技术。19世纪中后期，印度瑜伽随着从英国殖民地回归欧洲大陆的官员、士兵、旅行者和学者而进入英国乃至整个欧洲大陆。在瑜伽走向现代的这一时期，许多思想家们在向世界推介瑜伽的同时，纷纷提出了自己的理解与阐释。

如今瑜伽已传遍整个世界，广为人知。与印度传统瑜伽不同的是现代瑜伽不再仅仅局限于宗教界，它的范围要宽泛得多，现代瑜伽已经进入了医学、心理学、艺术、体育等领域。

二、瑜伽在中国的发展

瑜伽于20世纪80年代末90年代初传入我国，作为一种既传统又时尚的健身方式，以其特有的魅力在我国得到了迅速发展。目前，我国的瑜伽不仅吸收了古老瑜伽中极其精髓的东西，还融入了我国传统医学——经络学，同时加入了一些时尚健身的新内涵。

第二节 瑜伽基本技术

一、瑜伽体位法

（一）瑜伽体位法的含义

瑜伽体位法的梵文为Asana，其意义为在某一个舒适的动作或姿势上维持一段时间，利用一些扭转、弯曲、伸展的静态动作及动作间的止息时间，刺激腺体、按摩内脏，有松弛神经、伸展肌肉、强化身体、镇静心灵的功效。

（二）瑜伽体位法的功能

瑜伽姿势能给身体、大脑和精神带来很多好处。在生理层面上，瑜伽姿势能让身体感觉轻盈、健康、平衡、灵活和有力。在情绪（或大脑）层面上，它能让大脑达到一种平静和清醒的状态。

瑜伽姿势的运用被看成是通往心灵的大门，因为它清除了每天聚集在体内的不必要的张力，加固了身体各个系统的功能，使我们体验到活力和喜悦的感觉。

（三）瑜伽体位法的分类

瑜伽体位法可分为站姿、坐姿、跪姿、卧姿、平衡体位和倒立六个类别。

1. 站姿

瑜伽站姿练习可以消除紧张和压力感，恢复体力，振作精神，伸展脊柱，放松身心。练习正确的站姿方法，能加强身体的力量，增加稳定性和平衡感。瑜伽站姿有手臂伸展式、三角式、山式和战士式等多种。

2. 坐姿

坐姿不仅能安抚整个神经系统，还能使大脑镇定下来。通过练习坐姿，可加强两髋、两膝和两踝的功能，补养和强化神经系统，减轻和消除风湿和关节炎等。坐姿有牛面式、束脚式、脊柱扭转式、拉弓式和鸽子式等多种。

3. 跪姿

跪姿是瑜伽中的常见姿势，它有调整背部和脊柱、纠正驼背、强化神经系统、缓解疲劳和按摩腹部器官等作用。跪姿有虎式、骆驼式、门闩式、猫伸展式、下犬式、蜥蜴式等多种。

4. 卧姿

卧姿分为俯卧和仰卧。俯卧一般要求身体具备灵活性，而仰卧则要求身体强而有力。同时，仰卧还是加固和调养身体的很好的方式，特别是对背部、腿部和臀部的肌肉有良好的锻炼作用。

（1）俯卧：增强脊柱弹性，强化腰部肌肉。俯卧有眼镜蛇式、弓式、蝗虫式等。

（2）仰卧：有益腹部内脏器官。仰卧有磨豆式、仰卧举腿式、船式等。

5. 平衡体位

平衡体位练习可以强壮手臂和手腕、小腿和脚踝的肌肉力量，增强平衡感，强健腹部器官，全面提高身体素质。平衡的姿势有树式、战士第三式、鸟王式、半月式、狗变式、舞蹈式等。

6. 倒立

倒立姿势是瑜伽练习中不可或缺的一部分，从生理上说，倒立姿势能促进全身的血液循环，帮助身体各部分组织得到营养。它对人体内分泌系统也有益，并影响人体免疫系统的功能。倒立姿势中的反引力姿势使人体的消化系统和心脏得到充分休息，恢复脑细胞的活力，提高记忆力，同时有助于消除长期以来重力对人的压迫感，消解紧张。拉伸和活动脊柱，可刺激脊髓，使这一部位的神经能更好地传输信息，对整个人体产生积极影响，使身体充满活力。倒立姿势主要有头倒立式、肩倒立式、犁式和蝎子式等几种。

二、瑜伽的呼吸

瑜伽的呼吸是瑜伽练习的重要组成部分，也是练习瑜伽后能否收到效益的关键所在。呼吸是联系人的生理与精神的纽带，正确的瑜伽练习必须先从呼吸练习开始而不应先从体位法开始。

（一）呼吸方法

1. 胸式呼吸

胸式呼吸又称肋式呼吸、横式呼吸。这种呼吸单靠肋骨的侧向扩张来吸气，用肋间外肌上举肋骨以扩大胸廓。它是利用肺的上部和中部的扩张和收缩进行气体交换的，多数人采用胸式呼吸。胸式呼吸的特点是每次吸气时肋骨向外扩张，每次呼气时肋骨向内收缩。

2. 腹式呼吸

腹式呼吸是一种最原始的呼吸方式，之所以这么讲是因为每个人在出生时都采用腹式呼吸，在幼年时期也是如此。当人们在成长过程中遇到不同的神经刺激后，呼吸的方式也在改变，有些人身体比较健康，在成年后也能保持腹式呼吸方式。腹式呼吸的特点是吸气时腹部向外扩张，呼气时腹部向内收缩，在这一过程中胸部要保持不动，感受气息在向下沉入丹田。

腹式呼吸可以使膈肌有规律地上下运动，膈肌是帮助肺部扩张的主要原动肌之一，当吸气时，膈肌收缩下沉，腹部向外扩张，使肺叶中下部完全打开，充满气息；当呼气时，腹部跟随向内收缩，膈肌舒张上推，帮助将肺部的气息呼出体外。

3. 完全式呼吸

完全式呼吸在瑜伽里又叫胸腹式呼吸，也称横膈膜呼吸法。它将胸式呼吸和腹式呼吸结合到一起。练习完全式呼吸会使肺部完全活跃起来，它兼有胸式呼吸和腹式呼吸的效果，是最好的呼吸方式。练习完全式呼吸时一定要让气息自然流畅，不能有明显的间断。

（二）呼吸控制

1. 收束法

（1）收腹收束法。

一般配合呼气进行。通过横膈膜，一边将内脏向后上方的背脊牵拉，一边向上移。感觉腹部完全凹扁下去。

① 站立，双脚分开舒适的距离，两膝微弯。

② 上身从腰部开始前倾，双手放在大腿上，手指向内。若感觉这个动作不舒服，

可以调整手指方向，直到舒适为止。尽量用双臂支撑身体，以放松腹部。头部稍微向下。

③ 先深深吸入一口气，然后慢慢地呼出。再通过鼻孔迅速喷气 2~5 次，确保整个肺部的空气已完全排空。

④ 闭气悬息，尽力将腹部肌肉向内、向上收缩，直到准备好再次吸气。

⑤ 慢慢地松开腹肌，然后直立并抬头，深缓并有控制地吸气。休息，直到呼吸恢复正常为止。

⑥ 重复 2~5 次。

（2）会阴收束法。

会阴收束法是一种瑜伽修炼法。

① 以舒服的姿势站、坐或躺着，合上双眼，放松。把意念集中在会阴部（男性生殖器和肛门之间、女性阴道口和肛门之间的区域）。

② 对这个区域的肌肉做细微的收缩，自然地呼吸。在舒适的范围内保持收缩，时间随意。

③ 短暂地放松这个部位。

④ 重复练习 5~10 次。

（3）下颌收束法。

下颌收束法是用压迫胸内器官的方式，来减慢心搏，放松心脏，按摩甲状腺和甲状旁腺，促进机体的活动。它有助于消除愤怒、紧张和焦虑的心情。有坐式和站式两种收颌法。

2. 呼吸控制法

（1）悬吸式呼吸控制法。

悬吸，是在呼吸之间自然形成或有意识地控制而形成的一个短暂的屏息。悬吸分为内悬吸和外悬吸两种。内悬吸是将体内吸满气体，蓄气不呼；外悬吸是将体内的气体全部呼出后，屏气不吸。

在练习悬吸时应注意不要使大脑、精神和身体过于紧张，屏气的目的是使神经系统恢复活力，所以必须在脑松弛的状态下进行，如果练习得当，屏气会使练功者的身体、情绪、精神始终保持安定状态。

（2）圣光式呼吸控制法。

圣光式呼吸控制法是一种清洁肺部的呼吸练习，在这个练习中，通过鼻子慢慢地深吸气，腹部向外扩张，呼气时，腹部自然用力，快速地向内收缩，将气呼出。呼气要短促、快速。每次呼气之后稍做悬吸，然后轻轻吸气。

可根据自身能力重复这个过程 20~50 次。然后深深呼气，做下颌收束法、收腹收束法和会阴收束法，使意识集中于眉心。接下来解除三种收束法，缓缓吸气，放松全身，这就完成了一轮，每次共做 5 轮。

（3）清凉式呼吸控制法。

这是一种能够使全身平静并感到清凉感的调息法，主要特点是微张双唇，将舌头向上卷成一个吸管状，吸气时让气息从舌头中间通过，然后并拢双唇，通过两个鼻孔把气呼出。

（4）太阳式呼吸控制法。

太阳式呼吸控制法又称右鼻孔调息，在稳定的坐姿下，将左手始终放于左膝上，然后弯曲右手的食指和中指，其余三指伸直成“毗湿奴”手印。用右手的无名指封住左鼻孔，用右鼻孔吸气，然后用大拇指封住右鼻孔，做内悬吸，再配合上下颌收束法和会阴收束法，保持一段时间，松开右鼻孔呼气，这是一个回合，可重复10~20个回合。

第三节　瑜伽锻炼基本方法

一、站姿

（一）三角式

1. 练习方法

（1）挺身直立，两腿伸直，两脚分开至两倍肩宽，脚尖指向正前方。

（2）吸气，两臂成侧平举，形成“基本三角式”。右脚向右转90°，左脚向右转45°，保持髋部和肩膀对着身体正前方。

（3）呼气，把手臂伸向右侧，使肩膀持平，髋部不要动。

（4）吸气，手臂和手指向两侧伸展。

（5）呼气，身体向左侧弯，左手放在左腿前端，或放在左脚后的地面上。上身不要前倾、后仰或扭动。右臂向上伸展，掌心朝前。转动头部，眼看左手指尖（图12-1）。

图12-1　三角式

（6）吸气，直立上身，手臂侧平举，还原双脚回正前方。反方向做。

2. 练习益处

让脊柱得到侧面的伸展，增加髋部、肩膀和大腿的弹性，调理双腿肌肉，使双腿更强壮，帮助去除腰间的赘肉，提高皮肤的弹性。

3. 注意事项

（1）完成姿势时，注意不要向前、向后倾斜或扭曲身体。

（2）头部和脖子与脊椎保持一条直线。

（3）身体两侧的运动幅度要相同，增加身体两侧的平衡。

（4）用脊椎热身练习和简单的侧弯动作来给侧弯姿势热身。

（5）所有动作都要在自己能力范围允许下进行，不要做得过了火。

（二）战士一式

1. 练习方法

（1）基本站立式，两脚大大分开。

（2）吸气，抬双臂侧平举，右脚向右转 90°，左脚向右转 30°，双臂带动身体转向正右方，髋关节指向正右方。

（3）呼气，屈右膝，尽量使右大腿平行于地面，使右小腿垂直于地面。

（4）吸气，转动手心向上，抬双臂于头顶处合十，大拇指相扣，抬头，眼睛看双手指尖。

（5）保持自然的呼吸，左腿尽量伸直（图 12-2）。

（6）呼气，打开双手侧平举，掌心向下。

图 12-2 战士一式

（7）吸气，伸直右腿，双臂带动身体回正前方，双脚还原回正前方。反方向做同样的练习，重复几次。

2. 练习益处

对双腿、背和腹部有益。可以柔韧大、小腿的肌肉和韧带，并消除这个区域可能已经形成的痉挛毛病。

3. 注意事项

（1）做这个姿势比较费力。有心脏病、高血压，或者觉得保持这个姿势很不舒服的练习者，一定要小心，可以缩短保持时间。

（2）在保持战士式时，千万不要扭伤自己，呼吸要轻松、有规律。

注意不要把腿分得太开，应该让两个脚后跟贴在地面上，并轻松保持。

（三）三角旋转式

1. 练习方法

（1）直立，两腿伸直，两脚宽阔分开。脚尖应微微向外。

（2）两臂向两侧平伸，与地面平行，呈“基本三角式”。

（3）呼气，慢慢向右侧弯腰，在弯腰过程中要保持两臂与躯干成 90°角（即两臂继续形成一条直线）（图 12-3）。

（4）尽量向侧边弯曲，然后保持这个姿势，数 1 至 10，舒适地呼吸。

图 12-3 三角旋转式

（5）吸气，慢慢回复到基本三角式。然后在左边做同样的步骤。

（6）如果身体比较柔软，尽可能做到右手碰触右足踝或右脚、双臂垂直于地面的程度。

（7）吸气，还原至开始姿势。

（8）呼气，弯向左边做同样的练习，保持姿势 10 s。

（9）左、右边各做 5 次。

2. 练习益处

虽然三角旋转式做起来非常简单，但瑜伽修习者都喜欢把它包括进自己每日练习内容中。因为这是为数不多的、脊骨向两侧而不是向前或后方弯曲的瑜伽姿势之一。因此，它是全面增加身体柔软性、灵活性的极佳姿势。

这个姿势除了能帮助消除腰围区域的赘肉和健壮髋部肌肉之外，对治疗多种皮肤病（如疖子、疹子、痤疮等）也有好处，还能使人的面色显得健康。

3. 注意事项

当练习者向侧边弯腰时，要避免腰部以上躯干同时向前弯曲。向前弯只会减弱这个姿势的效果。怀孕妇女在六个月之后不应再练习这个姿势。

二、坐姿

（一）牛面式

1. 练习方法

（1）跪坐姿势，两膝并拢，臀部坐在脚跟上，调整呼吸。

（2）吸气，右臂上伸，屈肘，呼气，左手扳住右肘，尽量让右手放低到两个肩胛骨之间。

（3）左臂向背后屈起，两手手指相扣。

（4）挺直脊背，目光平视，保持 20 s，自然地呼吸（图 12-4）。

（5）松手甩动，换另一侧再做。左、右各做 3 次。

图 12-4 牛面式

2. 练习益处

加强背部肌肉，使腕、肘、肩关节灵活，矫正肩背的歪斜，扩展胸部。

3. 注意事项

（1）保持姿势时，避免向任何一侧倾斜。

（2）膝盖、肩膀、手肘或手臂有毛病或受过伤的练习者，在身体可以承受的范围内，只进行准备性练习。

（3）初学者可以在臀部下放一床被子、一个垫子或瑜伽砖，患有静脉曲张的练习者，使用双腿交叉坐姿就可以了。

（4）如果肩部僵硬，两手互相够不到，可以用抓住毛巾两头的方法来代替。

（二）束角式

1. 练习方法

（1）坐于垫上，两腿向前伸直。

（2）弯曲双膝，把两脚的脚跟和脚掌贴合在一起。

（3）用手抓住两脚脚趾，尽可能把它们拉近会阴处。

（4）两膝和两脚的外侧接触地面。

（5）两手相握，紧握两脚，伸直脊柱（图 12-5）。

图 12-5 束角式

（6）尽量长久地保持这个姿势。

（7）然后呼气，把两肘按在两大腿上，向前弯身，直到头部靠落在地板上。

（8）随着身体更富有弹性，逐渐做到把鼻子和下巴都放到地面上去。

（9）正常地呼吸，保持这个姿势 30~60 s。

（10）然后吸气，回复到挺身坐着的姿势。

（11）放开双脚，伸直两腿，休息。

2. 练习益处

束角式能够加强下背部、骨盆底部的肌肉力量，促进血液循环。这个姿势有助于防止静脉曲张、防止疝气，有助于消除坐骨神经痛。对于孕妇和患有泌尿障碍的人来说，这是一个极好的练习。如果孕妇每天都练习这个姿势，在分娩时就会大大减少痛苦。

3. 注意事项

患有高血压和心脏病的练习者，只要让脊柱前倾到45°角的位置就可以了。

如果练习者正值经期，不要收缩骨盆底部的肌肉。

（三）坐扭转式

1. 练习方法

（1）坐于垫上，两腿前伸。

（2）将左小腿收向内，左脚底挨近右大腿内侧。

（3）将右脚移至左膝或左大腿下半节外侧，右膝竖直。

（4）举起左臂，置于右膝外侧（图12-6）。

（5）左手抓着右脚或右脚踝。

（6）向前伸右手，高与眼齐，两眼注视指尖。

图12-6 坐扭转式

（7）右臂保持伸直，慢慢转向右方。

（8）同时颈项、两肩、脊骨等自然转向右方，手背放在左腰上。

（9）做深长而舒适的呼吸，保持这个姿势，由1数至10。

（10）将右手抬到与眼等高的水平，两肘保持伸直，把右手慢慢抽回到躯干前边。

（11）用完全相反的程序还原。

（12）稍稍休息，另一侧做同样的练习。

（13）这个练习左、右边各做2次。

2. 练习益处

这个姿势对脊神经和整个神经系统都有效果。它使脊柱周围的肌肉受到挤压，对从脊髓分支出去遍布全身的三十二对神经能有刺激、兴奋作用，有利于放松各节脊椎，使背部肌肉群更富有弹性，从而预防背痛和腰部风湿病发生。腹部内脏也受到挤揉，可促进肠道的自然蠕动。

3. 注意事项

（1）脊椎受过伤或者有毛病的练习者，在练习之前，应先咨询医生或理疗师。

（2）在进行扭曲动作时，动作不要太急，不要勉强。

（3）在整个练习过程中，让脊椎在中间位置保持伸展，使脊椎成为身体扭转的中轴。

（4）在坐着时，体重均匀分布在臀部两侧，肩膀持平。

三、卧姿

(一) 仰卧举腿式

1. 练习方法

(1) 仰卧，两臂平放于体侧。

(2) 做一两次呼吸，呼气，慢慢升起双脚，同地面约成30°夹角。

(3) 正常地呼吸，保持此姿势20 s。

(4) 呼气，举起两腿，与地面约成60°夹角。

(5) 正常地呼吸，保持此姿势约20 s。

(6) 呼气，举起两腿伸直，使它们垂直于地面。

(7) 正常地呼吸，保持此姿势约40 s。

(8) 呼气，慢慢将两腿放到地面上，不要猛然抽动或弯曲双膝。

(9) 放松休息，然后重复练习几次。

2. 练习益处

这个姿势能够增强下背部的力量，放松髋部和腿部的肌肉，有助于消除腰部的脂肪。它可以补养、强壮腹部脏器，消除便秘，对患胃胀气和其他胃肠问题的人有益。

3. 注意事项

为了避免脊骨损伤，建议躺在毛毡上做这个练习。

(二) 船式

1. 练习方法

(1) 仰卧，两腿伸直。

(2) 两臂平放于体侧，掌心向下。

(3) 吸气，同时将头部、上身躯干、两腿和双臂全都抬起，离开地面。

图 12-7　船式

(4) 腿和上体与地面约成30°（图12-7）。

(5) 双臂向前伸直并与地面平行。

(6) 一边蓄气不呼，一边尽量长久地保持这个姿势，但以不勉强费力为限。

(7) 一边渐渐地把双腿和躯干放回地面，一边慢慢呼气。

(8) 放松全身。

(9) 重复这个练习6次。

(10) 休息几秒钟，然后按略有变化的做法再做6次。

(11) 当保持躯体从地面抬高的姿势时，握紧双拳，使全身肌肉紧张起来。

(12) 呼气，小心地把各部位放回地面上，使全身完全放松。

2. 练习益处

船式练习有助于加强腹部、背部肌肉的力量，同时它能够促进肠道蠕动，改善消化功能，对神经质或神经紧张的人也有一定的帮助。

3. 注意事项

尽可能保持脊背竖直。

(三) 弓式

1. 练习方法

(1) 俯卧，下巴置于垫上。

(2) 吸气，弯曲膝关节，折叠小腿位于大腿上面，双手抓住脚踝。

(3) 呼气，上体配合双手向上提起躯干和双膝。

(4) 保持身体形成两头向上的曲线，整个身体的压力都作用在腹部，四肢完全伸展（图 12-8）。

图 12-8 弓式

(5) 顺畅呼吸，保持 10~20 s 后，放下胸部和双膝。双手放开双腿，回到俯卧位，双手放回到身体两侧。

2. 练习益处

可以充分活动脊柱，使脊椎恢复弹性，按摩腹部器官；帮助消化排毒，强化呼吸与循环系统，改善心肺功能，强化肾脏功能。

3. 注意事项

背部和脊椎受过伤的人不宜练习。该体位法还会挤压到腹腔，所以孕妇及患有胃肠疾病患者不宜练习。

四、跪姿

(一) 骆驼式

1. 练习方法

(1) 开始时，跪于垫上，两大腿与双脚略分开，脚趾指向后方。

(2) 吸气，两手放在两髋部，轻轻将脊柱向后弯曲，伸展大腿的肌肉。

(3) 然后在呼气的同时，把双掌放在脚底之上。保持两大腿垂直于地面，将头后仰，用双掌压住两脚底，借此轻轻将脊柱向大腿方向推（图 12-9）。

(4) 一边保持此式，一边把颈项向后方伸展，收缩臀部的肌肉，伸展下脊柱区域。

图 12-9 骆驼式

(5) 保持 30 s 之后，将两手放回双髋部位，慢慢恢复预备姿势。

(6) 婴儿式放松。

2. 练习益处

骆驼式能够伸展和强壮脊柱，促进血液循环，特别是使脊柱神经得到额外血液的滋养而受益。这个姿势对于纠正驼背和两肩下垂的不良体态较有效。

（二）猫伸展式

1. 练习方法

（1）四肢撑地跪于垫上，两臂垂直于两肩之下，十指打开，指向前方，双膝位于臀部正下方，两腿稍分开。

（2）吸气，慢慢抬头，拉长颈部，同时向下挺胸塌腰，向上翘臀，保持半分钟。

（3）呼气，慢慢低头，下颌抵胸，向上拱背，尾骨向内收，保持半分钟（图 12-10）。

（4）然后放松脊椎。

（5）重复练习 5~10 次。

图 12-10　猫伸展式

2. 练习益处

增加脊椎的灵活性，加强背部肌肉，有助于腹部平坦。

3. 注意事项

（1）吸气时注意收缩背部肌肉。

（2）呼气时拱背，注意要收腹。

（3）不要过分伸展颈部，动作不要太快，配合呼吸缓慢地进行。

（三）虎式

1. 练习方法

（1）四肢撑地跪于垫上，双臂和双腿垂直于地面。

（2）吸气，压腰，开肩，翘臀，抬头，向上抬起左腿，将注意力放在髋关节上。

（3）注意尽量在抬腿时保持骨盆稳定。

（4）呼气时，收腹拱背，将头部垂落于两臂之间。收左腿，膝盖尽量去触碰鼻尖（图 12-11）。

图 12-11　虎式

（5）在整个动作过程中，保证脚尖不要触及地面。

（6）重复练习 5 遍，换反方向来做。

2. 练习益处

虎式是强壮生殖腺体的练习之一，同时还可以减少髋部和大腿区域的赘肉，灵活和滋养髋和脊柱神经，也是用于孕前及产后调理的最佳练习。

3. 注意事项

（1）腿向后上方笔直地伸展，收缩臀部肌肉。

（2）避免将腿抬得很高，不要让髋部翻转。

五、平衡

（一）树式

1. 练习方法

（1）山立式开始，脚趾充分张开伸长，用大腿前侧肌肉带动在膝关节附近的肌肉。伸直脊背。

（2）左脚抬起，脚底朝上，紧贴右腿上沿（必要的时候可以使用手来帮忙），保持平衡，右腿保持直立姿势。

（3）双手合十做祷告姿势，拇指贴近胸部，肘部弯曲接近身体（图 12-12）。坚持 5 次呼吸的时间。

图 12-12 树式

2. 练习益处

可增强身体的稳定性，加强腿部、胸部和背部的肌肉力量与肌肉耐力，修塑双臂与背部的线条，对久坐形成的不良体态有很好的纠错作用。

3. 注意事项

如果灵活性和柔软性比较差的话，可以把左脚放到小腿或脚关节的位置。

（二）舞蹈式

1. 练习方法

（1）山立式，右腿站立，左小腿向后弯，靠向臀部，左手抓住左脚踝，右手伸展到头部前方（图 12-13）。

（2）调匀呼吸，身体稍向前倾，右手臂向前方伸展，同时左腿向上和向后伸展。

（3）保持这个姿势 30 s，做正常的呼吸。

（4）吐气，还原山立式。换一边做同样的练习。

图 12-13 舞蹈式

2. 练习益处

这看起来像是舞蹈的姿势，可以增强平衡感和全身各个关节（肩关节、髋关节、膝关节、踝关节等）的机能及柔韧性，辅助治疗关节炎、失眠症、眩晕症、腿部痉挛等。它是一个十分优雅的姿势，是调节体态的最佳选择。练习时注意力应放在身体的平衡感和身体每个关节的柔韧伸展上。

3. 注意事项

平衡感不太好的练习者可以先扶着墙来做，关节有毛病的练习者需要征求医生的建议。练习过程中应尽量放松肩膀的关节和肌肉，因为紧张的肩部会影响平衡的效果。

（三）战士三式

1. 练习方法

（1）按基本三角式站立，先做战士第一式，慢慢将重心移至左脚，将举起的双臂缓缓前移。

（2）慢慢将右腿抬起。伸直左膝，保持右腿、上身躯干、头、手臂在同一直线上，保持 10～20 s（图 12-14）。

图 12-14　战士三式

（3）吸气，屈左膝，右脚尖回落到地面。

（4）呼气，两腿伸直，两手放下。

（5）换右侧做同样练习。

2. 练习益处

增强身体的平衡感及高度集中注意力的能力。腹部自动向内收紧，使腹部内脏器官得到按摩。增强脊柱的柔韧性。

3. 注意事项

此姿势一定要小心翼翼地做，先学会做战士第一式再做此姿势。刚开始练习时，可以靠墙近距离练习。

六、倒立

（一）犁式

1. 练习方法

（1）仰卧，双腿伸直绷紧，脚尖绷直，指向与头部相反的方向。

（2）吸气，同时两腿向上抬起，一直抬到和身体垂直的位置。

（3）吸气与抬腿要同时进行。双手掌保持原位，贴着地面。

（4）当腿抬到垂直位置的时候，开始呼气，同时双腿向头部下放，努力使脚趾触及头部前方所能及的地面（图 12-15）。

图 12-15　犁式

（5）接触点的距离尽量向前，但要量力而行。要停留在所能及的位置上，身体保持平稳。呼气完毕后，保持正常的呼吸，直到动作做完。保持这个姿势 8～10 s。

（6）两腿还原放回地面。还原动作要有控制地进行，当脚跟触及地面时，整个身体放松。

（7）按照上述相同的方法，再练习几遍。

2. 练习益处

有效地缓解背部疼痛，改善甲状腺和甲状旁腺的功能，锻炼腹部器官，对于放松身体和缓解压力有一定的作用。同时还可以抻拉脊柱，缓解更年期的不适。

3. 注意事项

躯干尽量与地面垂直。下巴抵住锁骨，摆好体式后不要转动颈部，以免伤到颈椎。还原时，腿和脚趾要始终绷紧，控制住身体一点一点地往下放，体会脊椎在垫子上的按摩感觉。当脚跟触及地面时，整个身体放松。

（二）肩倒立式

1. 练习方法

（1）仰卧，双膝弯曲放到胸前。手臂放在身体两侧的地面上，手心朝下。

（2）吸气，然后呼气，臀部向上抬起，离开地面，力量压在双手上，臀部带动双膝向前额靠近。然后双肘迅速弯曲，双手放在臀部以下，以便双腿向上伸直时支撑身体。双肘尽量靠拢，可以使这个姿势练习起来更舒服些，双腿并拢伸直，然后指尖向前推动臀部，双手放于上背处，这个姿势使身体倒立成一条直线（图 12-16）。开头几次呼吸时，收缩臀部肌肉，然后再放松。

图 12-16　肩倒立式

（3）练习时保持正常均匀的呼吸节奏并闭上眼睛。保持这个姿势，以感觉舒适为限度。如果可以保持 2 分钟以上，会感觉身体好像在漂浮，或者被悬挂在空中一样。

（4）结束姿势时，屈膝到前额，然后身体慢慢地滚落到地面。躺在地面上，享受一下这个姿势所带来的舒适感，然后再做相同姿势。

有时会出现颈椎根部压到地面的情况，这时可以在肩膀或背部放一床折好的毯子或毛巾，毯子只要到达肩膀部位，头部仍然要放在地面上。

2. 练习益处

（1）可以消除疲劳，缓解失眠、头疼、静脉曲张、消化疾病以及过多的紧张情绪和焦虑。

（2）能够加强免疫系统的功能，增加体内的血液循环，促进身体组织营养吸收，调理内分泌系统。

（3）能让心脏、消化系统得到休息，使腹部肌肉和内脏重新获得动力。

（4）能够使脊椎得到伸展，富有弹性，加强血液循环，促进面部血液供应，有助于减少皱纹。

（5）有助于练习者集中注意力，增强记忆能力和运动技巧。

（6）倒立姿势可以刺激百会穴，滋养脑下垂体，加强甲状腺，控制新陈代谢。

3. 注意事项

（1）胸骨抵住下巴，头颈不要歪斜，不要移动，以免伤到颈椎和脊椎。手肘不要展开过宽，应尽量将手靠近肩胛骨位置，而不是扶住腰或臀。挺直背部，双脚并拢伸直。

（2）下面情况之一者，不要尝试倒立：患有心脏病、高血压、眼疾（视网膜分离）、不适合倒立的耳疾的练习者；正值月经期者；孕妇，特别是在怀孕的最后三个月不要进行倒立。如果脖子或身体其他地方有疼痛感或不舒服，也不要进行此练习。

做倒立姿势，一定要在老师的监督下完成，身体要正确地摆好位置，不然会很容易受伤。

（三）头肘倒立式

1. 练习方法

（1）屈膝跪坐，双膝并拢。双手置前，十指交叉紧扣，手肘打开，与肩同宽，使手臂和紧扣的双手形成一个三角形，牢牢地固定在地上。

（2）将头置在“三角形”内。头顶中心位置着地，后脑贴着手心，眼睛要能直线望向双脚后。以手心包着头，慢慢蹬直膝盖，并提高臀部。

（3）双脚向自己的头部慢慢移近，直到躯干和腰与地面成垂直状态（图 12-17）。

图 12-17　头肘倒立式

（4）牢牢固定头部和手肘。收紧腹部肌肉，同时把臀部向后推。

（5）呼气，慢慢将双脚抬起直至大腿成水平状态，膝盖弯着，收紧大腿肌肉，双脚并拢。

（6）这时身体的所有重量应由三个部分用力支撑在地上：头顶中心的位置以及一双手肘。初学者应把 20%的身体重量放在头顶，80%的身体重量放在手肘。日后慢慢增加至头顶及手肘各支撑身体重量的 50%。停留在这个动作最少 20 s，保持自然呼吸。若能轻松完成，继续进行以下步骤。

（7）吸气，慢慢蹬直双脚，脚趾往上抬。继续收紧腹部和大腿肌肉，双脚并拢向上伸展，使整个身体都成一条垂直线。身体不要左右或前后倾斜。初学者保持这个姿势 1 分钟，然后慢慢增加至 3～5 分钟。期间保持自然呼吸，脸部肌肉尽量放松，然后轻轻倒序回到步骤（1），接着做“婴儿式”作为休息姿势，令脑部及心脏恢复水平位置。

2. 练习益处

（1）将血液送往头部，消除疲劳，活化脑细胞，令头脑清晰；活化脑下垂体、松果体及甲状腺等，增加血液内的血红素，强化全身机能。

（2）增强记忆力及注意力集中能力，改善失眠及头痛，帮助消化，治疗便秘。

（3）身体倒转时心脏得以休息，可减轻心悸，同时可以防止内脏下垂。

3. 注意事项

（1）患高血压、心脏病、视网膜脱落者及颈椎、脊椎歪曲者，以及经期的女性，应避免做“头肘倒立式”。但经期完后立即做，则可帮助平衡荷尔蒙分泌。

（2）低血压者不宜一开始就做这个姿势。

（3）请勿随意转动头部，否则容易扭伤颈椎。这个姿势最好在瑜伽导师的指导下进行。

思考题

1. 瑜伽有哪几种体位法?
2. 瑜伽练习时如何控制呼吸?

第十三章 健身健美

第一节 健身健美运动概述

一、健身健美运动的起源与发展

（一）健身运动的起源与发展

1. 世界健身运动的起源与发展

在人类社会形成之初，为了生存和繁衍，人们必须学会劳动作业过程中的跑、跳、投掷、攀登等技能，并将之传授给后人。这是人类体育健身运动的源头之一。

当原始人类在物质生产过程中，逐步积累了愈来愈多的经验时，他们开始认识到，其生存取决于自己同被追逐的野兽之间在力量、速度、耐力、灵巧等方面的差异，于是开始有意识地对身体素质进行培养。

在原始人类的社会活动中，还出现了最初的艺术、舞蹈、娱乐、祭祀、礼仪等活动。

舞蹈源于人类的生产劳动，与体育和健身活动有着不解之缘，古今亦然。人们在舞蹈过程中，又逐渐产生了朴素的美学要求。伴随着人类的社会需要，与舞蹈相近的活动性游戏也开始出现。

体育健身运动的另一种渊源是原始的医疗卫生活动。在人类的早期医学中，古代舞蹈兼具医疗卫生功能。原始社会末期“消肿舞”的记载，就是这方面的典型例子。

关于体育健身运动的起源，还有一种“需要论”。这种观点认为，需要是人类一切活动的动因。任何社会现象和生命现象，无不以社会的需要和人的需要为其产生、存在和发展的依据，可以说，人的活动都是由需要引起的，需要是人的能动性的源泉和动力。单就体育健身运动产生的动因而言，除了劳动的需要以外，还有适应环境的需要，对付同类袭扰的防卫需要等。这些需要归纳起来，就是需要一副健康的身体，需要进行强健身体的活动，因此，需要也是体育健身运动产生的原因。

学者们认为，人类的体育健身运动不是自发产生的，它是适应人们的社会需要而产生和发展起来的。人类体育健身运动的产生，具有三个最为直接的渊源，即最初的教育、文化娱乐和医疗卫生。上述这些活动的发展，推动了体育健身运动的发展。

今天的体育健身运动已不可与昔日的体育健身运动同日而语了，特别是进入 21 世纪以来，世界发生了根本性的变化，这也是一个需要终身学习和锻炼的新世纪。在这个世纪，社会经济将得到高速发展，人们的余暇时间日益增多，业余生活丰富多彩。在高水平竞技运动受到了人们普遍青睐的同时，以全民参加的，健身、休闲、娱乐为主要内容的体育健身运动正在全世界范围内兴起，被誉为“第二奥林匹克运动”。

2. 中国健身运动的起源与发展

中华民族在几千年的历史长河中，创造了灿烂的文化。植根于祖国医学沃土上的中华养生术，是中国传统文化的奇葩。中华民族几乎世世代代生息在一个以自给自足的小农经济为基础的闭塞的环境中，铸成了清静淡泊、顺乎自然、淡情寡欲、洁身自好、温良敦厚的性格；追求个人与社会、伦理与心理、理智与情感和谐统一的理想；重人伦、重情操的美德，使萌发于史前时代的、采用控制呼吸等获得超自然体验的养生术得以在中国延续和发展。中国古代的养生活动，一直与哲学、伦理、道德、医学、教育、科学、艺术相互交织在一起，彼此渗透。此外，发源于中国古代民间的许多体育健身游戏也备受人们喜爱，并一直流传于世。

中华人民共和国成立后，毛泽东主席及时发出“发展体育运动，增强人民体质”的伟大号召，各种体育措施相继出台，促进了群众体育运动的发展和人民体质健康水平的提高。改革开放以来，随着我国的综合国力不断增强，广大人民群众生活质量的不断提高，竞技运动水平有了长足的进步，人们对提高身体健康和体质水平的要求日趋迫切。群众性体育健身活动的滞后已经明显地制约着我国的经济和社会发展。为了适应广大人民群众对健康生活的强烈愿望和要求，国务院于1995年颁布了《全民健身计划纲要》。今天，一个由国家倡导、政府推动、全民参加的大众健身运动热潮正在我国城乡蓬勃兴起。健身运动正逐渐向着生活化、社会化、科学化、产业化和法制化的方向发展。

（二）健美运动的起源与发展

1. 世界健美运动的起源与发展

生于1868年的山道（Sandow）是健美运动的创始人，他幼时体弱多病，后被古代角力士雕像的雄健体魄所吸引，每天锻炼身体，并从实践中摸索出一整套锻炼肌肉的方法，终于练就了一身功夫，集健、力、美精华于一身。此后，他在各国宣传和推广健美运动，并开设体育学校，创立健身函授班，向世界各地的健美爱好者传授健身训练方法，并著有《体力养成法》等著作。1901年，山道组织了世界首次健美大力士的比赛，晚年创办了世界第一所健美运动学校。

在20世纪二三十年代提倡健美运动影响最大的要数美国《体育》杂志主编麦克法登，他潜心研究健美运动的理论，并进行实践，其健身著作有50余种。他首创健美比赛。由于他对健美运动做出了巨大贡献，所以人们尊称他为“健美运动之父”。

2. 中国健美运动的发展

健美运动传到我国则是在20世纪初，那时在上海沪江大学读书的赵竹光等学生，为增加民族体质，成立了锻炼小组，选择国外健美函授教材中的优秀训练方法，并参阅国外书刊，拟订科学的锻炼计划，进行研习和训练，因效果显著而吸引了大量的爱好者参加训练。1930 年，经校方批准，正式成立“沪江大学健美会”，由赵竹光先生任会长并执教，它是中国第一个健美运动组织。

20 世纪 40 年代中期，精武体育会和青年会也开展过健美运动，娄琢玉和胡维平分别担任上述两个体育团体的指导工作。

20 世纪 50 年代，在北京、广州、南京、苏州等城市都兴办起了健美场馆，为广大健美爱好者提供了良好的健美活动场地。

近年来，全国各省、市、自治区都成立了健美协会，充分利用现有的体育场馆为广大健美爱好者提供安全、可靠的锻炼场所，各种形式的健美馆、健美中心、训练班、函授班如雨后春笋般在我国出现。健美运动也像其他体育运动一样相继在大学校园开展起来，不少高等院校将健美运动列为体育教学内容。

二、国内外健美运动重大赛事

在国际健美领域最负盛名和影响力的大赛无疑是奥林匹亚先生大赛。1965 年，乔·韦德为推动健美运动的发展，创建了奥林匹亚先生大赛。奥林匹亚先生大赛是男子健美运动最高水平的比赛，大赛每年举行一次，一般安排在每年 10 月的一个周末举行。在比赛期间同时举行健美学术交流、健身器材展览及其他相关健美活动。

除此以外，世界健美锦标赛也是国际健美领域的顶级赛事，该赛事已有 60 多年历史，汇集了全世界的各路好手。中国上海在 2005 年曾举办过第 59 届世界男子健美锦标赛，该赛事由国际健美健身联合会主办，国家体育总局社会体育指导中心、中国健美协会、上海市体育局等承办，是我国举办的规格最高、规模最大、参与国家和地区最广的国际性健美大赛。中国选手钱吉成、邹俊东、杨新民、林沛渠 4 人历史性地闯入决赛，其中钱吉成勇夺 60 kg 级冠军，成为我国健美史上第一个世界冠军，同级别的邹俊东获得第五名，杨新民和林沛渠在 70 kg 级决赛中分别获得第四名和第五名的优异成绩，中国健美获得了历史性重大突破。另外，在亚洲范围内有水平最高的亚洲健美锦标赛。在中国国内，水平最高的则是全国健美锦标赛。

第二节　健身健美的方法

一、基本健身健美方法

（一）单项重复法

单项重复法是指健身者在相对固定的条件下，按照一定的要求反复练习同一内容的方法，如广播操、医疗操、保健操、踢毽子、跳绳等。这种练习方法适用于负荷较小或用时较短的项目。

（二）多项组合法

多项组合法是指根据健身需要，将两个以上具有不同身体发展功能的项目搭配起来，在一次锻炼中依次练习的方法。这种方式可以弥补某些项目对发展身体作用比较单一的不足，达到全面发展身体的目的。常见的组合有：有氧与无氧的组合、室内与室外的组合、柔韧与力量的组合等。

（三）变换健身法

变换健身法是指在改变健身的内容、强度和环境的条件下进行健身的方法。比如变换健身项目，提高或降低负荷，变更练习地点和练习时间，等等。

二、传统健身健美方法

自古以来，我们的祖先在求生存、保健康的过程中，逐渐认识了人体生命活动的一些规律，掌握了许多保健防病的知识和经验，总结出一些卓有成效的健身方法。这些方法主要是通过调节呼吸、松弛身心、集中意念和圆滑徐缓等有节律的动作来达到健身祛病、延年益寿的目的。它主要将身体的外部动作与内在气血运行相统一，身体运动与卫生保健相结合，符合中华民族的健身习惯，是深受我国人民，特别是中老年人喜爱的锻炼方式。

（一）导引养生法

导引养生法是以肢体运动、呼吸吐纳和自我按摩相结合，且以肢体运动为主的运动养生方法。

导引养生的作用原理同调气养生的作用原理是一致的，只不过调气养生重在调动气的作用，而导引养生则是通过宣导肢体的具体功法，身心并练，内外兼修，疏通经络，运行气血，强筋健骨，协调脏腑，安神定志，激发潜能，发挥其祛病延年的作用。从总体来说，导引养生法，主要是通过肢体的宣导来畅通气血，促使机体的阴阳得以平衡的。正如《老老恒言·导引》所说："导引之法甚多，如八段锦、华佗五禽戏、娑罗门十二法，天竺按摩诀之类，不过宣畅气血，展舒筋骸，有益无损。"

（二）武术强身法

中华武术源远流长，从古到今，是我国人民循经顺气、舒筋活血、强身壮体、平调阴阳的重要健身强体手段之一，对青壮年健体、老年人养生、病后调理都有良好的作用，其练习内容有太极拳、剑、太极推手等。

（三）保健按摩功

保健按摩在我国也有悠久的历史，它对养生安神、舒筋活血、消除肿胀和疲劳都有一定的作用。其练习内容有：全身拍打功、全身按摩功、五官保健功、安胃按摩功、壮腰保健功等。

三、当前国内外流行的健身健美方法

（一）有氧锻炼法

有氧锻炼法，是指健身锻炼者通过呼吸能够满足运动对氧气的需要，在不负氧债的情况下进行健身锻炼的方法。运动负荷强度适中，运动时间较长，可以有效地提高心血管机能和呼吸机能，促进机体的新陈代谢，并减少脂肪积累，是国外和国内都比较流行的一种健身锻炼方法。健身活动一般持续 30 分钟，每分钟脉搏控制在 130 次左右，不高于 150 次，就属于有氧锻炼。其练习的内容有长跑、竞走、游泳、骑自行车、滑雪、耐力体操及韵律操、徒步旅行等。

（二）发达肌肉法

发达肌肉法，是指在发展力量素质的同时，以增长肌肉，使身体达到粗犷美、力度美为目的的一种健身方法。这种方法受到青少年特别是男青年的青睐。其练习内容有力量练习、单一器械练习、综合器械练习等。

（三）发展形体美的方法

发展形体美的方法，是指通过健身、健美的锻炼，人不仅能获得健康美，还能获得形体美的一种方法。青少年尤其是女青年采用者较多，其练习多采用徒手的耐力操、减肥操、韵律操。它又分为形体练习，姿态、体态练习，气质感受练习，轻器械练习，专门器械练习及多功能器械练习等。通过锻炼，人体的内在美和外形美能实现高度统一。

（四）消遣健身法

消遣健身法，是指以寻求生理和心理的放松，欢度余暇为目的而采取的一种健身方法。这种健身方法，运动强度可大可小，以令人轻松愉快为目的，具有调养身心、消除疲劳的功效。

在余暇时间，人们的消遣活动很多，作为健身锻炼内容之一的消遣活动，主要有两种，一种是观赏性活动，主要指观看各种体育比赛，由观看比赛时产生的情绪冲动获得心理满足，进而促进人体健康。另一种是实践性活动，主要指轻松愉快的消遣娱乐活动，如散步、旅行、郊游、登高、日光浴、垂钓、泛舟等。

第三节　肌肉健美训练的基本方法

一、胸部肌肉练习方法

胸部肌肉主要有胸大肌、胸小肌、前锯肌等。

（一）卧推（平板）

1. 作用

主要锻炼胸大肌、胸小肌、前锯肌、三角肌前束、肱三头肌等。

2. 动作要求

仰卧在平板卧推架上，两手握住横杠，将杠铃推举至胸前上方，两臂伸直，然后屈臂有节奏地将横杠放在胸部乳头以上（女子触胸即可），稍停后再用力将杠铃向垂直方向推起，直至两臂伸直。将杠铃放置胸部时，胸要挺起，用力上推时，胸肌要发力，头、背不可离开架子（图 13-1）。

图 13-1 卧推

3. 呼吸

放杠铃至胸和上推时要吸气，两臂伸直时呼气。

4. 易犯错误及纠正方法

（1）易犯错误：上推时左右不平衡及前后不平衡。

（2）纠正方法：准确握住杠铃的平衡点，头、背位置要正，注意加强弱侧肌肉力量。

（二）仰卧飞鸟

1. 作用

主要锻炼胸肌中部、前锯机、三角肌前束。

2. 动作要求

两手握手铃置于胸前（手心相对），仰卧于凳上，然后两臂向上伸直与身体垂直，肘微屈，用胸肌伸展力将手铃向两侧尽可能外展下放，到达最低点后稍停，然后再用胸肌收缩力沿原路线将手铃内收上举成开始姿势。向两侧分臂时，肘关节可微屈，但必须缓缓下落至低于体侧。在整个动作过程中，要求肩、肘、腕始终在同一垂直面上（图 13-2）。

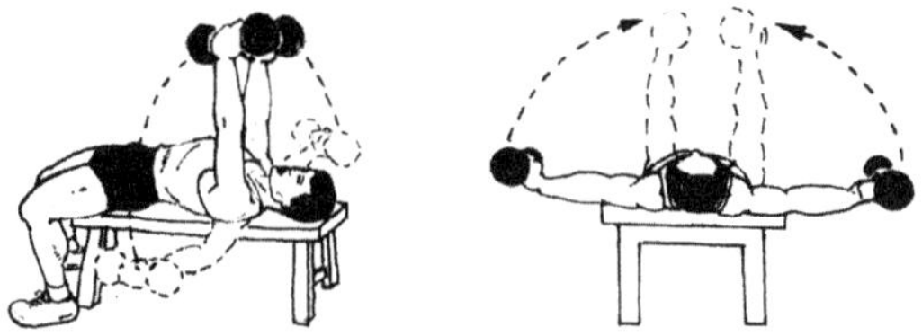

图 13-2 仰卧飞鸟

3. 呼吸

内收上举时吸气，外展下放时呼气。

4. 易犯错误及纠正方法

（1）易犯错误：分臂时左右两侧速度不一致。

（2）纠正方法：加强弱侧肌肉练习，可单臂进行弱侧练习。

（三）俯卧撑

1. 作用

主要锻炼胸大肌、三角肌、肱三头肌、前锯肌、前臂肌群。

2. 动作要求

两臂伸直，两手撑地，手指向前，两手撑距与肩同宽，双腿并拢伸直，脚趾支地，身体伸直，臀部、腰部既不能弓起，也不能下塌，然后两臂同时弯曲，身体下降至接近地面并与地面平行，随后胸肌绷紧，两臂用力撑起身体至充分伸直，稍停，重复进行练习。肩部的垂直线应在手支撑点之前，屈臂时应尽量拉长胸大肌。意念集中在胸肌收缩用力上，不得低头、塌腰，动作要慢。

3. 呼吸

撑起身体时吸气，下降屈臂时呼气。

4. 易犯错误及纠正方法

（1）易犯错误：撑起身体时臀部上弓。

（2）纠正方法：注意腹肌、背阔肌收缩。

（四）双杠臂屈伸

1. 作用

主要锻炼胸大肌、肱三头肌、前锯肌和三角肌前束。

2. 动作要求

两手分别握两杠，两臂伸直撑于杠上，身体自然下垂，然后屈双臂缓慢下降身体至不能再降低为止，稍停后以胸大肌和肱三头肌收缩用力撑起身体至两臂伸直，稍停再重复练习。撑起身体时，应挺腰、收腹、抬头、下巴前伸，胸大肌极力绷紧。动作要慢，即慢慢屈臂下降和缓缓伸臂撑起。

3. 呼吸

用力撑起时吸气，屈臂下降时呼气。

4. 易犯错误及纠正方法

（1）易犯错误：借下肢摆动撑起身体。

（2）纠正方法：可双腿并拢，略微后伸，使臀大肌微微用力。

二、背部肌肉练习方法

背部肌肉主要有斜方肌、菱形肌、背阔肌、大圆肌、小圆肌、冈上肌、冈下肌、背长肌和背短肌等。

（一）哑铃扩胸

1. 作用

主要锻炼斜方肌、冈上肌、冈下肌、大圆肌、小圆肌、三角肌等。

2. 动作要求

两腿左右开立，两手持铃于体前成前平举（拳眼向上），后两手臂同时向两侧做侧平举扩胸，稍停后再沿原路线还原成前平举，重复。练习时，肘关节可略微弯曲，扩胸时要向外、向后用力，胸向前挺。

3. 呼吸

持铃向外扩胸时吸气，顺原路线还原时呼气。

4. 易犯错误及纠正方法

（1）易犯错误：呼吸方法不正确。

（2）纠正方法：严格按照外扩吸气、并拢呼气的要求，逐步适应。

（二）俯身划船

1. 作用

主要锻炼背阔肌、斜方肌、大圆肌、小圆肌、冈下肌以及背部深层肌肉。

2. 动作要求

两脚左右开立，上体前倾与地面平行，两手握杠铃（手背朝前）下垂，同伴在体前用手撑扶头，臀部稍后移，然后用力向上提肘，将杠铃横杠提至胸腹间，稍停后再缓缓向前下方放下杠铃还原。

3. 呼吸

俯身提铃时吸气，向前下方放下杠铃时呼气。

4. 易犯错误及纠正方法

（1）易犯错误：上体起伏不定，速度过快。

（2）纠正方法：在同伴帮助下保持上体稳定。

（三）负重体前屈

1. 作用

主要锻炼背长肌、背短肌、臀大肌、股二头肌等。

2. 动作要求

两手扶持置于颈后的杠铃，两脚开立与肩同宽，身体正直，腰腿绷紧，上体慢慢前屈与地面平行，稍停后上体再慢慢抬起还原成直立姿势。动作要慢，要注意预防受伤。做练习时腰背肌一定要收紧，上体前屈时臀部可稍向后移，两腿可微弯曲。

3. 呼吸

上体抬起时吸气，前屈时呼气、屏气。

4. 易犯错误及纠正方法

（1）易犯错误：前屈时速度过快。

（2）纠正方法：适当减轻杠铃重量。

（四）颈后引体向上

1. 作用

主要锻炼背阔肌、大圆肌、小圆肌、菱形肌。

2. 动作要求

两手宽握（约一个半肩宽）单杠，手心朝前，背阔肌用力收缩将身体向上拉起，直至颈后触及单杠，稍停后慢慢降落身体直至两臂完全伸直。注意力集中于背阔肌，颈后部位尽量触及单杠。

3. 呼吸

引体向上时吸气，身体下降时呼气。

4. 易犯错误及纠正方法

（1）易犯错误：握距太窄，肱二头肌紧张。

（2）纠正方法：加宽握距，注意力集中于背阔肌。

三、肩部肌肉练习方法

肩部肌肉主要有三角肌，它包括前束、中束、后束三部分，围绕肩部形成一个半球形。

（一）胸前提举

1. 作用

主要锻炼三角肌、肱三头肌、肱二头肌、斜方肌等。

2. 动作要求

两脚左右开立，与肩同宽，两手握持杠铃（手背朝前）成直立，使两臂自然下垂，杠铃置于大腿前，然后两手臂上提使杠铃贴身上移至下颌处，或继续提举至头上方，稍停后再缓缓下降杠铃顺原路线还原成开始姿势。练习过程中上体应固定不动，抬头、挺胸、紧腰，不得翻转手腕和借力，用力要均匀、缓慢。

3. 呼吸

上提时吸气、屏气，下落还原时呼气。

4. 易犯错误及纠正方法

（1）易犯错误：上提时，借助摆动发力。

（2）纠正方法：呈半蹲位进行练习，保持双腿姿势。

（二）俯身飞鸟

1. 作用

主要锻炼三角肌后束、中束和大圆肌、小圆肌、冈下肌、斜方肌等。

2. 动作要求

两脚左右开立，稍宽于肩，腿伸直，上体前弓与地面平行，拳眼朝前，持握哑铃自然下垂于腿前，然后两臂伸直分别向两侧举起哑铃至略高于肩的极限处，稍停后按举起路线还原成开始姿势。上体尽量保持平稳，不要上下起伏摆动，动作速度均匀、缓慢，肘关节允许稍弯曲。

3. 呼吸

上举时吸气、屏气，下落还原时呼气。

4. 易犯错误及纠正方法

（1）易犯错误：上体起伏摆动，借助背部肌肉用力，使三角肌锻炼效果不够。

（2）纠正方法：选择适当的哑铃重量，能在稳定的情况下完成，然后逐渐增加重量。

（三）颈后推举

1. 作用

主要锻炼三角肌中束、肱三头肌、胸大肌、前锯肌等。

2. 动作要求

两脚左右开立，两手采用宽握距（一肩半宽）握持杠铃置于肩上，然后挺胸、紧腰将杠铃向头后上方推举，直至两臂伸直，稍停后再按推起路线缓缓回落至颈后肩上。要求上体正直固定，头可适当前收（图 13-3）。

图 13-3　颈后推举

3. 呼吸

上推时吸气，下落还原时呼气。

4. 易犯错误及纠正方法

（1）易犯错误：上推时借腿发力。

（2）纠正方法：起始位可成高蹲姿势，保持整个练习过程。

（四）哑铃侧平举

1. 作用

主要锻炼三角肌中束。

2. 动作要求

两脚左右开立，两手拳眼朝前，提握哑铃分别置于大腿两侧，挺胸收腹，两手臂提铃侧平举至与肩同高，稍停后按上举路线还原，动作速度尽量均匀而慢，特别是下落时要控制速度，充分进行退让性练习。

3. 呼吸

向上侧平举时吸气，下落还原时呼气。

4. 易犯错误及纠正方法

（1）易犯错误：速度太快。

（2）纠正方法：注意肌肉始终用力，以退让性练习为主。

四、上臂肌肉练习方法

上臂肌肉分前、后群，前群（屈肌群）有肱二头肌、喙肱肌、肱肌；后群（伸肌群）有肱三头肌、肘肌等。

（一）胸前弯举

1. 作用

主要锻炼肱三头肌、肱二头肌、胸大肌上缘。

2. 动作要求

两脚开立，与肩同宽，两手握杠铃自然下垂，放于大腿两侧，然后两臂同时用力屈肘，将杠铃向上弯举至胸前，稍停后按上举路线还原至两臂伸直下垂。身体应基本固定，不得前后摆动借力，要慢举慢落，大臂紧贴上体。

3. 呼吸

向上弯举用力时吸气，杠铃下落还原时呼气。

4. 易犯错误及纠正方法

（1）易犯错误：上臂前后摆动。

（2）纠正方法：上臂紧靠上体进行练习。

（二）俯卧弯举

1. 作用

主要锻炼肱三头肌、肱二头肌中下部。

2. 动作要求

身体俯卧在高长凳上，两肩探出高长凳一端，两手手心向前提握杠铃自然下垂，然后双臂屈肘用力向前、向上弯举，将杠铃举至颈前，稍停后沿原路线还原，注意肘关节固定，肘尖始终保持与肩和地面垂直。

3. 呼吸

向上弯举时吸气，下落还原时呼气。

4. 易犯错误及纠正方法

（1）易犯错误：上臂前后摆动。

（2）纠正方法：做动作时应注意肘尖始终垂直于地面。

（三）颈后臂屈伸

1. 作用

主要锻炼肱三头肌。

2. 动作要求

两脚左右开立，与肩同宽，两手握杠铃（正、反握均可）高举于头，然后屈肘将杠铃慢慢向颈后放落至最低处，这时两肘尖朝上，两上臂与地面垂直，稍停后两臂肱三头肌用力收缩，将杠铃慢慢拉举还原成上举。

3. 呼吸

下落时吸气，上举时先屏气，后再呼气。

4. 易犯错误及纠正方法

（1）易犯错误：上臂前后摆动，不能垂直向上。

（2）纠正方法：依靠同伴扶住上臂进行练习。

五、腿部肌肉练习方法

腿部肌肉主要有：臀大肌、大腿后群（股二头肌、半腱肌、半膜肌）、大腿前外侧肌群（股四头肌、缝匠肌、阔筋膜张肌等）、大腿内侧肌群（大收肌、短收肌、长收肌、耻骨肌、股薄肌等）、小腿前群肌（胫骨前肌、趾长伸肌、拇长伸肌等）、小腿后群肌（腓肠肌、比目鱼肌等）。

（一）负重深蹲

1. 作用

主要锻炼臀大肌、肱四头肌、缝匠肌、阔筋膜张肌及腰肌等。

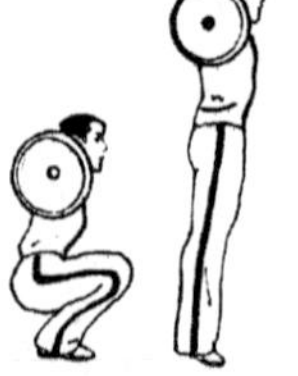

图 13-4 负重深蹲

2. 动作要求

将杠铃置于颈后肩上，两手正握扶持杠铃，两脚平行开立，略宽于肩，然后抬头，挺胸紧腰慢慢屈膝下蹲至大小腿小于 90°，再起立呈直立姿势（图 13-4）。

3. 呼吸

下蹲时吸气，起立时稍屏气再呼气。

4. 易犯错误及纠正方法

（1）易犯错误：腰、背不紧，低头收胸。

（2）纠正方法：加强背阔肌用力，挺胸抬头。

（二）腿后弯举

1. 作用

主要锻炼股二头肌、半腱肌、半膜肌等。

2. 动作要求

俯卧在腿弯举架上，屈小腿将弯举支架杆向上拉起至极限，稍停，还原。

3. 呼吸

向上屈腿时吸气，还原时呼气。

4. 易犯错误及纠正方法

（1）易犯错误：臀部高抬。

（2）纠正方法：注意背部肌肉放松。

（三）负重提踵

1. 作用

主要锻炼小腿三头肌。

2. 动作要求

两手正握杠铃置于颈后肩上，两前脚掌踏在 5~7 cm 厚的木板上，脚跟微着地后尽力提起脚跟至最高位置，略顿，慢降至着地。

3. 呼吸

向上提踵时吸气，下落时呼气。

4. 易犯错误及纠正方法

（1）易犯错误：重心不稳，不能连续做动作。

（2）纠正方法：适当降低木板高度。

六、腹部肌肉练习方法

腹部肌肉有腹前壁的腹直肌、腹外斜肌、深层的腹内斜肌、腹横肌等。

（一）两头起

1. 作用

主要锻炼腹直肌。

2. 动作要求

仰卧在垫子上，腹部肌肉收缩，上体抬起，两臂向上、向前伸举，同时两腿伸直向上举起，使手脚在肚脐上方会合，然后各按原路线还原。

3. 呼吸

举腿与上抬上体时吸气，落下还原时呼气。

4. 易犯错误及纠正方法

（1）易犯错误：腿、手、上体不协调。

（2）纠正方法：先不让手脚会合，动作协调后再加大幅度。

（二）负重转体俯身

1. 作用

主要锻炼腹外斜肌、腹内斜肌、腰方肌、髂腰肌等。

2. 动作要求

两脚开立，稍大于肩宽，两手宽握杠铃置于颈后肩上，然后上体向左转并随即俯身与地面接近平行，稍停后抬上体同时转体复原，接着向右转体并随即复原。

3. 呼吸

向侧转体和向侧下俯身时吸气，抬上体还原时呼气。

4. 易犯错误及纠正方法

（1）易犯错误：重心不稳。

（2）纠正方法：两脚开立，重心落在两脚中间，转体时重心适当跟着移动。

思考题

1. 简述胸部肌肉的练习方法。
2. 简述腿部肌肉的练习方法。

第十四章　武术

第一节　武术运动概述

一、武术的起源与发展

武术又称国术或武艺，是以攻防技击为主要技术内容（其技击内容包括踢、打、摔、拿、跌、击、劈、刺等动作），以套路演练和搏斗对抗为运动形式，注重内外兼修的中国民族传统体育项目。它是经历了漫长的历史发展而形成的内容丰富精深、社会价值广泛、文化色彩浓厚的我国特有的体育文化形态，与我国传统文化的诸多方面有着密切的联系，是中国传统文化的重要组成部分。

武术的内容丰富多彩，各种套路的动作结构、技术要求、运动风格和运动感觉有所不同。不同年龄、不同体质和不同爱好的人，都可选择适合自己的项目进行锻炼。它不仅能强身健体、防身自卫，还可以锻炼意志、陶冶情操、交流技艺、增进感情。到了近代，武术适应时代的变化，逐步成为中国近代体育的有机组成部分。民国时期，民间出现了许多拳社、武士会等武术组织。1927 年，在南京成立了中央国术馆。1936 年，中国武术队曾赴柏林奥运会参加表演。中华人民共和国成立后，武术得到了蓬勃发展。1956 年，中国体育协会建立了武术协会、武术队等，为武术的发展开拓了广阔的道路。1985 年，在西安举行了首届国际武术邀请赛，并成立了国际武术联合会筹委会，这是武术发展中历史性的突破。1987 年，在横滨举行了第 1 届亚洲武术锦标赛，标志着武术走进了亚运会。1990 年，武术首次被列入第 11 届亚运会竞赛项目。1999 年，国际武联被吸收为国际奥委会的正式国际体育单项联合会成员，这是武术发展的又一历史性突破。

二、武术的类别与内容

武术的类别与内容见表 14-1。

表 14-1 武术的类别与内容

类 别	内 容	说 明
拳 术	长拳、太极拳、南拳、形意拳、翻子拳、地躺拳、劈挂拳、螳螂拳、八极拳、猴拳、醉拳、华拳、花拳、鹰爪拳、绵拳、六合拳、蛇拳、意拳、少林拳、查拳、八卦拳、通臂拳等	大都各有独特的器械练法
器械练习	短器械（刀、剑等）、长器械（枪、棍等）、双器械（双刀、双剑、双枪、双钩等）、软器械（九节鞭、流星锤、绳镖等）	器械大都由古代兵器演化而来
对 练	徒手对练、器械对练、徒手与器械对练	两人以上按规定动作顺序进行攻防练习或表演
集体表演	6 人以上进行徒手的或器械的集体表演	动作要整齐，可用音乐伴奏，都穿古装
攻防技术	两人按照一定的规则搏斗，有散打、推手、短兵器、长兵器等	动作有实战意义

第二节 武术基本技术与练习方法

一、手型

拳：四指并拢卷握，拇指紧扣食指和中指的第二指节（图 14-1）。
掌：四指并拢伸直，拇指弯曲，紧扣于虎口处（图 14-2）。
勾：五指第一指节捏拢在一起，屈腕（图 14-3）。

图 14-1 拳

图 14-2 掌

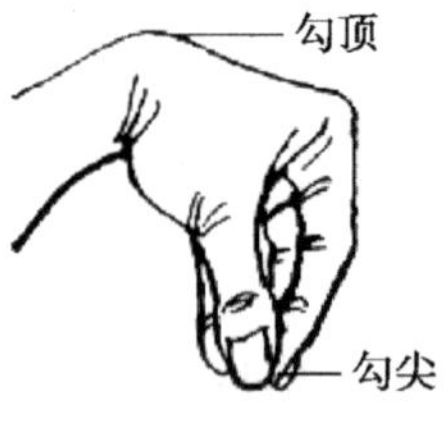

图 14-3 勾

二、手法

（一）冲拳

冲拳分平拳与立拳两种。平拳拳心向下，立拳拳眼向上。

1. 预备姿势

两脚左右开立，与肩同宽，两拳抱于腰间，肘尖向后，拳心向上（图 14-4）。

2. 动作说明

挺胸、收腹、立腰，右拳从腰间向前猛力冲出，转腰、顺肩，在肘关节过腰后右前臂内旋，力达拳面；臂要伸出，高与肩平，同时左肘向后牵拉（图 14-5）。练习时，左右可交替进行。

（二）架拳

1. 预备姿势

与冲拳同。

2. 动作说明

右拳向下、向左、向上经头前向右上方划弧并在右前上方架起，拳眼向下，眼看左方（图 14-6）。练习时，左右可交替进行。

（三）推掌

1. 预备姿势

与冲拳同。

2. 动作说明

右拳变掌，前臂内旋，并以掌根为力点，向前猛力推击。推击时要转腰、顺肩，臂要伸直，高与肩平，同时左肘向后牵拉（图 14-7）。练习时，左右可交替进行。

图 14-4 预备姿势

图 14-5 冲拳

图 14-6 架拳

图 14-7 推掌

（四）亮掌

1. 预备姿势

与冲拳同。

2. 动作说明

右拳变掌，经体侧向右、向上划弧，至头部右前上方时抖腕亮掌，臂成弧形；掌心向上，虎口朝前，头随右手动作转动，在亮掌时眼注视左方（图 14-8）。练习时，左右可交替进行。

图 14-8 亮掌

三、步型

（一）弓步

左脚向前一大步（为本人脚长的 4~5 倍），脚尖稍内扣，左腿屈膝半蹲（大腿接近水平），膝与脚尖垂直；右腿挺膝伸直，脚尖内扣（斜向前方），两脚全脚着地；上体正对前方，眼向前平视，两手

图 14-9 弓步

抱拳于腰间（图 14-9）。弓右腿为右弓步，弓左腿为左弓步。

（二）马步

两脚平行开立（约为本人脚长的 3 倍），胸正对前方，屈膝半蹲，膝部不超过脚尖，大腿接近水平，全脚着地，身体重心落于两腿之间，两手抱拳于腰间（图 14-10）。

（三）虚步

两脚前后丌立，右脚外展 45°，屈膝半蹲，左脚脚跟离地，脚面绷平，脚尖稍内扣，虚点地面，膝微屈，重心落于后腿上；两手叉腰，眼向前平视（图 14-11）。左脚在前为左虚步，右脚在前为右虚步。

图 14-10　马步

图 14-11　虚步

图 14-12　仆步

图 14-13　歇步

图 14-15　丁步

（四）仆步

两脚左右开立，右腿屈膝全蹲，大腿和小腿靠紧，臀部接近小腿，全脚着地，脚和膝外展；左腿挺直平仆，脚尖里扣，全脚着地；两手抱拳于腰间；眼向左方平视（图 14-12）。仆左腿为左仆步，仆右腿为右仆步。

（五）歇步

两腿交叉靠拢全蹲，左脚全脚着地，脚尖外展，右脚前脚掌着地，膝部贴于左腿外侧，臀部坐于右腿接近脚跟处；两手抱拳于腰间；眼向左前方平视（图 14-13）。左脚在前为左歇步，右脚在前为右歇步。

（六）丁步

并步站立，两腿屈膝半蹲，右脚全脚掌着地，左脚脚跟提起，脚尖里扣并虚点地面，脚面绷直，贴于右脚脚弓处，重心落于右腿上；两手抱拳于腰侧；眼向前平视（图 14-15）。左脚尖点地为左丁步，右脚尖点地为右丁步。

四、步法

步法主要包括击步、垫步、弧形步三种。

（一）击步

1. 预备姿势

两脚前后开立，与肩同宽，两手叉腰。

2. 动作说明

上体前倾，后脚离地提起，前脚随即蹬地前纵；在空中时，后脚向前碰击前脚；落地时，后脚先落，前脚后落；眼向前平视（图 14-15）。

图 14-15　击步

图 14-16　垫步

图 14-17　弧形步

（二）垫步

1. 预备姿势

同击步。

2. 动作说明

后脚离地提起，用脚掌向前脚处落步，前脚立即以脚掌蹬地向上稍跳起，将步位让于后脚，然后再屈膝提腿向前落步；眼向前平视（图 14-16）。

（三）弧形步

1. 预备姿势

同击步。

2. 动作说明

两腿半蹲，两脚迅速连续向侧前方行步；每步大小略比肩宽，走弧形路线；眼向前平视（图 14-17）。

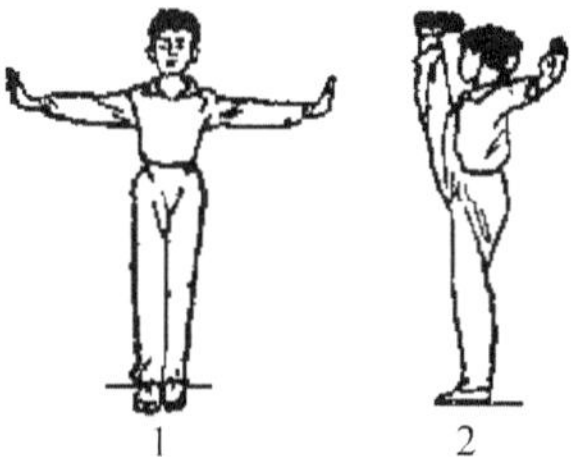

图 14-18　正踢腿

五、腿法

（一）正踢腿

并步站立，两臂侧平举，屈腕立掌或两手叉腰，一脚上前半步，直立支撑；另一腿脚尖勾紧，轻快有力地向前额处踢起（图 14-18），下落成并步直立。

图 14-19　侧踢腿

（二）侧踢腿

并步站立，两臂侧平举，屈腕成掌。右脚向前上半步，脚尖外撇，身体微右转，左脚尖勾紧，向左侧脑后踢起。同时，右臂上举，左臂屈肘立掌于右肩前或体前按掌（图 14-19）。落下时脚跟靠拢支撑脚。

（三）外摆腿

并步站立，两手侧平举，屈腕立掌或平掌。一脚上半步，腿自然伸直，全脚着地；另一腿向异侧方向踢起，经面前向同侧方向做直腿摆动，落在支撑腿旁，眼平视前方（图 14-20）。摆踢时脚面绷平（稍内扣），在额前两手依次快速击拍脚面，即为“白莲拍脚”（图 14-21）。

1 2

图 14-20 外摆腿

图 14-21 白莲拍脚

1 2

图 14-22 里合腿

（四）里合腿

并步站立，两手侧平举，屈腕立掌或平掌。一脚上半步，腿自然伸直，全脚着地；另一腿向侧上方踢起，经面前向异侧上方（向内）做扇面直腿摆动，落于支撑脚外侧（图 14-22）。

六、腾空动作

（一）腾空飞脚

1. 预备姿势

并步站立。

2. 动作说明

右脚上步，左腿向前、向上摆踢，右脚蹬地跃起，身体腾空，两臂由下向前、向头上摆起，右手背迎击左手掌；在空中，右腿向前、向上弹踢，脚面绷直，右手迎击右脚面，同时左腿屈膝，左脚收控于右腿侧，脚面绷直，脚尖向下，左手在击响的同时摆至左侧方，变勾手，勾尖向下，略高于肩，上体微前倾，两眼平视前方（图 14-23）。

1 2 3

图 14-23 腾空飞脚

（二）旋风脚

1. 预备姿势

开步站立。

2. 动作说明

（1）高虚步亮掌：右臂向上、向右前上方摆掌，同时左臂屈肘，左掌收于左腰间，上体先微向右再向左转，目随右掌；右掌经体前向左、向下、向右、向头上抖腕亮掌，掌心向上，掌指朝左；左掌从右臂内穿出，经右胸前向上、向左摆至左肩侧，掌指朝上，高与肩平；左脚在右臂抖腕亮掌的同时收于体前，脚尖虚点地面，成高虚步；头部左转，两眼随右掌抖腕亮掌转视左方（图 14-24）。

（2）旋风脚：左脚向左上步，同时左手向前、向上摆起，右臂伸直向后、向下摆动；右腿随即上步，脚尖内扣，准备蹬地踏跳；左臂向下摆动并屈肘收至右胸前，同时右臂向上、向前抡摆，上体向左旋转前俯；重心右移，右腿屈膝蹬地跳起，左腿提起向左上方摆动，上体向左上方旋转，同时两臂向下、向左上方抡摆；身体旋转一周，右腿做里合腿，左手在面前迎击右脚掌，左腿自然下垂（图 14-25）。

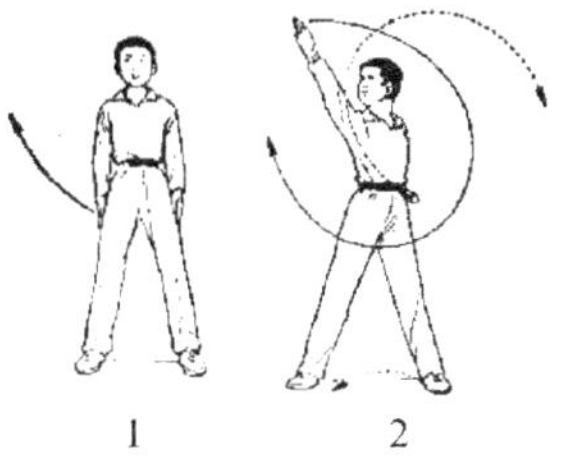

图 14-24　高虚步亮掌

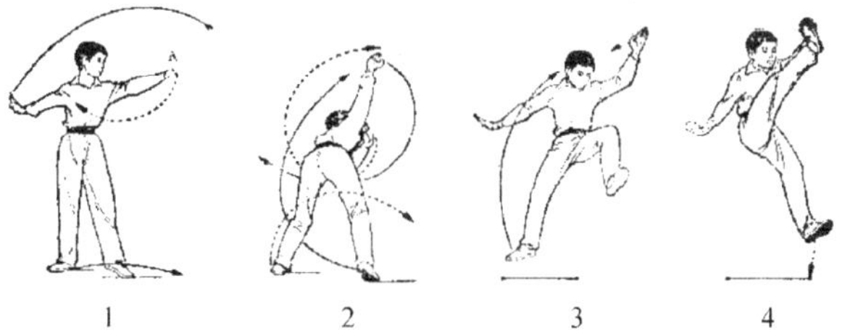

图 14-25　旋风脚

第三节　武术套路

一、长拳

（一）套路简介

初级长拳第三路是中国武术段位制初级段位“三段”的规定长拳套路。其内容丰富，步型有弓步、马步、仆步、歇步、虚步等；手型有拳、掌、勾；手法有冲拳、劈拳、砸拳、挑拳和击掌、摆掌、穿掌、挑掌、亮掌等；肘法有盘肘；腿法有屈伸性、直摆性击响腿法；跳跃有大跃步前穿、腾空飞脚等。其套路动作路线是直来直往，进退、起落、转折基本上在一条线上，以快速移动的步法、灵活多变的手法，配合起伏转折、蹿蹦跳跃和造型优美的定势动作，一气呵成，给人以明快大方、干净利落的美感。

（二）动作及要领

1. 预备动作

两脚并步站立，两臂垂于身体两侧，五指并拢贴靠腿外；头要端正，颏微收，挺胸、塌腰、收腹（图 14-26）。

图 14-26　预备动作

虚步亮拳。成虚步时，重心落于右腿上，右大腿与地面平行，左腿微屈，脚尖点地（图 14-27）。

并步对拳。两臂向外向上经胸前屈肘下按，两掌变拳，拳心向下，停于小腹前，目视左侧。并步后挺胸、塌腰。对拳、并步、转头要同时完成（图 14-28）。

图 14-27　虚步亮拳

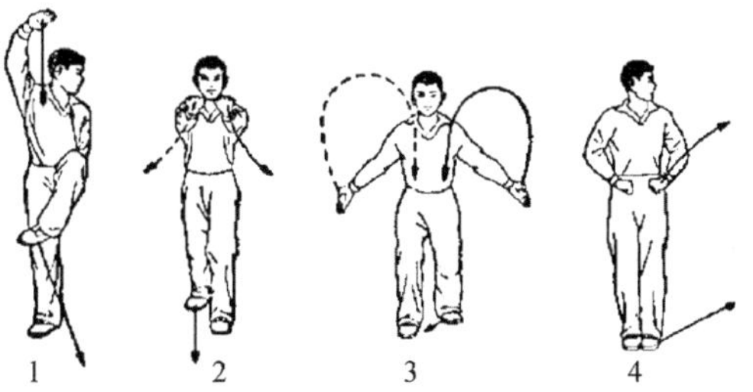

图 14-28　并步对拳

2. 第一段

图 14-29 弓步冲拳

(1) 马步格挡，弓步冲拳。成弓步时，右腿充分蹬直，脚跟不要离地。冲拳时，转腰顺肩（图 14-29）。

(2) 弹腿冲拳。支撑腿可微屈，弹出的腿要有爆发力，力点达于脚尖（图 14-30）。

(3) 马步冲拳。成马步时，大腿要平，两脚平行，脚跟外蹬，挺胸、塌腰，右拳向前冲出，目视右拳（图 14-31）。

(4) 弓步冲拳。左腿蹬直成右弓步，右拳收至腰侧，左拳向前冲出，目视左拳（图 14-32）。

图 14-30 弹腿冲拳

图 14-31 马步冲拳

图 14-32 弓步冲拳

图 14-33 弹腿冲拳

(5) 弹腿冲拳。左腿屈膝提起，脚面绷直，猛力向前弹出伸直，高与腰平（图 14-33）。左拳收至腰侧，右拳向前冲出。目视前方，弹出的腿要有爆发力，力点达于脚尖。

(6) 大跃步前穿。跃步要远，落地要轻，落地后立即接做下一个动作（图 14-34）。

图 14-34 大跃步前穿

图 14-35 弓步击掌

(7) 弓步击掌。右腿猛力蹬直成左弓步，左掌经左脚面向后划弧至身后成勾手，左臂伸直，勾尖向上，右拳由腰侧变掌向前推出，掌指向上，掌外侧向前，目视右掌（图 14-35）。

(8) 马步架掌。右掌立于左胸前，左臂向左上屈肘抖腕亮掌于头部左上方，掌心向前，目右转视（图 14-36）。

图 14-36 马步架掌

3. 第二段

(1) 虚步栽拳。重心在右腿上，下蹲成左虚步。左拳下落于左膝上，拳眼向里，拳心向后，右拳屈肘向上架于头右上方，拳心向前（图 14-37）。目视左方。支撑腿与右臂充分伸直。

（2）提膝穿掌。左腿屈膝提起，脚尖内扣，右掌从腰侧经左臂内向右前上方穿出，掌心向上，左掌收至右胸前成立掌（图 14-38）。目视右掌。

（3）仆步穿掌。左脚脚尖里扣，右腿成仆步，左掌沿左腿方向穿出，两手臂成一直线。眼看左手（图 14-39）。

图 14-37　**虚步栽拳**

（4）虚步挑掌。右腿蹬直，重心前移至左腿，成左弓步。右掌稍下降，左掌随重心前移向前挑起，右脚向左前方上步，左腿半蹲，成右虚步（图 14-40）。身体随上步左转 180°。在右脚上步的同时，左掌由前向上、向后划弧成立掌，右掌由后向下、向前上挑起成立掌，指尖与眼平。目视右掌。要求上步要快，虚步要稳。

图 14-38　**提膝穿掌**

图 14-39　**仆步穿掌**

图 14-40　**虚步挑掌**

（5）马步击掌。右手做掳手时，先使臂稍内旋、腕伸直，手掌向下、向外转，接着臂外旋，掌心经下向上翻转，同时抓握成拳（图 14-41）。收拳和击掌动作要同时进行。

图 14-41　**马步击掌**

图 14-42　**叉步双摆掌**

图 14-43　**弓步击掌**

（6）叉步双摆掌。重心稍右移，同时两掌向下、向右摆，掌指均向上。目视右掌。右脚向左腿后插步，前脚掌着地（图 14-42）。两臂继续由右向上、向左摆，停于身体左侧，均成立掌，右掌停于左肘窝处。目随双掌转视。两臂要划立圆，幅度要大，摆掌与后插步配合一致。

（7）弓步击掌。两腿不动，左掌收至腰侧，掌心向上；右掌向上、向右划弧，掌心向下，左腿后撤一步，成右弓步（图 14-43）。右掌向下、向后伸直摆动，成勾手，勾尖向上；左掌成立掌向前推出。目视左掌。

（8）转身踢腿马步盘肘。两臂抡动时要划立圆，动作连贯。盘肘时要快速有力，右肩前送（图 14-44）。

图 14-44　转身踢腿马步盘肘

4. 第三段

（1）歇步抡砸拳。抡臂动作要连贯完成，划成立圆。歇步要两腿交叉全蹲，左腿大、小腿靠紧，臀部贴于左小腿外侧，膝关节在右小腿外侧，脚跟提起，右脚尖外撇，全脚掌着地（图 14-45）。

图 14-45　歇步抡砸拳

图 14-46　仆步亮掌

（2）仆步亮掌。仆步时，左腿充分伸直，脚尖里扣，右腿全蹲，两脚脚掌全部着地，上体挺胸、塌腰，稍左转（图 14-46）。

（3）弓步劈拳。右腿蹬地立起，左腿收回并向左前方上步，右掌变拳收至腰侧，左勾手变掌由下向前上经胸前向左做掳手（图 14-47）。右腿经左腿前方向左绕上一步，左腿蹬直成右弓步。左手向左平掳后再向前挥摆，虎口朝前。在左手平掳的同时，右拳向后平摆，然后再向前、向上做抡劈拳，拳高与耳平，拳心向上，左掌外旋接扶右前臂。目视右拳。左、右脚上步时稍带弧形。

图 14-47　弓步劈拳

（4）换跳步弓步冲拳。换跳步动作要连贯、协调。震脚时腿要弯曲，全脚掌着地，左脚离地不要高（图 14-48）。

（5）马步冲拳。上体右转 90°，重心移至两腿中间，成马步，右拳收至腰侧，左掌变拳向左冲出，拳眼向上（图 14-49）。目视左拳。

图 14-48　换跳步弓步冲拳

图 14-49　马步冲拳

图 14-50　弓步下冲拳

（6）弓步下冲拳。右腿蹬直，左腿弯曲，上体稍向左转，成左弓步。左拳变掌向下经体前向上架于头左上方，掌心向上，右拳自腰侧向左前斜下方冲出（图 14-50）。目视右拳。

图 14-51　叉步亮掌侧踹腿

（7）叉步亮掌侧踹腿。叉步时上体稍向右倾斜，腿、臂的动作要一致。侧踹高度不能低于腰，大腿内旋，着力点在脚跟（图 14-51）。

图 14-52　虚步挑拳

（8）虚步挑拳。左脚在左侧落地。右掌变拳稍后移，左勾手变拳由体后向左上挑，拳背向上，上体左转 180°，微含胸前俯（图 14-52）。左拳继续向前、向上划弧上挑，右拳向下、向前划弧挂至右膝外侧，同时右膝提起。目视右拳。右脚向左前方上步，脚尖点地，重心落于左脚，左腿下蹲成右虚步。左拳向后划弧收至腰侧，拳心向上，右拳向前屈臂挑出，拳眼斜向上，拳与肩同高。日视右拳。

5. 第四段

（1）弓步顶肘（图 14-53）。交换步时不要过高，但要快。两臂抡摆时要成圆弧。

（2）转身左拍脚。右掌拍脚时手掌稍横过来，拍脚要准而响亮（图 14-54）。

图 14-53　弓步顶肘

图 14-54　转身左拍脚

（3）右拍脚。左脚向前落地，左拳变掌向下、向后摆，右掌变拳收至腰侧，右腿伸直向前上踢起，脚面绷平，左拳变掌由后向上、向前拍击右脚面（图 14-55）。

（4）腾空飞脚。蹬地要向上，不要太向前冲，左膝尽量上提（图 14-56）。击响要在腾空时完成，右臂伸直成水平。

图 14-55　右拍脚

图 14-56　腾空飞脚

图 14-57　歇步下冲拳

（5）歇步下冲拳。左、右脚先后相继落地。左掌变拳收至腰侧，身体右转 90°，两腿全蹲成歇步，右掌抓握、外旋变拳收至腰侧；左拳由腰侧向前下方冲出，拳心向下（图 14-57）。目视左拳。

（6）仆步抡劈拳。重心升高，右臂由腰侧向体后伸直，左臂随身体重心升高向上摆起，以右脚前脚掌为轴，左腿屈膝提起，上体左转 270°。左拳由前向后下划立圆一周；右拳由后向下、向前上划立圆一周。左腿向后落一步，屈膝全蹲，右腿伸直，脚尖里扣成右仆步。右拳由上向下抡劈，拳眼向上；左拳后上举，拳眼向上（图 14-58）。目视右拳。

图 14-58　仆步抡劈拳

（7）提膝挑掌。重心前移成右弓步。同时右拳变掌由下向上抡摆，左拳变掌稍下落，右掌心向左，左掌心向右。左、右臂在垂直面上由前向后各划立圆一周。右臂伸直停于头上，掌心向左，掌指向上，左臂伸直停于身后成反勾手。同时左腿屈膝提起，右腿挺膝伸直独立（图 14-59）。目视前方。

（8）提膝劈掌。右掌由上向下猛劈伸直，停于右小腿内侧，用力点在小指一侧；左勾手变掌，屈臂向前停于右上臂内侧，掌心向左。目视右掌。

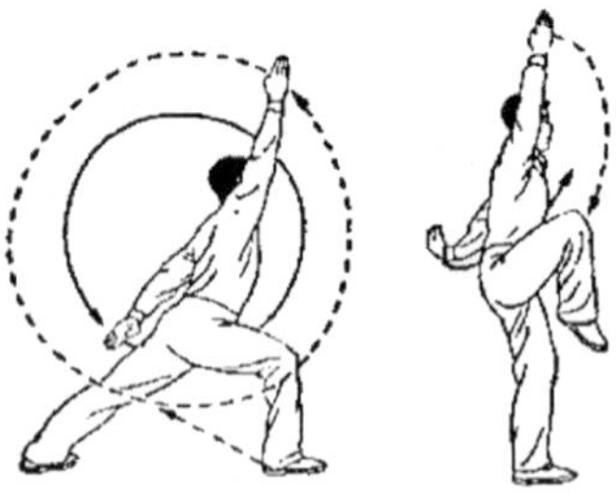

图 14-59　提膝挑掌

图 14-60　弓步冲拳

（9）弓步冲拳。右脚向右后落地；身体右转 90°，同时左掌变拳收至腰侧，右臂内旋向右划弧做劈掌上动不停，左腿蹬直成右弓步。右手抓握变拳收至腰侧，左拳由腰侧向左前方冲出（图 14-60）。目视左拳。

6. 结束动作

（1）虚步亮掌。右脚扣于左膝后，两拳变掌，两臂右上左下屈肘交叉于体左前（图 14-61）。目视右掌。右脚向右后落步，重心后移，右腿半蹲，上体稍右转。同时右掌向上、向右、向下划弧停于左腋下；左掌向左、向上划弧停于右臂上与左胸前，两掌心左下右上。目视左掌。左脚尖稍向右移，右腿下蹲成左虚步。左臂伸直向左、向后划弧成反勾手；右臂伸直向下、向右、向上划弧，抖腕亮掌，掌心向前。目视左方。

图 14-61　虚步亮掌

（2）并步对拳。左腿后撤一步，同时两掌从两腰侧向前穿出伸直，掌心向上。右腿后撤一步，同时两臂分别向体后下摆。左脚后退半步向右脚并拢。两臂由后向上经体前屈臂下按，两掌变拳，停于腹前，拳心向下，拳面相对（图 14-62）。目视左方。

图 14-62　并步对拳

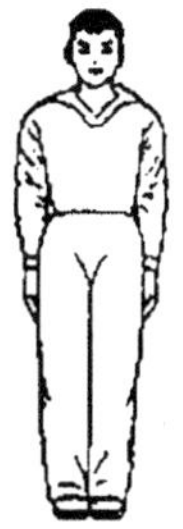

图 14-63　还原

（3）还原。两臂自然下垂，目视正前方（图 14-63）。

二、二十四式简化太极拳

（一）预备姿势

身体自然直立，两腿自然伸直，两脚脚尖向前；胸部放松，不要故意挺胸或收腹；两臂自然下垂，两手放在两腿外侧，手指微屈；头颈正直，下颌回收，口微闭，上齿轻叩下齿，舌抵上腭，面部表情自然，眼平视前方；精神集中，全身放松。

（二）起势

左脚开立，两臂前举，屈膝、按掌（图 14-64）。

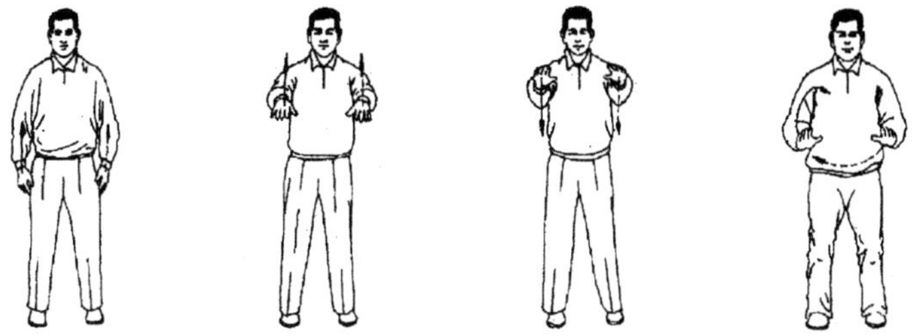

图 14-64　起势

（三）左右野马分鬃

（1）左野马分鬃：稍右转体，收脚抱球，转体上步，弓步分手。

（2）右野马分鬃：后坐撇脚，收脚抱球，转体上步，弓步分手。

（3）左野马分鬃：后坐撇脚，收脚抱球，转体上步，弓步分手（图 14-65）。

图 14-65　左右野马分鬃

（四）白鹤亮翅

稍右转体，跟步抱球，后坐转体，虚步分手（图 14-66）。

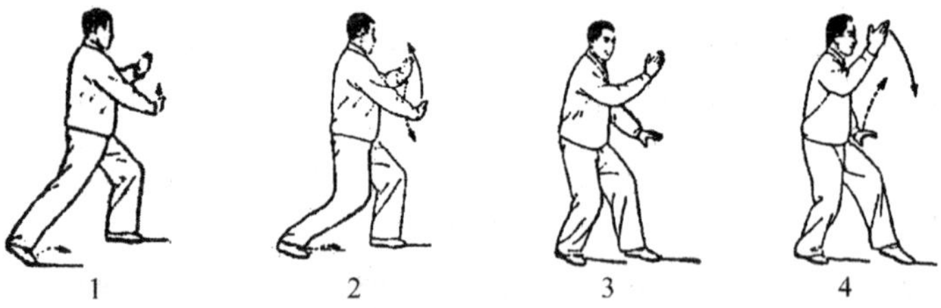

图 14-66　白鹤亮翅

（五）左右搂膝拗步

（1）左搂膝拗步：转体摆臂，摆臂收脚，上步屈肘，弓步搂推。

（2）右搂膝拗步：后坐撇脚，摆臂收脚，上步屈肘，弓步搂推。

（3）左搂膝拗步：后坐撇脚，摆臂收脚，上步屈肘，弓步搂推（图 14-67）。

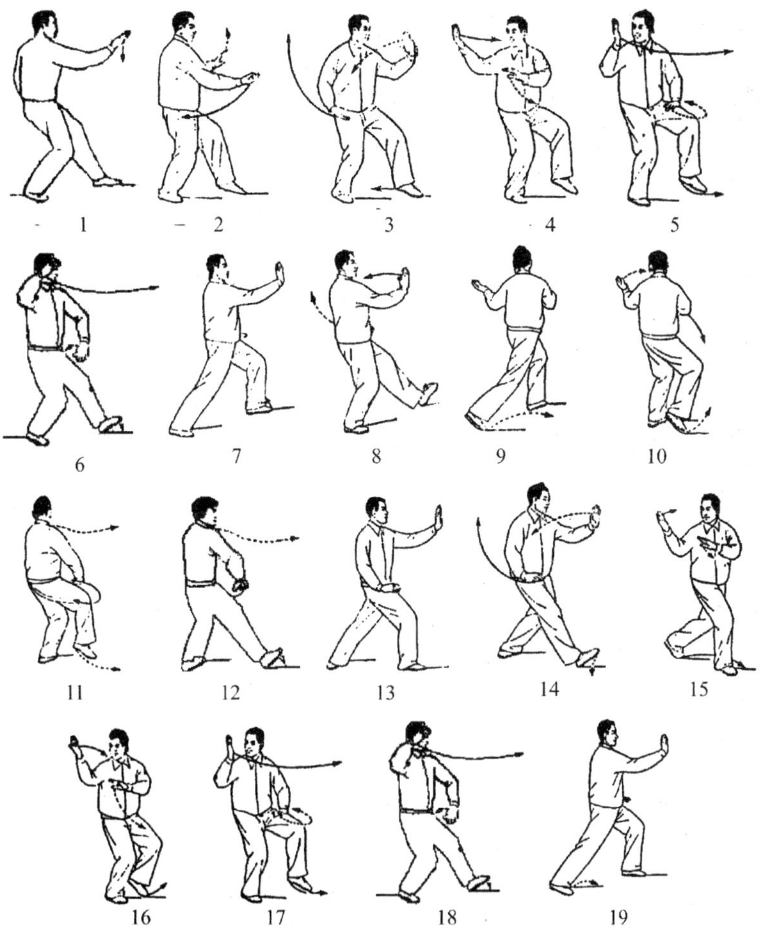

图 14-67　左右搂膝拗步

（六）手挥琵琶

跟步展臂，后坐引手，虚步合手（图 14-68）。

图 14-68　手挥琵琶

（七）左右倒卷肱

（1）右倒卷肱：稍右转体，撤手托球，退步卷肱，虚步推掌。

（2）左倒卷肱：稍左转体，撤手托球，退步卷肱，虚步推掌。

（3）右倒卷肱：稍右转体，撤手托球，退步卷肱，虚步推掌。

（4）左倒卷肱：稍左转体，撤手托球，退步卷肱，虚步推掌（图 14-69）。

图 14-69　左右倒卷肱

（八）左揽雀尾

转体撤手，收脚抱球，转体上步，弓步挪臂，摆臂后捋，转体搭手，弓步前挤，转腕分手，后坐引手，弓步前按（图 14-70）。

（九）右揽雀尾

后坐扣脚，收脚抱球，转体上步，弓步挪臂，摆臂后捋，转体搭手，弓步前挤，转腕分手，后坐引手，弓步前按（图 14-71）。

图 14-70　**左揽雀尾**

图 14-71　**右揽雀尾**

（十）单鞭（一）

转体抬臂，右脚内扣，上体右转，勾手收脚，转体上步，弓步推掌（图 14-72）。

图 14-72 单鞭（一）

（十一）云手

后坐扣脚，转体勾手，并步云手，开步云手，并步云手，开步云手，开步云手，扣脚云手（图 14-73）。

图 14-73 云手

（十二）单鞭（二）

转体勾手，转体上步，弓步推掌（图 14-74）。

图 14-74 单鞭（二）

(十三) 高探马

跟步托球，后坐卷肱，虚步推掌（图 14-75）。

1　2　3

图 14-75　高探马

(十四) 右蹬脚

穿手上步，分手弓腿，收脚合抱，蹬脚分手（图 14-76）。

1　2　3　4　5　6　7

图 14-76　右蹬脚

(十五) 双峰贯耳

屈膝并手，上步落手，弓步贯拳（图 14-77）。

1　2　3　4

图 14-77　双峰贯耳

(十六) 转身左蹬脚

后坐扣脚，转体分手，收脚合抱，蹬脚分手（图 14-78）。

1　2　3　4　5　6

图 14-78　转身左蹬脚

（十七）左下势独立

收脚勾手，屈蹲撤步，仆步穿掌，弓腿起身，独立挑掌（图 14-79）。

图 14-79　左下势独立

（十八）右下势独立

落脚勾手，碾脚转体，屈蹲撤步，仆步穿掌，弓腿起身，独立挑掌（图 14-80）。

图 14-80　右下势独立

（十九）左右穿梭

（1）右穿梭：落脚抱球，转体上步，弓步架推。

（2）左穿梭：后坐撇脚，收脚抱球，转体上步，弓步架推（图 14-81）。

图 14-81 左右穿梭

(二十) 海底针

跟步提手，虚步插掌（图 14-82）。

(二十一) 闪通臂

提手提脚，弓步推掌（图 14-83）。

图 14-82 海底针

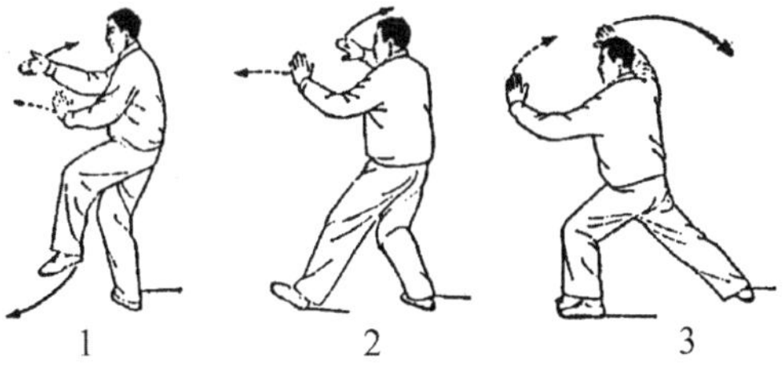

图 14-83 闪通臂

(二十二) 转身搬拦捶

后坐扣脚，坐腿握拳，摆步搬拳，转体收拳，上步拦掌，弓步打拳（图 14-84）。

图 14-84　转身搬拦捶

（二十三）如封似闭

穿手翻掌，后坐引手，弓步前按（图 14-85）。

图 14-85　如封似闭

（二十四）十字手

后坐扣脚，弓步分手，交叉搭手，收脚合抱（图 14-86）。

图 14-86　十字手

（二十五）收势

翻掌分手，垂臂落手，并步还原（图 14-87）。

图 14-87　收势

第四节　防身术

一、防身术的攻击部位与实用技法

(一) 攻击部位

防身术常用的攻击部位是人体的关节和人体薄弱环节，也是人体的易控关节与要害部位。

1. 人体易控关节

人体中骨与骨相连接能活动的部位叫关节。人体关节受到超过生理限度的打击或压迫时，就会造成脱臼或韧带撕裂，从而失去正常功能。在进行自我防卫的过程中，要想做到控制一名歹徒的关节，完整实施防卫动作，实属不易，需要通过系统训练，身体素质达到一定的条件和掌握必要技能后，才能达到很好的效果。

易控关节主要有颈部关节、肩关节、肘关节、腕关节、指关节、膝关节、踝关节等(图 14-88)。

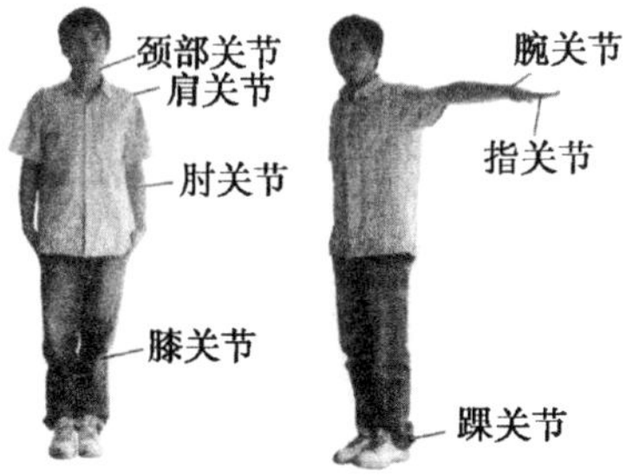

图 14-88　人体易控关节

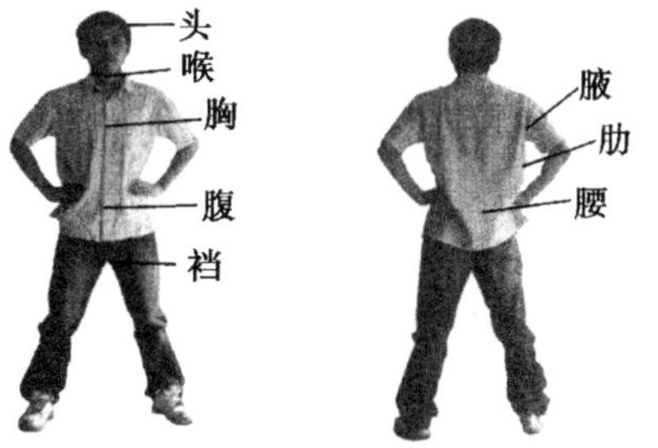

图 14-89　人体要害部位

2. 人体要害部位

人体要害部位是指人体遭受外力打击或挤压和强烈振动时，最容易造成昏迷、伤残、休克、致死，以及使某些组织器官、神经或肌肉发生功能性障碍的部位。根据承受打击的能力，人体要害部位是裆部、头部（眼睛、后脑）、腋下、咽喉（颈部动脉）、肋部、腹部、腰部、胸腔(图 14-89)。这些部位是防卫者常用的最佳攻击目标。有的要害部位若被击，可达到一招制胜的效果，有的可使人暂时失去抵抗能力。所以攻击对手时，要有击打要害的意识。如果击不中要害，攻击就不易奏效；如果能击中要害，即使轻轻一点，也会收到事半功倍的效果。

（1）头部。头部是人体的主宰，有听、视、嗅觉功能以及大脑、小脑等重要器官。其要害部位有眼睛、后脑、太阳穴、耳后穴等，这些部位若受到拳脚、外物等重力打击，会使人昏迷甚至死亡。这其中眼睛为“明穴”，更被称为身之主。它是公开暴露的，又是要害，若受到点、戳等打击，轻者会流泪不止、怕光而睁不开，重者会眼内大量出血或发生水肿，甚至失明。

（2）喉部。喉部通常称为咽喉，这一部位面积较大，包括呼吸道和食道，两侧附有颈动脉血管。若用力卡压、锁喉，以掌、指、拳等重力击打，就会使呼吸和血流受阻，使人头昏、休克甚至死亡。

（3）胸腔。胸腔内有心肺等重要器官。胸腔受到拳、掌、肘、膝等重力击打或压迫时，就会使心肺受到损伤，失去正常功能（尤其是我们俗称的“心窝”三角部位）。

（4）腹部。腹腔内有肝、脾、胃、肾、膀胱等重要器官，壁腹膜神经末梢丰富，感觉非常灵敏。若受到拳、膝、脚等重力打击或压迫，可导致剧痛昏迷或损伤，失去正常功能。

（5）腰部。腰部是连接上体与下体，维持身体正常姿态的重要部位，起着传导重力的作用，若受到拳、脚、膝的猛力打击，腰椎、肾脏会失去正常功能。

（6）肋部。人体共有十二对肋骨。由于肋骨细长，若受到拳、脚、肘等重力打击或压迫，可导致疼痛、骨折，甚至使内脏器官损伤，呼吸困难，失去正常功能。

（7）裆部。裆部是指生殖器官，也是人体神经末梢最丰富的地方。若受到顶、撞、抓、踢、撩等打击，会造成剧痛或昏迷。在防卫技术中对裆部的动作俗称为“击裆术”，它也是女子防卫的惯用招法。

（8）腋下。腋下有丰富的神经组织，又紧靠人体重要的内脏器官——肺脏。人体背骨、胸骨的防护，在这里恰巧形成交接空缺。腋下遭遇打击，轻则疼痛憋闷难忍，重则吐血窒息。

（二）实用技法

防身术的实用技法按受敌方位分为正面迎敌、侧面迎敌、背面迎敌和综合技艺四种类型。

1. 正面迎敌

受敌正面攻击时，可采用以下招式。

（1）头撞。以额头为武器攻击对手，在武术中被称为头锋。头部虽然要害薄弱部位最多，但也有坚实的区域，就是额。有人做过试验，人的前额能承受 1 000 kg 的压力。徒手对前额的攻击，若无特殊功力，一般都是攻击一方受伤。而以头锋击人，却颇见威力。头锋攻击，主要用于撞击对手面部和胸部（图 14-90），一般而言，撞击面部效果较好。撞击面部要瞄准鼻梁处三角区，千万不能撞在对方前额上，导致互伤。

动作要点：注意用发际以下、眉弓以上的前额撞击对方的面部或胸腹部，用力要狠，力点要准。

1 2

图 14-90 头撞

1 2

图 14-91 弹踢裆部

（2）弹踢裆部。面对歹徒正面攻击，应成站立实战姿势，一腿支撑，一腿屈膝抬腿，脚背绷直，力达脚背，向歹徒裆部弹踢（图 14-91）。

动作要点：绷脚尖，用踝关节和脚背踢击裆部。

（3）正侧踢：先转体，一腿上抬，屈膝，勾脚尖，由屈到伸向前端击，力达脚跟；低踹腿可踹胫骨和膝（图 14-92），中端腿可踹歹徒腹部。

动作要点：迎击对方胫骨上的瞬间，注意把踝关节勾紧，保持自身的平衡。

（4）压腕撞头。面对歹徒单手抓胸，可立即双手紧压其腕，重心下沉，上体前倾，同时用前额撞其面部（图 14-93）。

动作要点：压腕要紧，撞头要狠，压腕与撞头要同时进行。

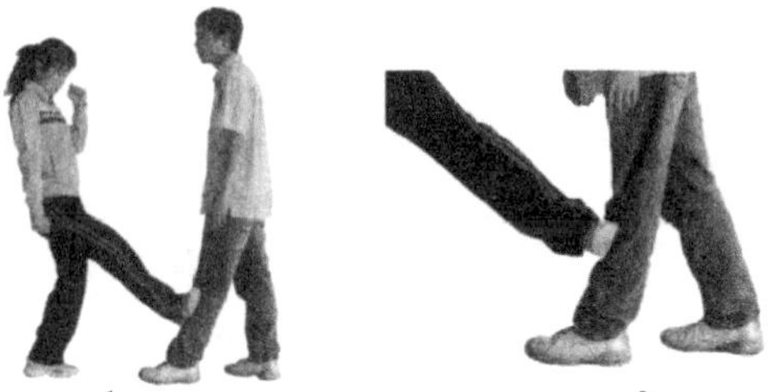

1 2

图 14-92 低踹腿

图 14-93 压腕撞头

（5）锁腕踢头。如歹徒正面抓腕，可立即用另一手按压其手，同侧手外旋，擒拿其腕，再踢其头部（图 14-94）。

动作要点：锁腕以后，要注意将对方手拉直，用低边腿弹踢其面部。

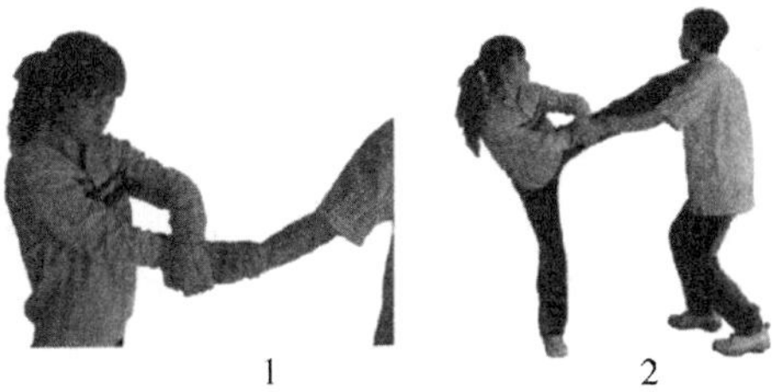

1 2

图 14-94 锁腕踢头

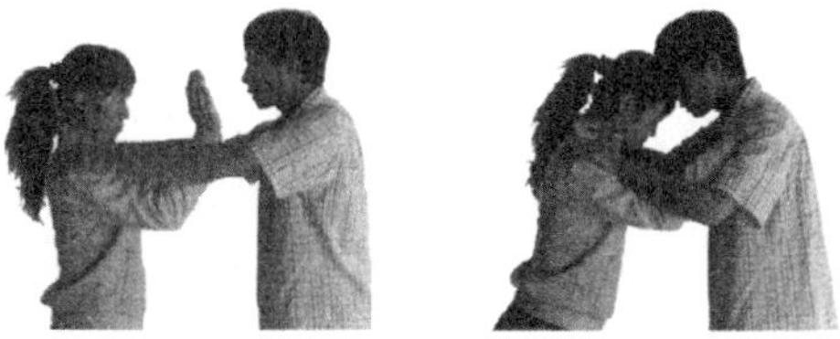

1 2

图 14-95 开山震虎

（6）开山震虎。如被歹徒双手搭在肩上，双臂立即向上、向外撑架、格挡，同时，用头撞其面部（鼻梁）（图 14-95）。

动作要点：两臂撑架要快速、准确，头撞要猛，力点要准。

（7）挟臂抱摔。如被歹徒直拳击向面部，要立即用双手格挡挟住其臂，再上步用肘击其面部，同时用腿绊踢其脚跟部，将其摔倒在地（图 14-96）。

动作要点：挟臂、肘击和绊踢要同时进行，协调一致。

图 14-96　挟臂抱摔

（8）侧闪撞膝。如被歹徒直拳击向面部，还可向侧闪躲，两手按压其肩臂，用膝撞击其肋间或胸腹部（图 14-97）。

动作要点：闪躲要及时，按压要与撞膝动作协调配合。

（9）踢胫击面。如歹徒单手抓胸挑衅，可一手格挡，一腿踢敌胫骨，同时用另一手掌击其面部（图 14-98）。

动作要点：格挡、脚踢和掌击要同时进行。

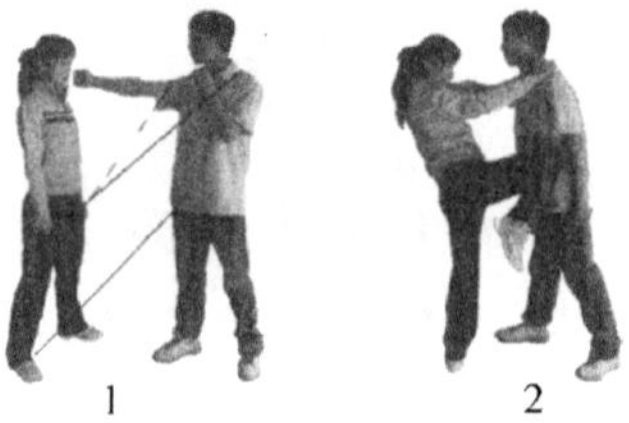

图 14-97　侧闪撞膝

图 14-98　踢胫击面

（10）狮子摇头。如歹徒正面抓肩，可上前一步，同时一手按压其手腕，同侧手外旋托其肘部，像狮子摇头般地擒住其手臂（图 14-99）。

动作要点：压腕与托肘要配合用力（反向用力），不容对方屈臂松脱。

（11）前上翻。如被歹徒袭击胸部，要立即用同侧手前臂先格挡，后抓腕，一脚上步，另一手下穿反压其手腕，将其擒住（图 14-100）。

动作要点：压腕和下穿之手相交，握住其手腕，反关节，使其前臂外上翻。

（12）抱腰摔。如歹徒出拳袭击或伸手挑衅，可向外格挡抓握其手腕，上前一步紧抱其腰，身体贴紧敌髋部，用力将歹徒摔倒在地，倒地的同时将其手臂缠绕其颈部，单腿跪压在其背部，将其擒住（图 14-101）。

动作要点：格挡、上步要同时完成，抱摔用力要快。

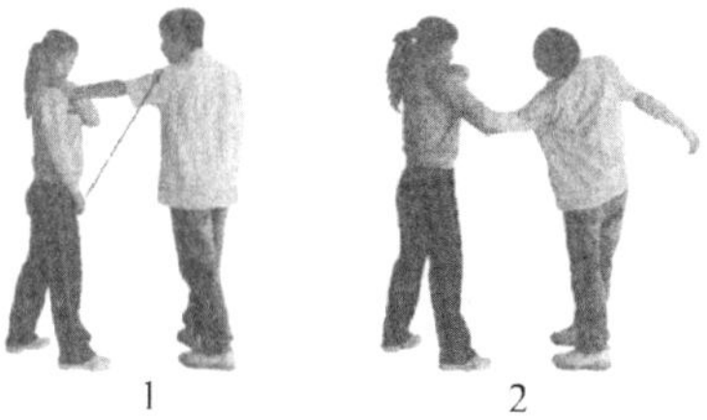

图 14-99　狮子摇头

图 14-100　前上翻

图 14-101　抱腰摔

（13）英雄跨虎。如被歹徒左直拳击打，可右手格挡、抓腕，左手抓其上臂，两手一起用力向下、向后拉，同时，用左腿向后绊踢其前腿，迫使其倒地，然后跨骑在歹徒左肩上，同时压其手腕（图 14-102）。

动作要点：向斜下用力，使其手臂保持伸直状态，同时绊踢对方的支撑腿。

（14）上步挎篮。如歹徒抓向手臂，可上前一步，用同侧手格挡、握其腕，用另一手臂击其肘部，反绕抓住其肩，握腕之手使其屈臂，同时用力上推，侧跨一步成弓步，如挎篮动作将其擒住（图 14-103）。

动作要点：抓肩要快，推臂要狠。

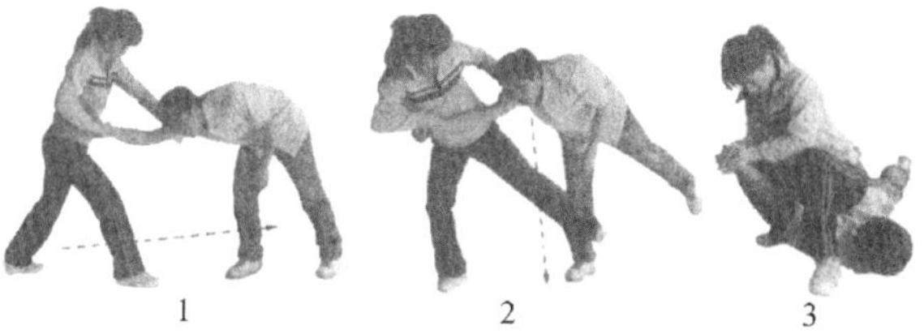

图 14-102　英雄跨虎

图 14-103　上步挎篮

（15）拉臂别肘。如被歹徒正面摆拳击打头部，可用同侧手格挡、抓腕，另一手穿插在其臂下，抓拉其肘部，向前推压，将其擒住（图 14-104）。

动作要点：拉臂动作与推肘动作要同时用力。

图 14-104　拉臂别肘

2. 侧面迎敌

（1）挑肘击颌。如被歹徒侧面双手抱腰，可立即屈肘用力向上挑肘，击打歹徒下颌（图14-105）。

动作要点：要在歹徒未抱紧时快速掀肘击之。

（2）屈肘击腹。如被歹徒侧面单手搂脖，可立即屈肘用力向后击肘，击打歹徒腹部（图 14-106）。

动作要点：击打腹部时，用力要猛，向击打方向拧腰。

（3）拉腕踢摔。如被歹徒侧面拉住手腕，要立即反手握住其手，向内旋转，向下、向后拉其手臂，同时用低踹腿踢其胫骨，将其摔倒（图 14-107）。

动作要点：往后拉臂的同时，用力踢击。

图 14-105　挑肘击颔

图 14-106　屈肘击腹

图 14-107　拉腕踢摔

（4）别翅压肘。如被歹徒侧面拍打肩部，要立即按压其手掌，同侧手屈臂滚压其肘部（图 14-108）。

动作要点：压手掌要紧，不能松，屈臂、滚压要快。

（5）压腕击面。如被歹徒侧面拍打肩部，还可拍压其前臂，同侧手屈臂握拳，鞭拳击其面部（图 14-109）。

动作要点：用拳面击其鼻梁。

（6）弓步顶肘。如被歹徒侧面拉住衣袖，可拍击其前臂，同侧手屈臂握拳，用肘击其肋间（图 14-110）。

动作要点：拍击、顶肘要一气呵成。

图 14-108　别翅压肘

图 14-109　压腕击面

1　2

图 14-110　弓步顶肘

3. 背面迎敌

（1）后面抱腰。

① 仙人摘桃。如被歹徒从后面双手抱腰，可立即上体前俯，一手从两腿之间向后伸出，反手抓、握其生殖器（图 14-111）。

动作要点：前俯腰要快，保持身体平衡，撩阴掌要快而准。

② 折指解围。如被歹徒从后面双手抱腰，还可抓住其手指，向相反方向折其手指（图 14-112）。

动作要点：折手指时，最好是折一个手指。

③ 下蹲拉腿。如被歹徒从后面双手抱腰，也可下蹲成马步，两手握住其腿，向前、向上拉，将其摔倒（图 14-113）。

动作要点：应确定歹徒一腿在自己裆下时才能运用此招，并注意保持自身平衡，拉腿要快而有力。

④ 压腕撞头。如被歹徒从后面双手抱腰，也可一手抓其手腕反其关节，另一臂屈肘，回身用肘尖撞其头部（图 14-114）。

动作要点：转身要快，发力要猛。

图 14-111 仙人摘桃

图 14-112 折指解围

图 14-113 下蹲拉腿

图 14-114 压腕撞头

⑤ 吸气撞肘。如被歹徒从后面搂抱，可吸气外展，再呼气缩身下沉，用肘后击其腹部（图 14-115）。

动作要点：此招是被歹徒抱紧以后，采用吸气使胸腔扩大，再呼气缩小胸腔，利用瞬间空隙差距，下沉、撞肘。

⑥ 震脚撞头。如被歹徒从后面搂抱，也可提膝震脚，用脚后跟踩其脚背，同时抬头撞击其面部（图 14-116）。

动作要点：震脚、撞头要同时进行。

图 14-115 吸气撞肘

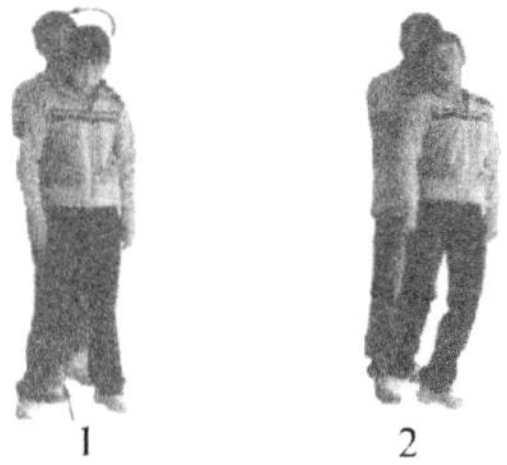

图 14-116 震脚撞头

（2）后面搂脖、抓肩。

① 仰头撞面。如被歹徒从后面单手搂脖，可仰头撞击其面部（图 14-117）。

动作要点：用心感受其呼吸，用力向后撞击其头部。

② 屈肘撞腹。如被歹徒从后面双手抓肩，可屈肘回身，用肘撞击其腹部（图 14-118）。

动作要点：回身要快，用力要猛。

③ 回头擒猿。如被歹徒从后面单手抓肩，可回身用异侧手按压其手掌，同侧手内旋缠绕其手臂，按压在敌胸前（图 14-119）。

动作要点：按压手掌的手要紧，缠绕要快。

图 14-117 仰头撞面

图 14-118 屈肘撞腹

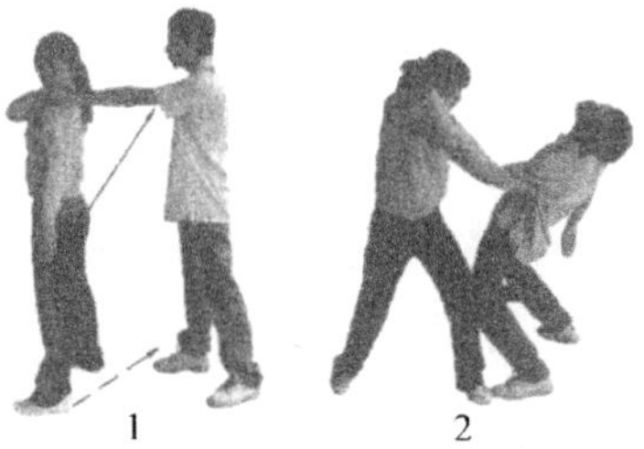

图 14-119 回头擒猿

（3）后面抓头。

① 回身踢裆。如被歹徒从后面抓头，可用双手按压其手腕，反其腕关节，回身脚踢其裆(图 14-120)。

动作要点：按压、反其关节和回身要一致，踢裆要狠。

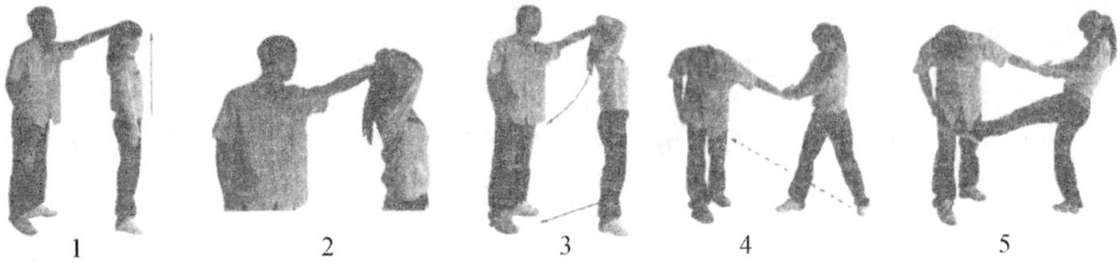

图 14-120　回身踢裆

② 退步撞肘。如被歹徒抓住头发或辫子，可后退两步，用肘撞击其胸部（图 14-121）。

动作要点：退步与撞肘要同时完成。

图 14-121　退步撞肘

4. 综合技艺

（1）如被歹徒按压成仰卧姿势，这时歹徒可能站着、跪着、坐着、趴着、骑在仰卧者身上，也可能卧靠在旁边，或仅以上身压着仰卧者，另外，也可能抓领、抓肩、搂脖或掐喉。但是，不管其处于上述哪种情况，都要尽可能地采取攻其要害、一招制敌的方法。

① 仰卧踢裆。歹徒站立，两腿分跨于仰卧者上体左右，俯身抓、掐、压制仰卧者，这时，仰卧者腰部上抬、举腿，用力蹬击其裆部，将其踢倒在地（图 14-122）。

动作要点：用脚踢击小腹，两手推其上体。

② 插击腋窝：若对方手肘抬起，露出腋下，可用掌夹、凤眼捶、勾手等猛击其腋窝(图 14-123)。

动作要点：插击时机是歹徒向前伸臂之时，用指尖插向歹徒腋窝。

图 14-122　仰卧踢裆

图 14-123　插击腋窝

图 14-124　二龙戏珠

③ 二龙戏珠。直接戳击对方眼睛或戳击对方咽喉，有意想不到的效果，因为这时距离很近（图 14-124）。

动作要点：瞄准眼球，指尖对准插击。

④ 肘击头部。如果手臂未被压住，对方的手臂又未形成阻隔（多在抱胸腰时），可用肘尖横击其太阳穴（图 14-125）。

动作要点：用腰腹之力、旋臂之力，向内猛击其头。

⑤ 口咬鼻舌。如歹徒强行亲吻仰卧者，可抓住机会咬掉其鼻尖或舌尖。但要注意的是，被咬伤后的歹徒可能更丧心病狂。因此，要在狠咬之后，趁其负痛一时失智的机会，连续进攻，再对其要害部位实施攻击（图 14-126）。

动作要点：口咬要果断，趁歹徒慌乱之时，继续击打其要害部位。

图 14-125　肘击头部

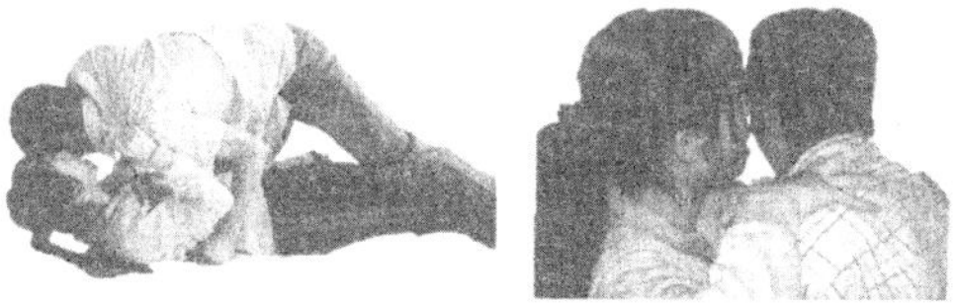

图 14-126　口咬鼻舌

⑥ 撞击鼻梁。双手托住歹徒双肩，以头锋撞其鼻梁，撞击要猛（图 14-127）。

动作要点：用前额部位，对准鼻梁撞击。

⑦ 膝撞腹部。两手扶地或抓住歹徒肩部，屈膝，用膝撞击歹徒腹部（图 14-128）。

动作要点：要找到支点，发力要狠。

（2）侧卧被按压。被歹徒搂抱成侧位时，可采用的防卫方法有头撞、脚踢、肘击等多种方法。

① 侧踹踢裆。倒地后成侧卧姿势，被歹徒按压，这时，最好的解脱方法是屈腿，用侧踹腿踢其裆部（图 14-129）。

动作要点：屈腿要快，发力要猛。

图 14-127　撞击鼻梁

图 14-128　膝撞腹部

图 14-129　侧踹踢裆

② 后脑撞面。如果被歹徒侧位抱住欲强吻，则退后一步，背对歹徒，再用后脑撞击歹徒面部（图 14-130）。

动作要点：用后脑撞击歹徒鼻梁。

③ 肘击肋间：如果歹徒侧位搂抱，则可回身用肘尖向后撞击其肋间（图 14-131）。

图 14-130　后脑撞面

动作要点：转身与撞击动作要连贯。

（3）如自己俯卧且被歹徒按压，要尽一切可能变成侧位或仰卧位，这样就可以用前面介绍的方法进行自救。如果不行，可以尝试下面的方法抗暴。

① 肘击头部。俯卧在地时，如果歹徒头很近，可以用一手撑住地面，使上体向上抬高一点，另一手屈臂，用肘向后击打歹徒太阳穴或面部（图 14-132）。

动作要点：撑地之手要稳，肘击头部要狠。

② 仰头击面。俯卧在地时，如果能够感觉到歹徒很靠近，也可以两手扶地，直接向后抬头撞击歹徒面部（图 14-133）。

动作要点：沉着冷静，先低头再抬头。

③ 缩身拱猪。如果歹徒骑坐在背上，可两手撑地，后缩上体，弓背撅臀，把歹徒摔倒在地上（图 14-134）。

动作要点：缩身向后，弓背抬臀。

图 14-131　肘击肋间

图 14-132　肘击头部

图 14-133　仰头击面

图 14-134　缩身拱猪

思考题

1. 武术有哪几种步型?
2. 武术有哪几种腿法?

第十五章　龙舟与龙狮

第一节　龙舟运动

一、龙舟运动的起源与发展

关于龙舟竞渡的起源，传说纷纭，流传最广的是源于纪念楚国爱国诗人屈原。公元前278年农历五月初五，爱国诗人屈原因政治主张不被采纳，反被小人诬陷，含恨抱石自沉汨罗江。楚人怜之，纷纷驾船争逐江上相救。以后这种说法流传越来越广，为各种传说中影响最大者。随着历史的推移，龙舟竞渡逐渐从民间地方习俗演变成具有官方色彩的专业竞技活动，形成有章法、有规范的龙舟体育文化，并蔓延到世界很多国家和地区，在浩瀚的世界体育大观园中占有一席之地。

1984年，国家体委将龙舟运动正式列为体育项目；1985年，中国龙舟协会成立，进一步促进了龙舟运动的开展。在国际上，伴随华人的迁移，龙舟运动传播到世界各地。1991年，国际龙联在香港成立，迄今该组织的成员已遍及亚、欧、美、澳、非五大洲近60个国家和地区。

龙舟运动与端午节密切相关，是端午节不可或缺的主要活动之一。在龙舟比赛中，紧张、激烈的比赛场面常常使人激动，“团结、协作、拼搏、进取”的龙舟精神则使人备受教育和感染。龙舟比赛不只是简单的竞赛，往往还要融入祭祀、点睛、游龙、采青、抢鸭子等传统民俗活动，形成了独特的龙舟文化。

二、龙舟运动基本技术

（一）划手技术

1. 坐姿

髋关节紧贴船舷，外侧腿紧蹬前隔舱板底部，内侧腿弯曲后收于坐板的前沿上。

2. 握桨

以右手为例。右手握桨即为拉桨手，或称为低位手。通常低位手握于桨颈处上一个把位，大拇指与食指紧握桨杆，中指、无名指、小指放松。左手或称为高位手，正握桨柄，大拇指顶住桨柄。双手不要握得太死，稍稍放松。

3. 插桨

插桨是从桨叶尖端接触水面到桨叶全部浸入水中的阶段。入水是力量传递的重要部分。运动员在前一个恢复阶段有力摆动的基础上，再加速将桨叶靠近船体向前与船体平行地推出，使桨叶入水角度为 80°~90°。这时，运动员的躯干前倾，使背部接近于面向划桨一侧，两臂伸直，抬高推桨的肘部，使拉桨肩向前，推桨肩稍后移，肘弯曲，手在头的上方（图 15-1）。

图 15-1　插桨

图 15-2　拉桨

4. 拉桨

发力应从腰开始，高位手应保持稳定支撑，用适度的力往下压，使桨稳稳抓住水。低位手的中指、无名指、小指开始紧握桨杆，直臂拉桨。腿要同时配合发力，用力大小与拉桨用力的大小应协调一致。拉桨紧靠船舷，与前进方向一致。弯曲的高位手随着躯干的抬起往后走，而不是向前下方推，低位手拉至膝盖后即可（图 15-2）。

5. 出桨

桨拉至膝盖后结束出水，不应再往后拉。双手向上提桨出水的同时，高位手向上、向内、向前随着身体转动提桨出水（图 15-3）。

图 15-3　出桨

图 15-4　回桨

6. 回桨

出桨之后，双手松弛握桨，腿、腰、背、肩、臂都要放松，桨下缘贴近水面，桨叶外侧边朝侧前方，向前呈小弧形到达桨位置。双手在空中运行路线和桨叶在水面运行路线都应以最短路线到达插桨位置（图 15-4）。

（二）鼓手技术

鼓手是全队最重要的人。比赛时，一个队的实力能否正常发挥，在很大程度上取决于鼓手。有一个好鼓手，全队就有希望划出好成绩。鼓手需要注意以下两种情况。

1. 鼓声节奏

一声重，一声轻，重声桨入水，轻声桨出水。双槌同时击鼓，或只敲一声，桨入水。

鼓声可以变化出许多敲法，不论鼓手怎样敲、划手怎样跟，目的只有一个，就是将插桨动作入水那一瞬间恰好落在鼓声节奏中的强拍上，使全队划桨动作整齐划一，节奏一致。

2. 鼓声力度大小与节奏快慢

利用鼓手鼓声力度大小和节奏快慢的变化，可有效地控制船速，鼓声力度大、节奏快，能有效地刺激划手中枢神经的兴奋性，调动情绪，奋力划进。

（三）舵手技术

舵手技术是龙舟技术的重要组成部分。船是否走得直，船速是否快，与舵手都有关系。舵手技术主要有点式技术、拨式技术和拖式技术三种。

1. 点式技术

舵入水中很快提出水面称为点式。这种技术在龙舟行进过程中方向改变较小时采用。

2. 拨式技术

船偏航较大时，选中水中一个点，迅速下桨朝相反方向横向拨桨打舵称为拨式。此技术主要应用于在风平浪静情况下的龙舟掉头、靠岸，以及龙舟进入航道时摆正航向。在有风浪的情况下，此技术一般不宜采用。

3. 拖式技术

船在行驶中，舵叶始终在水中控制方向称为拖式。当船体方向改变较大时就采用此技术。此技术为民间龙舟普遍采用。龙舟的掉头、靠岸，或者需大幅度、急速地改变方向时，可先采用拨式技术；当船的运行状况快要达到要求时，就应采用拖式技术，这样可保持船平稳。

（四）配合技术

1. 划手间的整体配合技术

（1）从上往下看，所有桨手均应紧靠船舷发力，每个划手要像一个人发力一样，要求在同一瞬间发力。

（2）从侧面看，下桨同时，出桨同时；下桨角度一致不拍水，出桨一致不带水花。

（3）从前往后看，插桨时，全体队员重心在船舷边；回桨时，全体队员重心在舱内。

2. 鼓手与划手的配合技术

鼓手事先应与划手约定好击鼓信息的传递方式。鼓手与划手应随时保持信息的传递与沟通，鼓手与划手是否配合得好，划手是否能跟齐划桨，决定着这个队的成绩。每个划手心里要有鼓点声，下桨抓水，要恰好落在鼓点上。

3. 舵手与划手的配合技术

舵手与划手之间的配合采用何种技术（点式技术、拖式技术、拨式技术），应根据比赛时的情况而定。

（五）起航技术

1. 无风浪时的起航技术

由 1、2 号划手控制进入航道的速度，1、2、3 号划手和 8、9、10 号划手与舵手控制好方向，使龙舟置于航道正中。起航时前 5 桨划距要大，拉全桨。

2. 有风浪时的起航技术

（1）顺风时。起航时如果顺风顺水，船会越过起点线。因此，要让船漂到起点，并划倒桨停住船，后面的队员和舵手抓住裁判船。

（2）逆风时。起航时如果逆风逆水，船会退至起点线外。如果在后退时起航，将遇到比顺风时更大的阻力，船更难起动。因此，逆风起航时，船千万不要越过起点，可由 1、2、3 号划手严格控制速度。

(3) 侧风时。侧风情况下使船对直航泊船最为困难。所以，侧风情况下的起航，与顺风和逆风情况下的起航和泊船技术是不同的。例如，在遇有左前侧风或右后侧风的情况下，泊船应把船向右摆，8、9、10 号三个桨手控制泊船角度和方向。侧风情况下起航时舵手应尽量少下桨打舵，否则将使起航速度受到极大影响。泊船的倾斜角度应视风力大小而定。

三、龙舟运动比赛的场地、器材及参赛队员

(一) 场地

根据河道条件，设男女 400 m、500 m、600 m、800 m、1 000 m 直道竞速（可按当地条件变更距离)。

比赛应设在静水水域，航道是直的，起航线与终点线必须平行并与航道线垂直。

根据参赛队数及场地条件，设 2 或 4、6、8 条航道，每条航道宽度可按 9 m、11 m、13. 5 m 布置。航道最浅处水深不得小于 2. 50 m，航道内不得有水草、暗礁和木桩，航道外 5 m 内应无障碍物。

(二) 器材

由大会统一提供的器材必须用同样材料和相同工艺制造。

按国家体育总局审定的最新龙舟竞赛规则举办的龙舟赛，由承办单位提供统一规格的标准龙舟和其他配套装置。划桨可由参赛队自备，但赛前须经器材检查裁判检查验收，贴上合格字样（防水）标志后方可在比赛中使用。

全国比赛和国际比赛使用的比赛器材，必须向中国龙舟协会认可的生产厂家订制。

每条龙舟必须配有规格一致的龙头、龙尾、鼓和鼓架。龙头、龙尾的造型可自行设计，但必须与龙舟接口严合。

(三) 参赛队员

队员必须身体健康，会游泳，熟悉水性。

龙舟参赛队员为 25 人，每队设队长 1 名（运动员兼)，比赛时必须佩戴标志。每队登舟比赛队员为 23 人，包括舵手、锣手、鼓手各 1 人，划手 20 人。每队替补队员 2 人，替换时须经裁判员验明资格，并于检录登舟前替换完毕，登舟后不得替换。

第二节　舞龙运动

舞龙是指运动员在龙珠的引导下，手持龙具，随鼓乐或音乐伴奏，通过人体运动和姿势的变化，完成龙的游、穿、腾、跃、翻、滚、戏、缠、组图造型等动作和套式，充分展示龙的精、气、神、韵等内容的一项民族传统体育项目，反映了龙所象征的中华民族不屈不挠、奔腾争跃、喜庆祥和的精神风貌。

舞龙运动的发展有悠久的历史。最初舞龙是古代劳动人民为了祈求风调雨顺、五谷

丰登的仪式。经过漫长时间的发展，舞龙活动的宗教、神话色彩逐渐被淡化，其娱乐、喜庆、健身等功能得以强化。近年来，舞龙运动迅速发展起来，并被列为全国正式比赛（四类）项目，民间民俗传统舞龙活动走向了现代竞技舞龙运动发展的道路。舞龙运动突出的社会价值和文化功能，极大地迎合了高校的需求，被很多大中专院校引入体育实践中，成为高校体育教育的重要内容。2003 年，中国大学生体育协会舞龙舞狮分会挂牌成立，随后便推出“百校龙狮进课堂”推广计划，十年来加盟高校已逾百所。两年一届的全国大学生舞龙舞狮锦标赛，竞赛规模不断壮大，竞赛水平不断提高，竞赛内容和形式也不断丰富。

一、舞龙基本技术

（一）基本握法

1. 正常位

双手持龙具把，左（或右）臂肘微弯曲。手握于龙具把位末端，与胸同高，右（或左）臂伸直，手握把的上端。

2. 滑把

一手握龙具把端不动，另一手握龙具把上下滑动。

3. 换把

结合滑把动作，当滑动手接近固定手位时，双手转换，滑动手握把成固定手，固定手变成滑动手。

（二）基本步型和步法

1. 步型

（1）正步：两脚靠拢，脚尖对前方；重心在双脚上。

（2）小“八”字步：两脚跟靠拢，脚尖分开，对左、右前角。

（3）大“八”字步：两脚跟间相距一脚半，其他同小“八”字步。

（4）“丁”字步：右（左）脚跟靠拢左（右）脚足弓处，脚尖方向同小“八”字步。

（5）虚“丁”步：（前点步）站“丁”字步，右（左）脚顺脚尖方向伸出，绷脚点地，大腿外旋。

（6）虚步：站虚“丁”步，左（右）腿半蹲。

（7）弓箭步：右（左）脚向前迈出，屈膝，小腿垂直，脚尖朝前，左腿（或右腿）挺直，脚尖稍内扣；重心在两腿中间，上身与右（左）脚尖为同一方向。

（8）横弓步：将弓步的上身左（右）转成与左（右）脚尖同一方向。

2. 步法

（1）圆场步：沿圆线行进，左脚上一步，脚跟靠在右脚尖前，脚跟先着地，再移至前脚掌，同时右脚跟提起。右脚做法同左脚，两脚动作保持在一条线上。

（2）矮步：两腿半屈，勾脚尖，迅速、连续地以脚跟到脚尖滚动向前行进；每步大小约为本人的一脚长。

（3）弧形步：两腿微屈，两脚迅速、连续向前行进；每步大小略比肩宽，走弧形路线；眼注视龙体。

（4）单碾步：预备势脚站小“八”字步，手握把位成上举姿势，右脚以脚掌为轴，脚跟微提起，左脚以脚跟为轴，脚掌微提起，两脚同时向右旁碾动，由正小“八”字步碾成反小“八”字步；然后右脚以脚跟为轴，左脚以脚掌为轴，同时向右旁碾动，成正小“八”字步，反复按此进行。

（5）双碾步：预备势站正步，以双脚跟为轴，双脚尖同时向右（左）碾动，然后再以双脚尖为轴，双脚跟同时向右（左）碾动，反复按此进行。

（6）腾空箭弹：右脚向前上步，膝关节伸直，以脚后跟着地；右臂前摆，持龙珠后摆；眼视前方；接着右脚踏实蹬地向上跳起，左脚随之向前、向上摆起，同时右脚蹬地向上跳起，使身体腾起；右腿迅速挺膝向前上方弹踢，脚面绷平，左腿屈膝回收。

（三）舞龙基本动作

舞龙所用龙具有5把一珠和9把一珠之分，以下以9把一珠用龙为例。执龙珠者为0号队员，龙头者为1号队员，龙身队员按序向龙尾依次为2、3、4、5、6、7、8号队员，执龙尾者为9号队员。

1.“8”字舞龙动作

（1）跪步舞龙。

全体队员大“八”字步前后一臂距离成一列纵队站立，龙体在队员两侧做“8”字形环绕舞龙1次后，除龙头队员外，其他队员降低重心，单膝着地成跪步，龙体不停顿，继续在队员两侧做“8”字形环绕舞龙4次以上。

（2）靠背舞龙。

全体队员大“八”字步前后一臂距离成一列纵队站立，3、5、7、9号队员向后180°转身分别与2、4、6、8号队员背对背成“人”字形造型，同时龙体不停，继续在队员身体两侧做“8”字舞龙4次以上。

（3）“8”字舞龙磨转。

全体队员大“八”字步前后一臂距离成一列纵队站立，做“8”字舞龙动作不停，同时以5号队员为圆心，逆时针方向磨转一周。

（4）站腿舞龙。

站腿舞龙时，双数号队员马步站立，上体前倾，双臂尽力前伸，在以手为中心的大立圆内“8”字舞龙，双手以拧把为主，龙杆运行前后的幅度一定要小；单数号队员双脚紧扣其下队员的腰腿部，屈膝内扣贴紧其肩背部，上体尽力弯曲前倾。“8”字舞龙的上下幅度要大。

2. 游龙动作

（1）单侧起伏跑小圆场。

龙珠引龙体逆时针方向走小圆场，同时龙体在队员右侧快速大幅度上下起伏。

(2) 快速跑斜圆场。

龙头起伏一次后正向跑斜圆场。要掌握动作，可以先分两步进行：第一步，龙体成圆，龙头要内扣咬住龙尾，为保持龙形饱满，各节要尽量将龙杆向外撑开；第二步，成一斜圆。要达到此目的，首先要把握好一个最低点和最高点，在最低点每把都要放到最低，同时身体重心也要降到最低；在最高点，每把都要将龙杆上滑，双手持龙杆举至最高点，同时脚尖踮起，身体重心升至最高点。在最高点和最低点之间的转化要匀速均衡，每把龙杆始终处在上升和下降的运动过程中，绝不可出现“拖龙”现象。

(3)“S”形游龙。

龙珠引龙体快速左右曲线起伏，成“S”形行进，改变3个以上的方向。

(4) 骑肩双杆起伏行进。

龙珠引龙体行进成圆后向内聚拢，3、5、7、9号队员分别接2、4、6、8号队员龙把后持双杆分别骑在2、4、6、8号队员肩上，在龙珠引导下，龙头带领龙体上下起伏行进。

3. 穿腾动作

(1) 龙穿身。

龙头沿弧线由右侧穿第5节龙身，在穿过之前，6号队员引身后龙体左右摆动，保持龙形活跃，在龙头穿过之后，6号队员顺龙体先下运行之势下滑龙把，7、8、9号队员换把矮步依次从6号队员身前穿过。

(2) 穿八、五节。

龙珠引龙体逆时针跑圆场，成圆后，龙头带龙身穿越龙尾，之后换把反向顺时针跑弧线，依次穿越第八、五节龙身，当3号队员穿过第八节龙身后，6、7、8号队员分别跳越第一、二、三节龙身，随龙头行进。

(3) 快腾进。

龙珠引龙体弧线行进成半圆后，龙头向左后急转弯走直线，穿越第五节龙身，6、7、8、9号队员分别腾越第一、二、三、四节龙身后随龙头弧线行进成半圆，反复三次以上。

(4) 慢腾进。

龙珠引龙体弧线行进成半圆后，龙珠向左后急转弯，举珠带领龙头腾越第四节龙身，龙头腾越第五节龙身随珠而行，第2、3、4号队员分别交叉越过第六、七、八节龙身。龙珠右转弯，引龙体重复以上腾越动作。

4. 翻滚动作

(1) 快速逆向跳龙行进。

龙头带领龙身在龙珠的引导下举龙快速行进中逆时针方向连续舞两次立圆行进。各龙节迅速依次跳跃，龙身随龙头行进。

(2) 大立圆螺旋行进。

龙头在内侧，身体重心随龙体起伏，顺时针方向舞大立圆三次，使龙体连续螺旋状翻滚行进。

（3）360°斜圆盘跳龙。

龙头引龙体做原地“8”字舞龙2次后，高抛龙头逆时针转体360°舞斜圆扫2号队员脚下，当龙杆运行到2号队员脚下的时候，2号队员起跳空中转体180°从第一节龙杆上跳过，随即下蹲将龙杆扫向第三节，落地后不停，顺势转回原来方向……以此类推。不同的只是以后每节从龙身上跳过，而不是从龙杆上跳过。

（4）连续螺旋跳龙。

龙头逆时针方向舞立圆，队员迅速从龙身上依次跳过，如此反复四次以上，使龙体连续螺旋翻转。

5. 组图造型动作

（1）龙门造型。

“8”字舞龙，龙头高抛从5号队员前穿过，然后自打一结。同时，龙尾从5号队员后穿过，再从8号队员前穿过，打一结。第四、五、六节成一直线。接着4、6号队员跪步扶龙杆撑地，5号队员蹲下放龙身时第四、五、六节龙体成一“V”字造型。7、9号队员靠拢弓步相对，8号立于其腿上，1、2、3号队员动作同7、8、9号队员动作。然后，龙珠空翻从第五节跳进，成龙门造型。

（2）蝴蝶盘花造型。

龙头高抛换把，端龙内扣，龙头、龙尾相接成一圆场，高擎龙之后，9号队员换把下滑龙杆端，龙反向内扣走弧线，5号队员不动，然后4、6号队员与5号队员靠拢成一直线，单跪步龙杆撑地，龙头、龙尾队员高擎龙相接，其余各节向内龙珠靠拢，成一团身龙舟造型。然后龙珠从内跳出，1号队员骑3号队员肩，9号队员骑7号队员肩，2、8号队员将龙杆向外撑出，其余各节动作基本不变，接着1号、9号队员跳出龙身，同时，其余各节内扣靠拢，成蝴蝶盘花造型。

（3）高塔盘造型。

龙体在龙珠引导下走圆，向内两周螺旋收缩，到位后龙头迅速站上2号队员肩上组成高塔盘造型，接着顺时针方向自转一周。

（4）大横“8”字花慢行进。

龙珠引龙体左右上下起伏缓慢行进，整个龙体组成明显的大横“8”字花图案造型。重复四次以上。

二、舞龙运动竞赛规则简介

（一）竞赛人员及其有关规定

参加人员包括领队、教练员、运动员。为确保比赛顺利，须遵守以下规定。

（1）每支运动队人数不超过16人，其中领队1人，教练1人，运动员14人（包括替换队员兼鼓手4人）。

（2）每名运动员每次只能代表一支队伍参赛，违者取消比赛资格。

（3）比赛套路完成时间为8~9分钟。

（4）比赛时，运动员应穿具有特色的表演服装。要求穿戴整洁，服饰的款式、色彩须与舞龙器材相协调，执龙珠队员的服饰与其他队员应有区别。运动员上场比赛须佩戴号码，执龙珠者为“0”号，执龙头者为“1”号，其余依次顺延，替换队员、伴奏队员均应佩戴号码。

（二）竞赛场地

竞赛场地为边长20 m的正方形场地（特殊情况除外），最小面积为不得小于边长为18 m的正方形，要求地面平整、清洁，场地边线宽0.05 m，边线内沿为比赛场地。边线周围至少有1 m宽的无障碍区。上空从地面量起，至少有8 m的无障碍空间。

（三）比赛器材

（1）龙珠：球体直径不少于0.33 m，杆高（含珠）不低于1.7 m。

（2）龙头：质量不得少于2.5 kg，杆高（含龙头）不低于1.85 m。

（3）龙身：以九节布龙参赛，龙身为封闭式圆筒形，直径不少于0.33 m，全长不少于18 m，龙身杆高（含龙身直径）不低于1.6 m，两杆之间间距大致相等。

（4）龙体、龙尾、龙珠的质量不受限制。

（5）凡器材不符合规定者，不准参加比赛。

第三节　舞狮运动

一、舞狮运动的起源与发展

舞狮在我国历史悠久，流传地域广阔，每逢喜庆佳节，民间都以舞狮来助兴。舞狮有南北之分。

1985年3月，福建省体委等7个单位联合举办了首届舞龙、舞狮表演赛。来自全国8个地区的16支代表队，共派出了13条龙、9头狮，约300名运动员参赛，显现了这项民间欢庆活动走向竞技体育的趋势。与此同时，东南亚及中国香港地区的华人舞狮活动也日益兴盛。国际性的舞狮比赛也逐年增多，并于1995年1月23日在香港成立了国际龙狮总会。1995年7月，中国龙狮运动协会成立。1995年底，调集广东的南狮、京津地区的北狮专家起草了舞狮竞赛规则。1996年协会又两次组织研讨会对规则进行修改，并于1997年3月和1997年10月举办了舞龙、舞狮教练员和裁判员的培训班。在同年底，举行了首届全国舞狮锦标赛，来自全国各地的20支舞狮队参加了角逐。

1998年10月，在以狮子为主题的苏州乐园举行了第2届全国舞狮锦标赛。2005年5月，在湖南长沙举办了第3届全国舞狮锦标赛。此后我国又分别在广州、上海、深圳成功地举办了第1、2、3届国际龙狮邀请赛。另外，首届中国大学生舞龙舞狮锦标赛于2003年12月在中南大学成功举行。如今两年一届的全国大学生舞龙舞狮锦标赛已成功举办了12届，参赛队伍、竞赛规模和竞赛水平不断提高。这些促进了“龙狮运动”在我国高校的发展。

二、北狮运动

（一）北狮运动概述

北狮一般雌雄成对出现，由装扮成武士的主人前领。有时一对北狮会配一对小北狮，小狮戏弄大狮，大狮弄儿为乐，尽显天伦之情。北狮表演较为接近杂耍。配乐方面，以京钹、京锣、京鼓为主。狮子舞最大的特点就是喜庆、活跃，单狮动作讲究轻巧，以跳跃、翻腾和一些技艺造型动作为主体，群狮则讲究集体造型和队形变化。表演的场地器材也不受限制，场地有广场、舞台等，器材有高台、梅花桩、跳板、大球等。总之，有舞狮出现就标志着有喜庆节日或庆典活动的到来。

（二）竞赛欣赏

现在舞狮比赛基本采取自选套路比赛。

自选套路编排要求内容丰富、构思巧妙、结构新颖、风格别致。舞狮技巧难度、创新动作借助器材的设计来演绎，表达山、岭、岩、谷、溪、间、水、桥、洞等意境，展现狮子喜、怒、醉、睡、醒、动、静、惊、疑、怕、寻、探、望等情态和翻、滚、卧、闪、腾、扑、跃、戏、跳等动作。其动作与鼓乐伴奏和谐一致，既有观赏价值，又有健身价值。

欣赏北狮竞赛，应从整套动作的编排、音乐的配合及动作的完成情况三个方面去进行。

三、南狮运动

（一）南狮运动概述

南狮又称醒狮，造型较为威猛，舞动时注重马步。南狮主要靠舞者的动作表现出威猛的狮子形态，南派狮舞在表演时讲究表情细腻、柔和而稳重，有搔痒、舔毛、抖毛、打滚、飞跃等动作，惟妙惟肖，逗人喜爱，着重刻画狮子温顺可爱及雄伟、俊武、勇猛的性格。南狮以广东为中心，并风行于港澳、东南亚以及海外华人、华侨居住的地方。南狮由一人舞狮头，一人舞狮尾。舞狮者穿各种灯笼裤，上身穿密纽扣的唐装灯笼袖衫或短文化衫。狮背用五彩布条或绸布做成。“狮子郎”头戴大头佛面具，身穿长袍，腰束彩带，手握葵扇以逗引狮子，以此舞出各种优美的招式，动作滑稽风趣、雄壮威武。南狮流派众多，有广州、佛山的“大头狮”，高鹤、中山的“鸭嘴狮”，东莞的“麒麟狮”，等等。南狮除外形与北狮不同外，尚有性格不同。黄头狮舞法沉着刚健，威严有力，民间称为“刘备狮”；红头狮舞姿勇猛雄伟，气概非凡，人称“关公狮”；黑头狮动作粗犷好战，俗称“张飞狮”。

（二）南狮的形神表现

南狮表演，注重形象的表现，要求表现出狮子生动活泼、威武稳重、刚健、勇猛、多疑、贪玩、贪食等特征。如狮子睡醒后懒惰的动作，探洞时多疑的性格，登山时的昂首阔步，过桥时看到水中影子的惊愕，戏水时欢愉的情绪，采食灵芝时贪馋的表情，吞食时的得意，呕吐时的沮丧，月夜吐球时的谨慎等各种神态，都要生动传神地表现出来。神态表现主要由喜、怒、醉、乐、醒、动、静、惊、疑、猛等组成，舞狮者在鼓乐的伴奏下，须将其各种神态淋漓尽致地表现出来，配合生动的步形、步法，给予观众美的享受。

四、舞狮运动竞赛规则简介

（一）参赛人员及其规定

参赛人员包括运动队的领队、教练、运动员。为确保比赛的顺利进行，须遵守下列规定：

（1）每支运动队人员限定为 10 人，其中领队 1 人、教练 1 人、运动员 8 人。以上包括替换队员、伴奏队员（出场人数最少 6 人，不包括保护人员），违例者扣分。

（2）参赛人员必须身体健康，并经医院体检合格。

（3）各运动队必须按规程规定办理报名手续，填写“舞狮创新动作难度等级申报表”。必须在赛前 24 小时内呈交“舞狮自选套路登记表”“器材配置平面示意图”等。

（二）比赛套路时间

比赛套路的时间为 10~15 min，布置器材的时间不超过 5 min。

（三）鼓乐与计时

1. 鼓乐

舞狮鼓乐是烘托气氛、转换节奏、激励队员情绪的不可分割的重要组成部分。音乐旋律、节奏快慢等要与舞狮动作协调一致，鼓、钹、锣节拍明朗准确，轻、重、快、慢有序。以打击乐演奏为主，亦可采用吹打乐。

2. 计时

（1）运动员候场完毕，鼓乐起开表。

（2）运动员摘狮头、狮被并步行礼停表。

（3）计时以临场裁判组计时表为准。

（四）场地、器材、服饰、保护措施

1. 场地

（1）竞赛场地为边长 20 m 的正方形（特殊情况下，面积不得少于边长 18 m 的正方形），要求地面平整、清洁，场地边线宽为 0. 05 m，边线内沿以内为比赛场地。边线周围至少有 1 m 宽的无障碍区。

（2）比赛场地应是木板或铺设地毯。

（3）竞赛场地上空从地面量起，至少有 8 m 的无障碍空间。

2. 器材

（1）桩阵中桩的高度最高不得超过 3 m，最低不低于 0. 5 m，其中半数桩必须达到 2 m，桩顶脚踏圆盘直径不超过 0. 38 m（含保护圈垫），桩阵最长不得超过 15 m，最短

不少于 10 m（含曲线计算），宽度不得超过 1.5 m，不能少于 0.5 m。

（2）大会提供公用比赛器材，也可以在规定的公用器材中更换一组自备的器材，但必须保证安全并符合规则的要求，经大会批准后使用。

3. 服饰

运动员应穿具有特色的比赛服装，要求穿戴整洁。舞狮队员服饰款式色彩与狮头狮身相协调，伴奏队员、保护人员都必须统一服装。

4. 保护措施

（1）为避免伤害事故，运动员必须在桩阵、桥、索等器械下面设置海绵垫；否则，不得参赛。

（2）比赛中，允许有 2~4 人进场保护，但不得影响或接触比赛的运动员。

（3）赛场保卫人员应在赛前宣布禁止使用闪光灯拍摄，并在比赛时实施。

思考题

1. 简述舞龙运动基本步法。
2. 简述龙舟运动的基本技术。

第十六章 跆拳道

第一节　跆拳道运动概述

一、跆拳道运动的起源与发展

（一）世界跆拳道运动的起源与发展

跆拳道源于人类远古祖先的生存需要，在原始社会生产力极为低下的社会条件下，人类为了生存，必须同自然界的野兽搏斗，这就产生了搏斗的各种方法。随着社会的发展，不断变化的生活环境和不同种族之间的斗争，要求人们要有强健的体魄和掌握一定的搏斗技能，这样才能保障生活的安定。经过漫长的岁月，逐渐形成了朝鲜民族特有的运动形式——跆拳道。

大约公元前 1 世纪，朝鲜最古老的三个国家先后兴起，即新罗国、高丽国和百济国。因互相连年征战不断，三国都把跆拳道作为一项强身健体、保卫国家的搏击武艺来进行严格的训练。

1961 年 9 月，韩国成立了唐手道协会，后更名为跆拳道协会。跆，意为蹬踢、腾跃；拳，意为用拳击打、防御；道，为练习的方法，也是一种精神。

1966 年，成立了国际跆拳道联盟（ITF）。1973 年 5 月，世界跆拳道联盟（WTF）在韩国汉城（今首尔）成立，金云龙当选为主席。1975 年，世界跆拳道联盟被正式接纳为国际体育联盟会员。1980 年，国际奥委会正式承认了世界跆拳道联盟。在短短 20 多年里，跆拳道这项运动得到迅猛发展。目前，世界上有 140 多个国家的 3 000 多万人在进行跆拳道的训练。跆拳道第 1 届世界锦标赛和第 1 届亚洲锦标赛分别于 1973 年和 1974 年在韩国汉城（今首尔）举行。1986 年，在第 10 届亚运会上跆拳道被列为正式比赛项目。1994 年 9 月，经国际奥委会正式通过，跆拳道被列为 2000 年奥运会正式比赛项目，设男、女各四个级别，共 8 枚金牌。

（二）跆拳道运动在中国的发展

中国自 1992 年开始有步骤、有计划地开展跆拳道运动。在“国家管理，依托社会，健康规范，迅速启动”方针的指导下，建立了科学的训练、竞赛、管理和组织体制，加入了世界跆拳道联盟和亚洲跆拳道联盟，并积极参与了重要的跆拳道比赛和活动，取得了可喜的成绩。1992 年 10 月 7 日，经国家体委综合司、国际司合签批准，中国跆拳道协会筹备小组成立。1994 年 5 月，在河北正定举行了首届全国跆拳道教练员、裁判员学习班；1994 年 9 月，首届全国跆拳道比赛在昆明举行，有 15 个单位约 150 名运动员参加了比赛。1995 年 5 月，共有 22 个单位 250 名运动员参加了在北京体育大学举行的第 1 届全国跆拳道锦标赛，从此跆拳道在中国迅速发展起来。同年 8 月，中国跆拳道协会正式成立。1999 年 6 月，在加拿大埃德蒙顿举行的世界跆拳道锦标赛上，我国女选手王朔战胜多名世界跆拳道高手，获得女子 55 kg 级冠军，这是我国跆拳道运动员获得的第一个世界冠军。接着，在法国里昂举行的跆拳道世界杯赛上，我国选手贺璐敏、孔繁桃又各获一枚金牌。2000 年 9 月，在澳大利亚悉尼举行的第 27 届奥运会上，我国选手陈中获得女子 67 kg 以上级金牌，成为我国第一位奥运会跆拳道冠军获得者。2004 年 8 月，在希腊雅典奥运会上，罗薇为我国赢得 67 kg 级的金牌，陈中在 67 kg 以上级比赛中卫冕成功。在 2008 年北京奥运会和 2012 年伦敦奥运会上，我国选手吴静钰均获得 49 kg 级金牌。在 2016 年里约奥运会上，赵帅获58 kg 级金牌，郑姝音获 67 kg 级金牌。

目前，跆拳道在我国高校也迅速发展起来了。北京市高校跆拳道发展迅速，练习者达数万人，上海、南京、大连、杭州等城市高校跆拳道运动也在迅速发展，许多高校开设了跆拳道运动的专业课或公共体育课。

二、跆拳道的级别与段位

跆拳道根据练习者的水平分为十级九段。初学者从十级逐渐升至一级，再入段，段位越高，表明水平也越高，最高段位为九段。从十级到一级的等级标准中，所对应的道带的颜色依次为白、白黄、黄、黄绿、绿、绿蓝、蓝、蓝红、红、红黑，晋段后都系黑色的腰带，一至三段被认为是黑带新手的段位，称为“副师范”（Assistant Instructor），四到六段为高水平段位，称为“师范”，七段到九段是授予具有很高学识造诣的人或对跆拳道运动有杰出贡献的人，七段和八段称为“师贤”（Master），九段则称为“师圣”（Grand Master）。黑带的段位是通过黑带上的特殊标记来区分的。

（一）晋级考试的内容

十级至九级考核跆拳道的基本知识和基本技术；八级至四级考核太极一章至太极五章的品势和较难的基本技术；三级至一级考核太极六章至太极八章的品势、腿法、击破、素质及相对应的实战。考核通过，经省级跆拳道协会审批后，由中国跆拳道协会统一颁发级位证书。

（二）升段的要求及考核内容

升段考核的要求：一至三段的晋升考核须由国家跆拳道协会或竞赛委员会进行考核；四至八段的晋升须由世界跆拳道晋升委员会或其委托的组织进行考核；晋升九段须由世界跆联组成特别委员会进行审批。

升段考核的内容：主要是对技术水平、功力等的考核。

升段年限要求：在顺利升上一段后升二段需要一年的时间，二段升三段需要两年的时间，三段升四段需要三年的时间，以此类推，七至九段只授予极其优秀和杰出的人，鲜有人可达到。

第二节　跆拳道基本技术

一、基本手型、手法

(一) 正拳

拇指以外的四指并拢、内收握拳，拇指紧压于中指与食指上。可用拳心向下的冲拳或拳心向内的勾拳攻击对方。

拳进攻是跆拳道比赛中较为常用的动作之一，但往往很难得分，不是运动员得分的主要技术，它主要用来防守和配合腿的进攻。在竞技跆拳道中主要使用后手拳（图 16-1）。

1　　2

图 16-1　后手拳

动作要点：蹬地、转腰，臂前伸，拳内旋，力达拳面。

实战运用：用拳击打对方胸部、腹部。

(二) 冲拳

以右手冲拳为例。马步站立，双手握拳抱于腰间，拳心朝上，目视前方；右臂由屈到伸，臂内旋，以右手正拳向前平冲。

(三) 手刀

四指并拢伸直，中指稍弯，和无名指指端平齐，拇指弯曲，贴于食指根节之下。手刀的使用部位是小指侧的掌外沿。

二、基本步型

(一) 准备姿势

准备姿势也称实战姿势或预备姿势［图 16-2(a)］，是跆拳道比赛中双方开始时的基本站立姿势，分高位和低位两种。准备姿势应便于进攻、防守反击和移动。实战姿势是进攻的起点和终点，左脚在前称为左势实战姿势，右脚在前称为右势实战姿势。

两脚前后分开，与肩同宽，右脚尖内扣约 45°，斜向前方；左脚略偏左，脚跟抬起，重心落于两脚之间；双手握拳，右拳高与肩平，左拳置于胸前；肘关节自然下垂（以右势高位为例）。

(二) 开立步（并排步）

两脚左右开立，与肩同宽；两脚尖正对前方，双脚成平行线，两臂自然下垂，双手握拳置于腿侧［图 16-2(b)］。

图 16-2 准备姿势

(三) 马步

两脚左右开立，脚内侧左右间相距两脚到三脚的距离；两腿膝关节弯曲，正向前方，大、小腿折叠角约为 110°；上体中正，低头向下看时，膝关节与脚尖在一条直线上，膝关节扣紧，不能向外［图 16-2(c)］。

(四) 弓步

两脚前后开立，前后脚相距四脚半的距离，左右宽度是一拳的距离；上体中正，前腿膝关节弯曲，低头向下看时膝关节与前脚尖在一条直线上；后脚尖与正前方自然成 30°角，后腿膝关节伸直，重量的 2/3 放在前腿上［图 16-2（d)］。

(五) 前探步

如走路姿势，两脚之间距离小于弓步，上体略前倾，前腿膝关节略屈，重心大部分落在前脚上，左脚在前称左前探步，右脚在前称右前探步［图 16-2(e)］。

(六) 虚步

与后弓步相似，前脚掌点地，脚跟提起，重心落在后脚。左脚在前称右虚步，右脚在前称左虚步［图 16-2(f)］。

(七) 交叉步

一脚向另一脚的前侧（前交叉步）或后侧（后交叉步）落步，脚尖着地，两腿屈膝交叉［图 16-2(g)］。

(八) 并步

两腿直立，两脚跟并拢［图 16-2(h)］。

(九) 单脚立

提起一条腿并将脚置于另一条腿的膝关节处，只用一条腿站立［图 16-2(i)］。

三、基本踢法

（一）前踢

1. 动作要领

以左势实战姿势开始；右脚蹬地屈膝提起，左脚以脚掌为轴，外旋约 90°，同时右腿伸膝、送髋、顶髋，小腿快速向前踢出，力达脚背；踢击目标后迅速收回，成左势实战姿势。

2. 动作要点

（1）膝关节上提时大腿折叠，膝关节夹紧，小腿和踝关节放松。

（2）踢击时顺势往前送髋，高踢时往上送髋（图 16-3）。

（3）小腿收回要与前踢一样快。

图 16-3　前踢

（二）侧踢

1. 动作要领

以左势实战姿势开始；右脚蹬地，屈膝提起，左脚以前脚掌为轴，外旋 180°，髋关节左转，脚跟正对前方，右腿快速向右前上方直线踢出，力点在脚跟，放松收腿，成左势实战姿势。

2. 动作要点

（1）起腿时，大小腿、膝关节夹紧，直线向上提起。

（2）提膝、转体、踢击要协调连贯；踢击时要转体、展髋，上体略前倾。

（3）踢击目标的瞬间，头、肩、腰、髋、膝、腿、踝在同一平面内（图 16-4）。

图 16-4　侧踢

（三）后踢

1. 动作要领

以左势实战姿势开始；左脚以脚掌为轴，内旋成脚跟正对对手，上身旋转，右膝向腹部靠近，大小腿折叠，右腿用力向攻击目标直线踢出，重心前移落下，成右势实战姿势。

2. 动作要点

（1）起腿后上体和大小腿折叠收紧。

（2）脚向后上方踢出后，力量随动作延伸，通过脚跟沿出腿方向直线击出（图 16-5）。

（3）转身、提腿、出腿、发力等动作连贯快速，一气呵成。

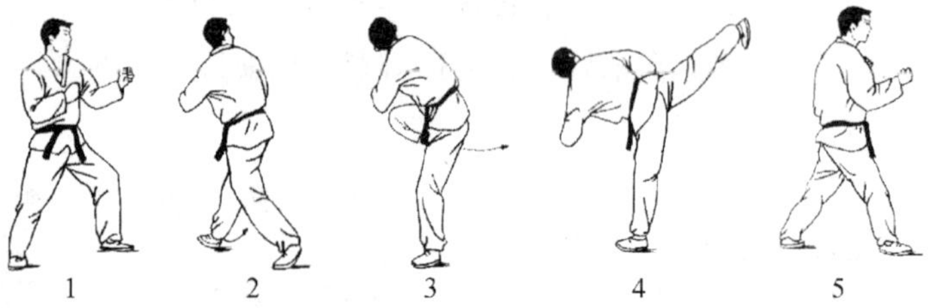

图 16-5　后踢

（四）横踢

1. 动作要领

以左势实战姿势开始；右脚蹬地夹紧向前、向上提膝，左脚以脚掌为轴，脚跟内旋，右膝关节抬至水平状态，小腿迅速向前踢出，击打目标后迅速收小腿，重心落下，成左势实战姿势。

2. 动作要点

（1）膝关节夹紧向前提膝，尽量走直线。

（2）支撑脚外展 180°，使身体转向另一侧。

（3）髋关节往前上方送，上体与右腿成直线，在同一个平面内。

（4）腰部发力，髋关节展开，大腿带动小腿，踝关节放松。

（五）下劈

1. 动作要领

以左势实战姿势开始；右脚向右蹬地，重心前移至左腿，右腿以髋关节为轴，屈膝上提，左脚跟提起，左腿伸直；膝关节至胸部时，小腿迅速向上伸直，右脚尽量上举至头部上方。然后放松、迅速向前下方劈落，用脚后跟或脚掌击打目标后，放松落地，成右势实战姿势。

2. 动作要点

（1）腿尽量往高、往后举，身体重心往高起。

（2）起腿要快速、果断。支撑脚脚跟离地，尽量向前上方送髋。

（3）踝关节放松，脚向前下劈落。

（4）落地要有控制，放松。

（六）双飞踢

1. 动作要领

两人从闭势实战姿势开始；攻方居右，先用右横踢攻击对方左肋部，随即左脚蹬地起跳，身体腾空右转，用左横踢迅速踢击对方胸部或腹部，左脚横踢目标后迅速前落，成左势实战姿势。

2. 动作要点

（1）右腿横踢目标的同时左脚蹬地起跳。

（2）左脚起跳后迅速随身体右转，并用左脚横踢目标。

（3）两腿在空中完成交换动作后，右脚先落地（图 16-6）。

图 16-6　双飞踢

（七）后旋踢

1. 动作要领

以左势实战姿势开始；左脚以前脚掌为轴，外旋 90°，上身旋转，重心前移，屈膝收腿，右腿向后方最高点伸出并用力向左屈膝击打，重心在原地旋转，身体继续转动，脚落于原来位置，恢复成左势实战姿势。

2. 动作要点

（1）转身、旋转、踢腿动作连贯。

（2）击打点在正前方，呈水平弧线。

（3）屈膝起腿的旋转速度要快。

（4）蹬地、转腰、转上体、摆腿，按顺序发力（图 16-7）。

图 16-7　后旋踢

（八）推踢

1. 动作要领

以左势实战姿势开始；右脚蹬地屈膝提起，身体重心前移至左脚，右腿屈膝提起，左脚以前脚掌为轴，外旋约 90°，重心往前压，同时右脚迅速向前方水平推踢，力达脚掌；推踢后屈膝收腿，成左势实战姿势。

2. 动作要点

（1）提膝时尽量收紧膝关节。

（2）身体重心往前移，加大前推时的力度。

（3）推踢时右腿往前上方伸展，髋向右侧上送。

（4）推踢时的用力方向是水平向前。

第三节　跆拳道竞赛规则简介

一、跆拳道比赛的场地

跆拳道比赛的场地是 12 m×12 m 的水平、无障碍物的正方形场地。比赛场地应为有弹性的垫子。必要时，场地可高出地面 50～60 cm。为了安全起见，比赛台的支撑装置与地面的夹角应小于 30°。

比赛场地正中 8 m×8 m 见方的区域称为比赛区，其余部分为警戒区。

二、体重分级

奥运会跆拳道比赛的体重级别

男　子	女　子
58 kg 及以下	49 kg 及以下
58～68 kg（不含 58 kg）	49～57 kg（不含 49 kg）
68～80 kg（不含 68 kg）	57～67 kg（不含 57 kg）
80 kg 以上（不含 80 kg）	67 kg 以上（不含 67 kg）

三、跆拳道比赛的程序

跆拳道比赛是一个完整的过程，是按一定的程序进行的，下面就从点名开始介绍个人比赛的程序以及团体比赛的程序。

（一）点名

每场比赛开始前 3 分钟开始点名，共点 3 次。比赛开始后 1 分钟仍未到场者，按自动弃权论处。

（二）检查

点名后的运动员必须接受身体、服装和护具检查，不得带任何可能给对方造成伤害的物品。检查员由组委会指定专人承当，运动员不得有任何不服从的表示。

（三）入场

检查合格后，运动员和一名教练员进入比赛场地指定位置，准备进行比赛。

（四）比赛开始和结束

每局比赛主裁判发出“西乍”（开始）口令即开始比赛；主裁判发出“格曼”

（停）口令，则比赛结束。

（五）比赛开始前及结束后的程序

双方运动员在指定位置相向站立，听到主裁判“喳列”（立正）和“给因列”（敬礼）的口令时互相敬礼。要求自然立正，双手握拳置于身体两侧，腰部前屈不小于30°，头部前屈不少于45°。

主裁判发出“准比”（准备）、“西乍”（开始）口令时，比赛正式开始。最后一个回合结束后，双方运动员相向站在指定位置，主裁判发出“喳列”（立正）、“给因列”（敬礼）口令时相互敬礼。然后立正等待最后判定。

根据最后比赛结果，主裁判举自己的一侧手臂，宣布同侧方运动员获胜。然后运动员退场，比赛结束。

四、跆拳道比赛的有效得分

（一）有效得分部位

腹部、两肋部以及面部为被允许攻击的部位。

（二）有效得分

有效得分是指使用允许的技术，准确有力地击中有效得分部位而得分。但使用允许的技术攻击被护具保护的非有效得分部位击倒对方时，按得分计。得分1次累加1分，最后比分为三局比赛得分的总计。

（三）不计分的情况

（1）攻击后故意倒地。

（2）攻击后有犯规行为。

（3）使用任何犯规动作进攻。

（四）跆拳道比赛中犯规行为的判罚

（1）比赛中任何犯规行为都由主裁判判罚。

（2）如属于多重犯规，选择严惩的一项进行处罚。

（3）处罚分为警告和扣分两种。

（4）警告2次扣1分，警告次数为奇数时，最后一次不计。

（5）扣分1次扣除1分。

五、击倒

运动员在比赛中受到合法的强有力攻击后，出现以下三种情况之一，判定为“击倒”：除双脚以外的身体任何部位触地；身体摇晃，丧失继续比赛的意识和能力；主裁判判定被攻击的运动员不能继续参加比赛。

六、击倒后的处理程序

运动员受到合法攻击被击倒时，主裁判将采取以下处理程序：

（1）主裁判发出“分开”（Kal-yeo）口令暂停比赛，并将进攻运动员置于远处。

（2）主裁判大声向被击倒的运动员从“1”读秒到“10”，并用手势在其面前提示时间。

（3）即使运动员在读秒过程中示意表示可以继续比赛，主裁判也必须读到“8”，让运动员休息，并确认运动员是否恢复，如已恢复，就发出“继续”（Kye-sok）口令继续比赛。

（4）主裁判读到“8”时，被击倒的运动员仍无法表示继续比赛，则读秒至“10”后宣布另一方“击倒胜”。

（5）即使1局或整场比赛时间结束，主裁判也要继续读秒。

（6）如果双方运动员同时被击倒，如有任何一方尚未恢复，主裁判将继续读秒。

（7）读秒到“10”后双方都不能恢复，应按“击倒”前的比分判定胜负。

（8）主裁判判断一方运动员不能继续比赛，可以不读秒或在读秒过程中判另一方获胜。

思考题

1. 跆拳道的级别与段位有哪些?
2. 简述跆拳道的基本步型。

第十七章　轮　滑

第一节　轮滑运动概述

一、轮滑运动的起源与发展

（一）世界轮滑运动的起源与发展

轮滑俗称"旱冰"，近年来发展成为竞技项目，是一项全世界青少年为之倾倒的运动项目。它起源于18世纪初，兴起于1863年。1980年，美国明尼苏达州两位热爱冰上曲棍球运动的兄弟，为了在赛季之余能够继续练习，便将轮子装在冰刀底座之内，造出了第一双单排轮滑鞋。这种轮子排列成一条直线的溜冰鞋正式的学名为Inline Skate，这就是现在单排轮滑的英文名称。1995年，ESPN第1届极限运动会把它推向了繁荣期。到了21世纪，轮滑运动已成为一种时尚的休闲运动，风行世界各地。

最早的轮滑运动组织是1866年在美国成立的"纽约轮滑运动协会"，1924年成立了国际轮滑联合会。目前国际轮滑联合会下设四个单项委员会，分别是国际速度轮滑委员会（CIC）、国际花样轮滑委员会（CIPA）、国际双排轮滑球委员会（CIRH）和国际单排轮滑球委员会（CIRILH）。

（二）轮滑运动在中国的发展

19世纪末，轮滑运动传入我国，当时仅限沿海的个别城市有所开展。而作为一种体育项目在我国开展，则始于20世纪80年代初。1980年，我国以中国轮滑协会的名义加入了国际轮滑联合会，自此，轮滑运动作为一项体育运动在我国正式开始发展起来。1982年，我国正式设立了轮滑竞赛项目。1983年，中国轮滑协会召开了第一届全国代表大会，并于次年加入了亚洲轮滑联合会。从此，我国发展轮滑运动的工作开始走向正轨。之后，1985年，中国轮滑协会举办了首届全国轮滑锦标赛，并于同年组队参加了在日本举办的第1届亚洲轮滑锦标赛和在美国举办的世界速度轮滑锦标赛，标志着我国的轮滑运动正式融入世界轮滑大家庭。

二、轮滑运动的装备

（一）轮滑鞋

轮滑鞋分为双排轮滑鞋和直排轮滑鞋两种。双排轮滑鞋主要应用于花式表演和轮滑球运动；直排轮滑鞋主要应用于速度比赛、轮滑球运动和室外休闲运动，是目前主流的轮滑鞋。

（二）护具

护具是最容易被忽视但又是很重要的一项装备，包括头盔、护肘、护腕和护膝。佩戴护具不仅能保护自己，还能保持良好的练习心态。

三、轮滑运动的分类

轮滑运动是一项休闲运动，但同时也是一项竞技项目，随着它的不断完善，已形成多项轮滑竞技项目。现代轮滑运动分为速度轮滑、花样轮滑和轮滑球三大项。

（一）速度轮滑

速度轮滑是以单排、双排轮滑鞋为比赛工具的竞赛项目，分场地跑道比赛和公路比赛两种。世界轮滑锦标赛场地跑道项目正式比赛距离为男子 1 000 m、5 000 m、10 000 m、20 000 m 四项，女子 500 m、3 000 m、5 000 m 三项；公路比赛项目包括女子 21 km 半程马拉松赛、男子 42 km 马拉松赛。场地跑道像自行车赛场一样呈盆形。

（二）花样轮滑

花样轮滑分为规定图形滑、自由滑、双人滑和双人舞四个项目。比赛在不小于 50 m 长、25 m 宽的场地上进行。每项比赛参赛各队人数为 3 人，男、女共计 12 人。根据动作的难易程度、舞姿的优美程度打分，确定胜方。

（三）轮滑球

它看上去像是冰球和曲棍球的结合体，打法同冰球打法相似，比赛两队各上场 5 人，其中 1 名为守门员。运动员脚穿轮滑鞋，手执长 91～114 cm 的木制球杆在一块长 22 m、宽 12 m 的长方形水泥或花岗岩制成的硬质地面球场上进行比赛。运动员可以传球、运球，通过配合把球攻入对方球门得 1 分，得分多者为优胜队。球门高 1.05 m，宽 1.54 m，分别置于球场两端线的中间。比赛用球形如棒球，质量为 155.925 g。每场比赛分两局进行，每局 20 分钟。

第二节　轮滑基本技术

一、站立

有“丁”字站立（图 17-1）、“八”字站立（图 17-2）、平行站立（图 17-3）。

两脚左右开立，两膝微屈，上体稍前倾，目视前方，两臂置于体侧，两手的高度不宜过腰，体重均衡压在两脚上。

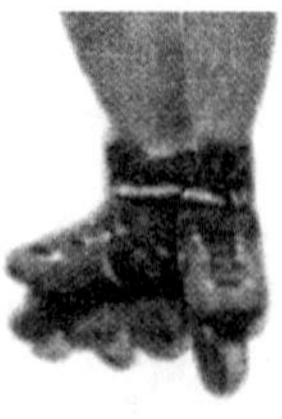

图 17-1　“丁”字站立

图 17-2　“八”字站立

图 17-3　平行站立

二、行走

开始练习时，步幅不宜过大。两脚跟靠拢，脚尖外展，两脚稍呈外“八”字形，屈膝，上体略前倾，两臂侧下举，每步 10～20 cm，提膝稍离地面即可，身体重心要随着腿的抬起而向前移动。落地时支撑的脚要站稳，目视前方，两臂自然摆动。

三、滑行

（一）单脚蹬地，双脚向前滑行

左脚在前成“丁”字形站立，右脚用内侧轮向身体侧后方蹬地，左脚尖外撇向前滑行，重心逐渐移至左腿上，同时右脚收回，成双脚着地，向前滑行。双脚滑行阶段应长些，两脚交替进行蹬地，两臂在体侧自然地摆动，肩要放松，上体前倾度应比走步时稍大（图 17-4）。

图 17-4　单脚蹬地滑行

（二）双脚交替蹬地，双脚交替单足向前滑行

左脚在前成“丁”字形站立，屈双膝，右脚用内侧轮向身体侧后方蹬地，左脚屈膝向前滑行，身体重心逐渐移至左腿，成单脚支撑向前滑行。右脚蹬地后在左脚侧后方自然放松地收至靠近左脚处落地滑出，脚尖稍向外展，再用左脚内侧蹬地，重复交替进行。蹬地时身体重心应及时地转向支撑腿，单脚滑行阶段的距离尽量长些，两脚滑行的时间和距离尽量相等（图 17-5）。

图 17-5　双脚交替蹬地滑行

（三）前滑压步转为左脚支撑滑行

身体左倾，右脚在右后侧蹬地，蹬地后摆越左脚，在左前侧落地，身体重心移至左脚。同时左脚用外侧在右后侧蹬地，蹬地后前移至左前侧落地，支撑滑行。前滑压步右转弯与左转弯动作相同，唯方向相反。

四、停止滑行

（一）慢速滑行时利用制动胶停止

将有制动的脚前伸，脚尖抬起，使鞋后跟上的制动胶着地，前腿用适当力量压地，使制动胶与地面摩擦，逐渐减速而停止（图 17-6）。

图 17-6　慢速滑行时利用制动胶停止

（二）“丁”字形停止

以右脚在前为例，可以先用左脚滑行，然后将右脚抬起，右足跟向里、足尖向外，放在左脚前或后成“丁”字形，

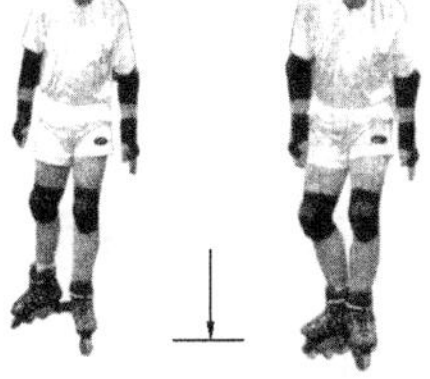

图 17-7　“丁”字形停止

重心移至右脚上，以增加阻力，达到减速或急速停止（图 17-7）。

（三）转体停止

在滑行中急停，可以改变滑行方向，采取向左或向右转圈，即左脚或右脚上一步向左或者向右转一个小圆圈，停止滑行。但要注意上体立直，下肢屈膝，切不可前倾，否则会跌倒。在掌握基本滑行技术的基础上，逐步学习后滑、双脚前滑、转体后滑、花样滑等技术。

第三节　速度轮滑基本技术

速度轮滑基本技术是指完成速度轮滑运动动作的有效方法。良好的技术能充分节省体力，发挥最大速度，创造出优异成绩。速度轮滑技术主要由直道滑行、弯道滑行等技术构成。速度轮滑运动的滑跑动作带有明显的周期性特征，它由蹬地—收腿—着地—支撑滑行等循环动作阶段组成。

一、起跑技术

起跑是速度轮滑运动全程滑跑的组成部分，是获得滑跑速度及发挥战术的重要因素，特别在短距离比赛中显得更为重要。起跑是使运动员在最短的时间内，完成从静止到移动并获得较高速度的过程。起跑的质量直接关系到全程滑跑的速度，较理想的起跑速度应该是起动快，在瞬间能达到较高的速度。起跑一般包括三个动作阶段，即起跑预备姿势、起动和疾跑。

（一）起跑预备姿势

面对起跑方向，两脚分开，两脚间相距 35 ~ 55 cm，两脚间开角约 50° ~ 70°。前脚与起跑线成 65° ~ 75°，后脚与起跑线成 10° ~ 15°。上体前倾，两臂自然下垂，身体重心放于两脚中间或偏前一些。蹲屈程度可根据腿部力量、个人特点而定。

（二）起动

当听到发令枪声，迅速抬起前脚，后脚用力蹬地，迅速伸直，上体前倾，髋关节前送，两臂用力摆动，整个身体迅速向前冲去。

（三）疾跑

第一步起动后运动员进入紧张的疾跑阶段。疾跑段姿势较高，频率快，蹬地有力。随着滑速的提高，姿势由高变低，滑出角由大变小，蹬地用力方向向后逐渐向侧后改变，步伐由小变大，逐渐向滑跑过渡。

二、直道滑行

直道滑行技术包括滑跑基本姿势、蹬地、收腿、着地、惯性支撑滑进、摆臂及整体动作配合等。

（一）滑跑基本姿势

为了能够减少空气阻力，达到快速滑跑的目的，身体必须采取特殊的滑跑姿势。身体姿势的正确与否对完成正确的动作、有效地使用技术、发挥身体的潜能都有重要的作用，因此说，正确的滑跑姿势是滑行技术的基础。速度轮滑直道滑跑采用上体前倾的半蹲式姿势，髋、膝、踝三关节呈屈的状态。上体放松，两手握于背后，头微抬起，目视前方 30~40 m 左右处。在滑行中重心落在脚心处为宜，髋关节角度为 90°~100°，膝关节角度为 110°~120°，踝关节角度为 65°~75°。大腿位于胸的正下方，鼻、膝、脚三点成一线，重心准确地通过支撑轮中间。

（二）蹬地

蹬地是推动运动员向前滑行的唯一动力来源。蹬地效果的好坏，取决于蹬地用力的方式、角度、方向、力量、速度等。蹬地技术是速度轮滑的核心技术。蹬地动作由开始蹬地、蹬地最大用力和蹬地结束三个阶段构成，合理的蹬伸顺序是：展髋的同时伸髋，再伸膝，最后伸踝。

（三）收腿

当蹬地腿完成蹬地动作后，浮腿抬离地面至再次着地前的过程，被称为收腿。收腿的任务是连接蹬地与着地动作，配合身体重心的移动，保持身体平衡等。另外，浮腿积极的摆动也有助于蹬地腿发挥蹬地力量。

（四）着地

着地动作是指从收腿动作结束后至轮滑鞋落地的动作阶段。着地包括两个动作阶段，一是向前摆腿动作阶段；二是轮滑鞋着地动作阶段。着地的方法是：以大腿屈的动作为主，从后向前提拉，以后轮领先在靠近蹬地腿内侧的前方着地。

（五）惯性支撑滑进

惯性支撑滑进是指一条腿从轮滑鞋着地后的支撑滑行至开始蹬地的动作阶段。

（六）摆臂

摆臂是配合蹬地获得速度的重要因素，利用摆臂可以调节身体平衡。

（七）整体动作配合

配合在滑跑过程中起着动作之间相互协调、促进、带动和节能的重要作用，同时配合也有利于完成和发挥战术的意图。整体动作配合动作大体由两个方面构成，即两腿之间的动作配合及臂与腿动作的配合。

三、弯道滑行

弯道滑行是轮滑运动最基本的动作部分，既要保持高速滑行，又要保持身体平衡。弯道滑行的区段也是体现战术意图的重点区域，弯道滑行的基本动作也是由弯道滑行基本姿势、蹬地、收腿、着地、摆臂及全身动作配合构成的，但没有单腿支撑自由滑行阶段。

（一）弯道滑行基本姿势

上体前倾，支撑腿的髋、膝、踝三关节保持屈的状态。在弯道滑行过程中，身体始终向圆心倾斜，并保持鼻与支撑腿的膝关节、前轮都处在同一纵轴平面上。倾斜的角度较大，蹬地角为40°~50°。单臂或双臂前后自然摆动，身体重心的位置要落在轮滑鞋的中部位为宜。

（二）蹬地

在弯道滑行的过程中，由于要克服人体向前做直线运动的惯性，需要一定的向心力，故弯道技术动作与直道技术动作相比有明显的不同。弯道滑行时，身体重心投影点始终在身体的左侧，使身体重心沿弧线方向运动。左脚外侧轮和右脚内侧轮交替、连续、快频率地向右侧蹬地。

（三）收腿

收腿是指蹬地腿动作，离开地面起，将浮腿收至支撑左侧的某一点的过程，它在滑行过程中起到放松肌肉、调节身体平衡及协调蹬地腿的蹬伸等作用。

（四）着地

着地由着地方向、着地时间、着地部分和位置等组成，在滑行中起到确定滑行方向、调节蹬地时间、协调配合蹬地动作、保持身体平衡等作用。

（五）摆臂

摆臂多以单臂摆动动作为主。弯道滑行时摆臂是为了调节身体平衡，配合与加强蹬地，提高蹬伸频率。

（六）全身动作配合

全身动作配合在弯道滑行过程中起着相互协调、带动、促进作用，有利于滑行时节约能量，发挥各环节的技术动作。弯道配合动作由两腿动作配合及臂腿配合构成。

四、冲刺

冲刺是比赛决定胜负的最后一关，运动员应该以顽强的毅力，用最大的力量跑完全程。

冲刺的距离长短取决于滑跑的项目和运动员的训练水平。项目距离越长，运动员训练水平越高，冲刺距离就越长。在冲刺时运动员不仅要保持速度，而且力求提高速度。

第四节　花样轮滑基本技术

花样轮滑是体育与艺术相结合的运动项目。其技巧性极强，与速度轮滑、轮滑球等项目相比，从性质上有本质的差异，与体操、跳水和花样滑冰却有相同的性质，特别是与花样滑冰相比较，除使用的滑行器材不同之外，两项运动几乎完全一样。

花样轮滑包括单人滑、双人滑和舞蹈。世界花样轮滑锦标赛的竞赛项目包括：规定图形（男子、女子）、自由滑（男子、女子）、双人滑（一男一女）、舞蹈（一男一女）。

一、向前滑行

（一）双脚滑行

站立，用右脚内刃向侧后方蹬地后，把身体重心移到左脚上，蹬地后的右脚迅速收回，与左脚平行成双脚向前滑行。当向前滑行将要停止时，再用左脚内刃向侧后方蹬地，蹬地后迅速收回与右脚平行，成双脚向前滑行。两脚依次交替蹬地，做双脚连续向前滑行。

（二）前葫芦步

开始以双脚内刃站立，起滑时身体稍向前倾，两膝弯曲用力，两脚尖向外，两臂左右伸开，以帮助维持身体平衡。当双脚向前外滑出至最大弧线时，两脚尖迅速内收靠拢，恢复开始姿势。连续做双脚的分开和靠拢，就能够不断地向前滑进。

（三）前双曲线滑行

两脚平行站立，左脚以内刃向侧后蹬地（四轮不离地），身体重心在右脚上，向右滑双曲线，然后右脚用内刃向侧后方蹬地，重心偏向左脚，向左滑双曲线，连续进行。

（四）单脚向前直线滑行

原地两脚成“T”形站立，左脚在前，右脚在后，两腿弯曲，用右脚内刃蹬地，重心慢慢移至左腿，右腿蹬直后右脚蹬离地面，成左脚单脚向前滑行。然后收右脚，在滑脚侧面落地后，左脚蹬地，重复上述动作，成右脚单脚向前滑行。两脚交替向前直线滑行。

二、向后滑行

向后滑行有向后葫芦滑行和蛇形向后滑行两种方法。

（一）向后葫芦滑行

两脚稍分开，平行站立，脚尖稍向内，两腿弯曲，用两脚内侧轮向前蹬地，同时两脚跟向两边分开，向后外滑至最大弧线时，两脚跟收拢，两膝用力伸直，恢复开始的姿势，随后重复上述动作。

（二）蛇形向后滑行

由站立开始，两脚分开（约一脚距离），两腿弯曲，脚尖稍向内转。用右脚内侧轮蹬地，身体重心移向左侧，成左脚向后滑行。右腿在体前伸直，随后右脚放在左脚侧面，恢复开始的姿势。再用左脚蹬地，身体重心移向右侧，成右脚向后滑行。左腿在体前伸直，然后重复上述动作。注意在滑行中上体始终保持稍前倾姿势，两膝保持弯曲，两手在体侧分开侧举。

三、压步

压步是花样轮滑的基本滑行动作，它是获得滑行速度、改变滑行方向的主要手段。根据身体的方向，压步可分为前压步和后压步；根据滑行的方向，可分为左压步、右压步。因此，压步包括左前压步、右前压步、左后压步、右后压步四种。

（一）前压步

在掌握了向前滑行技术之后，就可以学习向前压步动作了。前压步又分左前压步和右前压步，二者除方向不同外，其他完全一样，这里以左前压步为例。

向前滑行，在获得一定的滑行速度之后，用右脚内刃蹬地，左脚以外刃沿弧线滑行。身体向左倾，右臂在身前，左臂在身后，头向左转，往左前方看，两腿弯曲。右腿蹬地结束后，用大腿带动小腿，右脚向后方提到左脚前，两脚交叉以内刃落地，向左前方滑出，同时左腿用力以外刃蹬地，这样两脚交替滑行，就可向左转弯并滑出一个较大的弧线。

（二）后压步

在掌握向后滑行动作之后，就可以学习向后压步动作了。后压步是背对滑行方向，沿弧线滑行的一种基本动作。它可分为左后压步和右后压步两种，二者除方向不同外，动作完成方法完全一样，这里以右后压步为例。

两腿平行站立，上体稍前倾。开始时，用左腿内刃蹬地，同时身体倾向右侧，两腿弯曲，以右脚外刃沿弧线向后滑行，头由右肩上向后看，右肩、臂向后，左肩、臂向前。左腿蹬地后抬起，在右脚前方落地，以内刃沿弧线向后滑行。同时右腿蹬直，蹬地结束后，用大腿带动小腿跨向圆形弧线内，重复左腿蹬地动作，按照上述要求反复交替进行，可滑出一个较大的圆形弧线。

四、旋转

旋转是花样轮滑自由滑的主要内容之一，它对丰富自由滑的内容、表达音乐的风格和特点、增加整套自由滑的美感有着特殊作用。

旋转的基本技术包括起转前的步法、起转、旋转和结束旋转四个技术阶段。

（一）起转前的步法

旋转前的最后一步滑行，一般是滑后内刃曲线（其他曲线也可用）。滑行腿富有弹性，滑脚的同侧臂后引，另一臂向前伸，滑脚和浮足微屈，头转向浮足方向。其技术要点是：四肢远离滑脚的支点，保持好肩、髋的稳定及身体姿势的优美，为起转做好准备。

（二）起转

起转可分为准备旋转弧线和起转弧线两个环节。

准备旋转弧线的半径较大，弧线较长。其作用是为旋转积聚动力，并且把身体重心移至另一条腿上。起转弧线半径很小，弧线短。其作用是保证在原地形成旋转。

起转是旋转动作最复杂的技术阶段。它是练习者从绕圆心的圆运动，转变为绕制动点转动的关键性过渡技术阶段。它要求练习者在以身体的纵轴旋转时，四肢向外伸展，以增加绕纵轴旋转的转动惯性；当身体平稳地进入旋转状态时，为了加速旋转，则要求两臂收紧在胸前或浮腿前，以增加绕身体纵轴旋转的角速度。

（三）旋转

在绕身体纵轴旋转时，脚下的轮在地面上做圆周运动。它要求练习者在伸展四肢、稳定地进入旋转状态时，收紧双臂，以加快旋转速度。也可改变滑行姿势或换足，完成旋转。

（四）结束旋转

展开四肢，增加转动惯性，减小旋转速度，此时滑脚深屈膝缓冲，使身体平稳地结束旋转，并以优美的姿势滑出。

思考题

1. 简述轮滑运动的基本技术。
2. 简述速度轮滑的基本技术。

第十八章 攀岩

第一节 攀岩运动概述

一、攀岩运动的起源与发展

攀岩运动是从登山运动中衍生出来的竞技运动项目。远古的人类为了躲避猎食者或者敌人，在某个危急时候向山岩上纵身一跃，从而成就了攀岩这项运动。现代攀岩于20世纪40年代起源于苏联，是在军队中作为一项军事训练项目而存在的。1947年，苏联首先成立了攀岩委员会。1948年，苏联在国内举办了首届攀岩锦标赛，这也是世界上的第一次攀岩比赛。从那以后，攀岩运动开始在欧洲盛行。20世纪六七十年代，欧洲举行了多次民间比赛，一直到1974年攀岩运动才被列为世界比赛项目。1976年，苏联举办了首届国际攀岩比赛。20世纪80年代，以难度攀岩为目标的现代竞技攀岩比赛开始兴起，并引起人们广泛的兴趣。1985年，在意大利举行的第一次难度攀岩比赛，因有许多国家的攀岩高手参加而获得了巨大成功。同年，法国人弗兰西斯·沙威格尼发明了可以自由装卸的仿自然人造岩壁，实现了人们要把自然中的岩壁搬到城区的设想。因人工岩壁比自然岩壁在比赛规则上易于操作，并利于观众观看，1987年，国际攀岩委员会批准人工岩壁上的攀岩比赛为国际正式比赛，并于当年在法国举办了人工岩壁上的首届攀岩比赛。1989年，首届世界杯攀岩赛分阶段在法国、英国、西班牙、意大利、保加利亚和苏联举行，运动员参加在各地举行的比赛，然后根据每站比赛的得分，进行年度总排名，总成绩最好者即为世界杯得主。此后，每年都举行世界杯赛。

随着攀岩运动的蓬勃发展，国际攀联在各大洲相继成立委员会，组织洲内地区性大赛。1991年，举办了首届世界攀岩锦标赛。1992年，举行了首届世界青年攀岩锦标赛。1992年，国际攀联向国际奥委会申请把攀岩列为奥运会正式比赛项目。1993年，国际奥委会正式承认攀岩为奥运会项目。

1987年，中国登山协会派出8名教练和队员去日本长野系统学习攀岩。1990年10月，在北京怀柔大水裕水库自然岩壁上举办了第1届全国攀岩比赛。1993年，攀岩比赛被国家体委列为正式比赛项目。

二、攀岩基本装备

攀岩的装备器材是攀岩运动的安全保证。攀岩的装备主要有两种用途：一是用来保证此项运动的安全，二是为了让攀岩者的表现更出色。前者包括主绳、安全带、铁锁、保护器、扁带、快挂、岩石塞、岩钉、膨胀钉、挂片、冲击钻、抱石垫、头盔；后一类较简单，主要有攀岩鞋、镁粉袋等。

（一）主绳

主绳是贯穿攀岩者、保护点和保护器的结合线，是攀岩保护中不可或缺的生命线。主绳内部是缠绕在一起的多股尼龙绳，外部则包有绳皮，起到固定和防磨的作用。

主绳可分为动力绳和静力绳，它们的弹性不同。动力绳的弹性系数为 6%~8%，100 m 的动力绳在负重 80 kg 时可延伸 6~8 m，若攀岩者脱落，会起到缓冲作用，减少冲力。动力绳是各种攀岩活动的主要用具。静力绳的延展性很小，弹性约为 2%，一般用于下降和探洞。

只有通过检测并带有认证标志的主绳才可使用，尽可能不要使用来历不明的主绳。

使用主绳时的注意事项：绝对避免在锐利的岩角上横向切割；不可踩踏或在地上拖拽，以防岩屑、细沙进入内部造成磨损；避免接触油类、酒精、汽油、油漆和酸碱性化学药品；每次使用前后应进行检查，并定期淘汰；不用时存放于阴凉、干燥处。

（二）安全带

安全带穿戴在攀岩者身上，承载因攀岩者脱落或下降而产生的重量和冲力。安全带的腰带为受力部分，腿带等则是为了舒适、便利而设计的（图 18-1）。

图 18-1　安全带

穿安全带时一定要将腰带从腰带扣反穿回去，否则受力时有拉开的危险；反穿后的带头长度须在 10 cm 以上，短于 10 cm 则须换更大型号的。

攀岩之前攀岩者和保护者要互相检查安全带是否穿戴正确。

只有腰带和保护环是承重的，其他部分不可承载人体重量，装备环的承重在 5 kg 以下。腰带、腿带上带有宽厚海绵垫的安全带，舒适但笨重，适用于室内攀岩、定线过程中。竞技攀岩时需要轻巧型安全带。传统攀岩或器械攀岩时，要考虑装备环的数量和位置是否合适。

（三）铁锁

铁锁是可自由开合的金属环状物，可将各类保护器械、装备连接在一起。丝扣铁锁在扣紧螺丝时能使铁锁门锁定在闭合状态，避免不慎碰开的危险。普通铁锁不带丝扣装置，重量轻、操作便利，可用于临时保护点，若使用普通锁做固定保护，须遵循双重铁锁相对开门的原则。铁锁的纵向抗拉力大于横向抗拉力，铁锁门打开时，纵向抗拉力会降低。铁锁门是最薄弱的环节，不可直接受力。正确的使用方式是保持铁锁门闭合且纵向受力。在使用铁锁时，要避免高空跌落或硬物撞击，防止因内部产生裂痕而导致铁锁作废。

在先锋攀岩等可能出现冲坠的情况下，攀岩者应直接将主绳和安全带连接，不能使用铁锁作为中间环节。

同样地，攀岩所使用的铁锁必须是经过认证的，攀岩者不宜使用来历不明的铁锁。

（四）保护器

当主绳以正确方式通过保护器时，其特殊构造能增加摩擦力，使得主绳的制动端只需较小的握力即可控制受力端的较大重量。“8”字形保护器（图 18-2）以前最常用，但会使主绳反复拧转缠绕，某些保护器在一定条件下会自锁，因此一定要正确使用。要保证主绳以正确方式通过保护器，要分清制动端和受力端，对于不能自锁的保护器，使用时永远要握住主绳的制动端。

图 18-2 “8”字形保护器

（五）扁带

扁带为软性带状物（图 18-3），通过机械缝合或手工打结成为长度不一的闭合圈，提供保护器械之间的软性连接。机械缝合的强度大于手工打结，但手工打结可自由地调整扁带长度。移动中的主绳不可直接从扁带中穿过，否则，移动带来的摩擦热会损毁扁带。架设固定保护点时可用扁带连接两个或更多的临时保护点，此时须注意扁带的连接方式，以区分主受力点和备用受力点；还要保证当一个临时保护点失效时，不冲击其他保护点，以不影响整体保护效果。

图 18-3 扁带

（六）快挂

扁带的两端分别连接一个铁锁，便成为快挂（图 18-4），使用时一端扣入保护点，一端连接人体安全带或主绳。

快挂两端的铁锁都不带丝扣，存在不慎打开或受力压开的危险，所以只有一个快挂时，不能作为固定保护点使用。先锋攀岩或传统攀岩的路线中使用快挂作为临时保护点，此时主绳的扣入方式和快挂开口方向非常重要，要求主绳从快挂与岩壁之间穿入，从外侧穿出，也就是说，攀岩者这一端的绳头在外侧。若路线存在横向走向，快挂扣入端的铁锁门要朝向路线走向的反方向，如路线是从左至右，铁锁开口须朝左，这样可防止脱落时绳子压开铁锁门。

图 18-4 快挂

（七）岩石塞

规格、形状不一的金属制品，可放入岩缝、石洞、石桥等地形中并固定住，成为保护点。用放置的岩石塞作为保护点，操作者必须非常谨慎，确保岩石塞在可能出现的受力方向上不会移动或脱出。不带机械部件的岩石塞主要利用自身的各向不对称性和岩缝内部的形状变化，固定在岩缝狭窄处。岩石塞的形状、大小可以调控，以收缩状态放入岩缝，弹开后即可卡住，操作便利，适用范围广，是攀岩传统路线的上佳选择。熟悉各类岩石塞的直径和适用范围，将大大提高操作速度，必要时可在岩塞杆上进行标记。

（八）岩钉

岩钉可提供另一种建立保护点的方式。岩钉一头为楔形，通过敲击楔进岩缝，提供保护；另一头是环状，可连接铁锁或扁带。要提醒的是，敲入同一条岩缝的两个岩钉存在撬开岩石的可能。利用冲击钻和锤子，将膨胀钉打入整块岩石中，加上挂片就可成为非常稳固的保护点。

（九）挂片

挂片（图 18-5）一侧通过膨胀钉或岩钉固定在岩壁上，另一侧则可扣入铁锁或快挂，或接上扁带，是保护点的重要组成部分。

图 18-5　挂片

（十）镁粉袋

镁粉可吸收手上的汗液和岩壁表面的水分，增大摩擦力。

（十一）抱石垫

抱石垫是攀岩运动中的保护工具，提供缓冲和减震作用。抱石垫内部是两层或更多层不同质地的海绵。最上面是硬体封闭式海绵，最下面是较厚的软体开放式海绵。在攀岩者可能脱落的地方都需要抱石垫。若抱石垫数量不够，保护者可随着攀岩者的动作拖动垫子。

（十二）头盔

头盔可有效防止落石及非正常脱落带来的头部伤害。头盔要佩戴端正，才能护住前额、后脑及侧面。若出现落石，千万不要仰头观望或以手抱头，无处可躲时头盔可发生作用。

（十三）攀岩鞋

攀岩鞋鞋底采用特殊的橡胶制成，摩擦力较大。从普通鞋到攀岩鞋是提高攀岩水平的重要变革。使用时应选择号码偏小的鞋，穿进去能将脚裹得很紧，这样能使脚和鞋成为一个整体，有利于增强脚感，便于精确踩点和发力。攀岩鞋种类繁多，适用于不同的石质、岩壁角度以及不同的攀岩方式。

（十四）悬挂式帐篷

悬挂式帐篷是准备在岩壁上过夜时使用的夜间休息帐篷，须通过固定点用绳子固定保护起来悬挂于岩壁。

其他装备包括背包、睡具、炊具、炉具、小刀、打火机等，视活动规模、时间长短和个人需要携带。

第二节　攀岩基本技术

攀岩并不像一些耐力型运动那样需要大肌肉群做持续性的动作，它看起来更加随心所欲一些。但在实际的操作过程中，攀岩对于攀岩者有着诸多的要求。

一、攀岩的基本原则

有一些基本的原则可以提供给所有的攀岩活动者：第一，手脚流畅，能使移动平顺；第二，良好的平衡感、灵敏度、柔软度有助于更好地攀岩；第三，在攀岩过程中，耐力的重要性远远大于力量；第四，攀岩需要依靠攀岩者把重量放在脚上，这样比用手臂拉起身体要好得多，最好的状况是用最少的力完成攀岩；第五，尽量保持放松，放松对于节省力气有很大的帮助。

当然，在攀岩之前，人们需要知道一些基本的技巧。热身是非常重要的，省略这个步骤很容易受伤。最好的热身方法是慢跑 10~15 分钟。如果是户外攀岩的话，大多数情况下岩墙附近没有宽敞的跑道，这时攀岩者可以在原地跑步，并且膝盖尽量提高，加上跳跃和后踢动作。这样，在接下来的攀岩过程中可以避免肌肉拉伤。

二、攀岩的身体要求和基本动作

攀岩运动对运动员身体形态的要求虽不如篮球、排球、投掷等项目高，但也有其自身明显的特征要求。在攀岩比赛中，当支点间跨度较大时，身高、臂长者会占有明显优势。此外，体重在一定程度上能反映身体的充实度，但过重的体重会直接破坏攀岩的灵活性，所以攀岩运动员要有和身高成比例的相应体重，才能取得事半功倍的效果。攀岩运动员的最佳体重(千克)=[身高(厘米)-110]×90%。

攀岩运动的基本动作主要有如下几种。

（1）踏：利用脚前部下踏较大的支点，减轻上肢的负担，移动身体。

（2）抓：用手抓住岩石的凸起部分。

（3）抠：用手抠住岩石的棱角、缝隙和边缘。

（4）拉：在抓住前上方牢固支点的前提下，小臂贴于岩壁，抠住石缝隙或其他地物，使身体向上或向左右移动。

（5）推：利用侧面、下面的岩体或物体，以手臂的力量，使身体移动。

（6）张：将手伸进缝隙里，用手掌或手指屈张开，以此抓住岩石的缝隙作为支点，移动身体。

（7）蹬：用前脚掌内侧或脚趾的蹬力把身体支撑起来，以减轻上肢的负担。

（8）跨：利用自身的柔韧性，避开难点，以寻求有利的支撑点。

（9）挂：用脚尖或脚跟挂住岩石，以维持身体平衡，使身体移动。

三、攀岩的基本方法

三点固定法是攀岩的基本方法，其对身体各部位的姿势和动作都有一定的要求。

（一）身体姿势

攀爬岩石峭壁时身体要自然放松，以三个支点稳定身体重心，而重心要随攀岩动作的转换而移动，这是攀岩稳定、平衡、省力的关键。要想身体放松，就要根据岩壁陡缓程度，使身体和岩壁保持一定距离。靠得太近，会影响观察攀岩路线和选择支点；但在攀爬人工岩壁时要贴近些。在攀岩自然岩壁时，上、下肢要协调舒展，盘眼要有节奏，上拉、下蹬要同时用力，身体重心一定要落在脚上，保持面向岩壁、三点固定支撑、直立于岩壁上的攀岩姿势。

（二）脚的动作

一个攀岩运动员的攀岩技术发挥得好坏，关键在于能否充分利用两腿的力量。只靠手臂力量攀岩不可能持久。脚的动作要领：两腿外旋，大脚趾内侧贴近岩面，两腿微屈，以脚踩支点维持身体重心。在自然岩壁支点大小不一和方向不同的情况下，要灵活运用脚的动作。但要切记，膝部不要接触岩石面，否则会影响脚的支撑和身体平衡，甚至会造成滑脱而使膝部受伤。另外，在用脚踩支点时，切忌用力过猛，要掌握用力的方向。

攀岩时一般都穿特制的攀岩鞋，这种鞋的鞋底由硬橡胶制成，前掌稍厚，鞋身由坚韧的皮革制作，鞋头较尖，鞋底摩擦力大。穿上这种鞋，脚踩在不到一厘米宽的支点上都可以稳固地支撑全身重量。在选购这种鞋时，一定要注意，千万不能买大了，只要能穿进去就行，大脚趾在里面是抠着的，不能伸直。鞋越紧，发力时越稳固。

换脚是一项基本的技术动作，攀岩中经常使用。一些初学者换脚时往往是前脚使劲一蹬，跃起，后脚准确地落在前脚原来的支点上，看起来十分利落，但实际上是错的。因为这样一方面使手指负担较大，另一方面易造成身体失衡，更重要的是在脚点较高时无法用这种方法换脚。正确的方法是要保证平稳，不增加手的负担。以从右脚换到左脚为例，先把左脚提到右脚上方，右脚逆时针（向下看）转动，把支点左侧空出来，体重还在右脚上，左脚从上方切入，踩点，右脚顺势抽出，体重过渡到左脚。动作连贯起来，就像脚底抹了油一样，右脚从支点滑出，左脚同时滑入，体重一直由双脚负担，手只用来调节平衡。双脚在攀岩过程中除了支承体重外，还常用来维持身体平衡。脚并不是总要踩在支点上，有时要把一条腿悬空伸出，来调节身体重心的位置，使体重稳定地传递到另一只脚上。

（三）手的使用

攀岩中使用手的根本目的是使身体向上运动和贴近岩壁。岩壁上的支点形状很多，常见的有几十种。攀岩者对这些支点的形状要熟悉，知道对不同支点手应抓握何处，如何使力。根据支点上突出（凹陷）的位置和方向，有抠、捏、拉、攥、握、推等方法。但也不要拘泥，同一支点可以有多种抓握方法。抓握支点时，尤其是水平用力时，手臂位置要低，靠向下的拉力加大水平摩擦力；要充分使用拇指的力量，尽量把拇指搭在支点上，对于常见的水平浅槽的支点，可把拇指扭过来，把指肚一侧扣进平槽，或横搭在食指和中指指背上，这样可以增加很大力量。攀岩中手指的力量十分重要，平常可用手指练习卧撑、指挂引体向上、提捏重物等。在攀较长路线时可选择容易地段，两只手轮换休息。休息地段要选择没有仰角或仰角较小，且手上有较大支点处，休息时双脚踩稳支点，手臂拉直（弯曲时很难得到休息），上体后仰，但腰部一定要向前顶出，使下身贴近岩壁，把体重压到脚上，以减小手臂负担，活动手指、抖手，并擦些镁粉，以免打滑。

（四）侧拉

侧拉是一项很重要的技术动作，它能极大地节省上肢力量，使一些原本困难的支点可以轻易达到，在过仰角地段时尤其被大量采用。其基本技术要点是身体侧向岩壁，以身体对侧手脚接触岩壁，另一只腿伸直，用来调节身体平衡，靠单腿力量把身体顶起，抓握上方支点。以左手抓握支点不动为例，身体朝左，右腿弯曲在支点上，左腿用来保持平衡，右腿蹬支点发力，右手伸出抓握上方支点。人的身体条件决定了膝盖是向前弯的，若面对岩壁，抬腿踩点必然要把身体顶出来，若改为身体侧向岩壁，就可以很好地解决这一问题，从而使身体更靠壁，而且可利用全身的高度，达到更高的支点。侧拉动作要注意以下几点：身体侧向岩壁，踩点脚应以脚尖外侧踩点，不要踩得过多，以利于换脚或转身。若此点较高，可侧身后双手拉牢支点，臀部向后坠，加大腰前空间，抬脚踩点，再双手使劲把重心拉回到这只脚上。另一条腿抬起，不踩点，保持平衡用。固定手只负责把身体拉向岩壁，身体完全由单腿发力顶起，不靠手拉，以节省手臂力量。发力前把腰肋顶向岩壁，体重传到脚上，千万不能松垮垮地坠着，这点在攀仰角时尤应注意。移动手应在发力前就向上举起，把肋部贴向岩面，否则蹬起后再把手从下移到头上，中间必会把身体顶离岩壁，加大固定手的负担。一次侧拉结束后，视支点位置可做第二个连续侧拉，双手抓稳后，以发力脚为轴做转体，脸转向对侧，平衡腿在发力腿前交叉而过，以脚尖外侧踩下一支点，这时平衡腿变成了发力腿，移动手变成了固定手，做下一次侧拉动作。其间发力脚踩点一定要少，否则不易做转体动作。侧拉主要在过仰角及支点排列近于成直线时使用。

（五）手脚配合

凡优秀的攀岩运动员，上、下肢力量是协调运用的。对初学者或技术还不熟练的运动员来说，上肢力量显得更为重要，攀岩时往往是上肢引体，下肢蹬压而移动身体。如果上肢力量差，攀岩时就容易疲劳，表现为手臂无力，酸疼麻木，逐渐失去抓握能力。失去抓握能力后，即使有好的下肢力量，也难以继续维持身体平衡。所以学习攀岩，首先要练好上肢力量，上肢又要以手指和手腕、手臂力量为主，再配合脚腕、脚趾以及腿部的力量，使身体重心随着用力方向的不同而协调地移动，这样，手脚动作的配合也就自如了。

初学者不要急着往高处爬，多练换手、交叉手，练习控制自己平衡的能力和协调性。过一段时间再进行力量练习，停一两个月，再练技术，然后再进行一些基本的身体素质训练。

第三节 攀岩竞赛规则简介

一、岩壁

（1）国际竞技攀登委员会（ICC）授权的所有比赛都必须在专门设计的人工岩壁上进行，建议每条路线宽度至少 3 m，高度至少 12 m，路线长度至少 15 m。

（2）整个岩面均可用于攀登，例外的是，用于固定支点的螺丝孔不能用。

（3）岩壁的侧缘和顶缘不允许攀登。

（4）若需在岩壁上把某条路线与其他路线划分开，则界限必须连续且清晰可辨。

（5）必须清楚地标明路线的起点。

二、比赛形式

（一）难度赛

先锋攀登、下方保护方式，参赛者以按规定顺序依次挂锁所到达的高度（若在横移或屋檐部分，则以沿路线方向的最大长度计）确定其在某轮比赛的名次。

（二）难度对抗赛

采用一般难度赛同样的技术规则，但决赛轮则以速度赛的决赛轮相同的淘汰方式进行。

（三）速度赛

上方保护方式，参赛者以完成路钱的时间确定其在某一轮次的名次。

（四）攀石赛

由一系列以个人技术攀登的疑难路线组成。从安全方面考虑，每一疑难路线以保护（上方或下方）或无保护方式进行攀登，参赛者以取得的累积分数确定其在某一轮次的名次。

三、路线观察与练习

（1）路线观察期间，除非有另外有关难度赛、难度对抗赛、速度赛和攀石赛的特别规定外，应允许有资格参加某轮次比赛的运动员在比赛开始前观察并研究路线。在路线观察期间不允许领队陪运动员。在观察区，所有运动员须遵守隔离区的规定。

（2）观察时间由裁判长与定线员商定后宣布，每条路线不得超过 6 分钟。

（3）运动员必须在规定的区域观察路线。不得攀爬岩壁，不得站在装备或装置上，不得以任何形式与观察区外的任何人联络。若有疑问，只能向裁判长或项目裁判咨询。

（4）在观察时间内，运动员可使用望远镜观察路线，可手画草图或记录，不允许使用其他观察和记录工具。在双脚不离开地面的情况下运动员可抓握第一个支点。每个运动员应在规则控制范围内独立了解攀爬路线所需要的全部信息。

（5）除正式观察时间外，运动员不能通过其他任何途径获取任何有关比赛路线的信息。

（6）观察时间结束时，运动员应立即回到隔离区。若无故拖延，将立即给予“黄牌”警告；若进一步拖延，将立即取消其比赛资格。

（7）对比赛的练习（旧）路线，裁判长与定线员协商后决定时间表、程序和运动员练习时间的长短。

四、攀登前的准备

（1）当得到离开隔离区进入过渡区的正式指令时，除指定官员外，运动员不得有任何人陪同。

（2）到达过渡区，每一运动员应穿上攀岩鞋，用认可的绳结系好绳子，做好攀登前的一切准备。

（3）运动员进入路线攀登前所有使用的装备和绳结须经指定官员检查、确认，安全符合 ICC 规则规定。

（4）运动员得到指令时应随时准备离开过渡区进入赛区。任何无故拖延，会得“黄牌”警告，进一步拖延将根据比赛处罚规定，取消其比赛资格。

五、岩壁维护

（1）定线员须保证有一个熟练的岩壁维护组，每轮比赛都随时在赛场待命，以便项目裁判要求进行岩壁维护和修复时能有效且安全地工作，要严格执行安全规定，裁判长有权开除赛区未遵守安全规定的任何工作人员。

（2）修复支点：得到项目裁判的指示，定线员应立即安排修复工作。修复后，定线员检查并向裁判长说明是否对后续比赛的运动员产生不公平的获益或不利。由裁判长做出继续、中止或重新比赛的决定，此决定是该轮比赛的最终裁决，且不受理对此决定的任何申诉。

（3）清理支点：应由项目裁判（与定线员协商后）在每轮比赛之前确定清理岩壁上支点的次数和方式，并在观察路线之前的技术会上向运动员宣布。

六、赛后排名

每轮难度赛、难度对抗赛、速度赛和攀石赛之后的排名根据比赛形式的相关规定执行。

七、攀登路线的终止

（1）运动员攀登路线的结束，根据各比赛形式的相关规定执行。

（2）在不违反终止规定情况下，运动员可在其攀登线上任何时候允许任意向下攀登。

思考题

1. 简述攀岩运动基本技术。
2. 攀岩运动的基本装备有哪些?

第十九章 素质拓展

第一节 素质拓展运动概述

一、素质拓展运动的起源与发展

（一）世界素质拓展运动的起源与发展

拓展的概念源于1941年的英国，英文名为Outward Bound，意为投向外界未知旅程，迎接挑战。也有人翻译为“外展训练”。

当时的英国正处于“二战”时期，大西洋商务船队屡遭德国潜艇袭击，大多数海员因此丧生。人们从生还者身上发现，他们并不一定都是体能最好的人，但却都是求生意志最顽强的人。于是，德国人Kurt Hahn等人创办了Salem School（色拉姆海上训练学校），训练年轻海员在海上的生存能力和船触礁后的生存技巧。这是素质拓展最早的一个雏形。随着时间的推移，这种训练形式的内涵迅速扩大，技法越来越丰富，随后Hahn将德国、英国各地成立的学校整合，创办了Outward Bound School。

“二战”结束后，拓展的独特创意和训练方式逐渐被推广开来。1961年，一位曾为Hahn工作的培训师将拓展运动介绍到美国，创办了Colorado Outward Bound School。由此，拓展在世界各地蓬勃发展起来。

当今，素质拓展的目的也从最初的军事生存训练逐渐成为现代人和现代组织全新的学习方法和培训方式。它利用或者模拟崇山峻岭、瀚海大川等自然环境，采用国际流行的户外训练方法，通过各种精心设计的素质拓展项目，在应对挑战、解决问题的过程中，达到磨炼意志、陶冶情操、完善人格、熔炼团队的培训目的。

（二）中国素质拓展运动的发展

1970年，中国香港成立了香港外展训练学校。这是中国第一个加入Outward Bound国际组织的专业培训机构。1999年，该组织在广东肇庆建立了外展训练基地。

1994年，刘力先生创办了国内第一所专业的体验式培训机构——北京素质拓展学校，并将其体验式培训产品命名为素质拓展。1995年3月15日，成立了“人众人教育”（GROUP）。1996年，正式创立了培训知名品牌——素质拓展。

素质拓展以独特的培训模式和新颖的培训项目，给国内的培训领域带来了前所未有的震撼。经过短短几年的发展，素质拓展培训机构犹如雨后春笋般急速增长。

1999年，我国素质拓展在经历了4年的发展和提高后，在培训活动中与学校教育有了第一次亲密接触。北京大学、清华大学的 EMBA 把素质拓展纳入课程体系之中，让学生到拓展培训公司参加拓展活动。几乎在同一时期，中欧国际工商学院、中山大学岭南学院、浙江大学、中国工商管理学院、暨南大学等学校的 MBA/EMBA 教育中，也纷纷把素质拓展作为指定课程内容。

二、素质拓展运动的发展趋势

拓展训练发展到现在，出现了新的发展趋势：

第一类是以管理培训为主导的拓展训练。这种拓展训练主要是培训企事业团体人员，挖掘员工的潜能与激情，提高领导与主管的管理水平，培养团队精神与团体意识，最终为企业创造高绩效的工作氛围。

第二类是以休闲旅游为主导的拓展训练。这种拓展训练主要是为了提高都市人的生活质量，让人们在余暇时间走出城市、走进自然，去愉悦身心、享受生活，主要方式是到旅游景点和度假村等专门的场地和体育场所中边玩、边练、边学。

第三类是以课程教育为主导的拓展训练。这种拓展训练以学校课程为主要开设方式，以心理学、管理学和体育学科为载体进行有针对性的学习。绝大多数学校以体育课为主，以拓展训练来弥补传统学校体育教育的不足。

三、素质拓展运动的项目分类

根据高校素质拓展运动的特点以及教育教学规律，拓展项目可以分为室内项目、场地项目和其他项目三大类。

（一）室内项目

室内项目通常是所有学生在一起进行的项目。室内教学环境和教学条件有利于教学过程的实施和教学目标的实现。在室内进行的项目主要分为两类：

第一类是团队破冰项目。比如介绍拓展基本知识、常识以及课上要求；组建团队，对学生进行分组并进行团队建设，如起队名、编队歌、讲队训，制作队徽、队旗，进行展示等。

第二类是心智项目，或遇恶劣天气必须在室内安排的项目。这类项目一般是锻炼参与者的逻辑思维能力、应变能力、创新能力，比如穿越 A4、牵手结、解绳、盲人排序、听替代口号行动、智慧轮、人体多米诺、坐地起身等。

（二）场地项目

场地项目是指在训练场所利用一些特别设计和搭建的训练设施在场地上完成的项目。场地项目又分为地面项目和空中项目。

地面项目在学校便于采用，因为这类项目安全性高、器材简单、不需要很多经费投入，更适合教学的组织与管理。经典项目有盲人方阵、穿越电网、挑战时间极限、有轨电车、勇攀高峰等。

空中项目又可分为高空项目、中空项目、低空项目。高空项目一般需要特殊的场地和高空架及绳网等设施，并需要配备必要的安全保护设施，而且这些安全保护设施必须经过专业部门的检验方可投入使用。

一般来说，地面项目难度和风险相对较低，主要培养学生的团队意识、团队精神、沟通能力、协作能力、解决问题的能力等。高空项目风险和难度相对较高，主要提高个人心理素质，激发个人潜能，挑战心理极限。低空项目的难度与风险介于地面项目和高空项目之间。

（三）其他项目

其他项目包括户外项目和水上项目。户外项目有徒步、校园定向、远足露营、登山攀岩、定向越野、野外生存、神秘拼图等。水上项目有游泳、扎筏、划艇、浮桶架桥、水上单索等。户外项目和水上项目一般需要在自然环境中进行，不确定因素较多，有时条件艰苦，而且需要很好的体能和野外生存的知识，所以一般学校都是组织学生到校外专门的训练机构进行体验，但应注意组织好学生，确保安全。

四、开展素质拓展运动的作用

拓展训练之所以在高校受到青睐，主要是因为其有如下几方面的作用。

（一）训练心理素质

素质拓展是一项旨在提升队员综合素质的训练方式。素质拓展运动可有效地挖掘每个人的潜能，提升和强化个人心理素质，帮助个体建立高尚而尊严的品格。

（二）培养队员的团队合作意识

素质拓展是一套塑造团队活力、推动组织成长的训练课程。它是专门配合现代企业进行团队建设需要而设计的一套户外体验式模拟训练；训练内容丰富生动，寓意深刻，以体验启发作为教育手段，让每一系列活动中所寓意的深刻道理和观念牢牢地扎根在团队和每个成员的潜意识中，并且能在日后的工作生活中发挥应有的效用。在素质拓展运动中，团队成员可深刻地体验个人与团队之间唇齿相依的关系，更为融洽地与群体合作，使团队更富有生机和活力。

总的来说，通过开展素质拓展运动，学生可以挖掘自身潜能，增强自信心，提升自我形象，克服心理惰性，磨炼战胜困难的毅力，启发想象力与创造力，提高解决问题的能力，认识群体的作用，增进对集体的感情与责任心，改善人际关系，更为融洽地与群体合作。

第二节　素质拓展的基本项目

一、破冰

（一）破冰的含义

破冰意为打破人与人之间的人际薄冰，消除彼此的陌生感或成见。拓展训练是以团队为基本单位的，以团队的形式完成一个一个的挑战，征服一个一个的困难。这就要求团队有高度的凝聚力、战斗力。如果团队没有充分的团队归属感和责任感，这个团队是失败的团队，整个拓展训练也不会成功。因此，破冰是整个素质拓展运动的开端，也是活动最重要的一个环节，是团队建立相互信任的最佳途径。

在拓展运动中，破冰主要包括三层含义：一是队员之间关系的解冻，团队的气氛、团队成员之间的关系要达到一种融合的状态。二是队员对拓展训练本身的认识由不了解、有偏见、不重视，通过成功的破冰，达到一种正确对待拓展训练的心理状态。三是队员对拓展教师的看法由不信任、不放心甚至不接受（心理上），通过破冰活动，队员对教师产生正确的看法，认可和接受教师。

（二）常用的破冰方式

1. 游戏

游戏是一种惯用的破冰方式，游戏是打破人与人之间隔阂的最佳方式。常用的破冰游戏有“松鼠与大树”“人椅”“快乐颂”“猜猜我是谁”等。

2. 舞蹈

舞蹈破冰对教师的要求相对较高，但其感染力强，在舞蹈破冰过程中，音乐代替了语言，使学生间的交流更加轻松、融洽。

3. 故事

故事破冰通常适用于层次较高、人员年龄比较大的团队。最初的破冰方式可以采用讲故事的形式，故事一定要条理清晰，引人入胜，富有悬念。

4. 情景、角色

随着素质拓展运动的发展，破冰方式也逐渐多样化，情景模拟、角色扮演等各种破冰方式接踵而来，使用的时候要根据不同的团队、不同的场景、不同的目的采用合理的破冰方式。

（三）破冰的作用

（1）破冰能消除队员的孤独感，帮助队员尽快地融入团队。

（2）帮助队员与教师之间建立信任感。

（3）使参与者以更有意义的方法认识他人。

（四）破冰前的准备

1. 分组

首先让队员了解训练计划、安全纪律及注意事项，接着按照一定的方法对队员进行分组，每队要讨论出本队队长，创造出自己队名、口号、队歌和标志。要求每个小组的设计有创意、有特点。然后举行组队仪式，队长介绍设计创意，带领大家齐唱队歌，齐喊口号。在这种氛围中，队员的集体主义精神得到了极大的调动。

2. 进行热身游戏

通过简单的热身项目，初步认识的队员再次彼此认识，加深了解。以小组为单位，进行热身游戏，每个队员迅速融入团队中，积极为团队献计献策，短时间内迅速形成一个有机的互动整体。

（五）破冰活动举例

下面介绍“人椅”活动规则。

人椅是一个非常适合培养团队合作精神的活动，能增进成员间的相互信任感。

先让全体参与者围成一圈，每位参与者将双手放在前面一位参与者的双肩上，再让每个参与者自己的脚尖顶在前面人的脚后跟上，在教师的指导下，前面的人缓缓地坐在身后人的大腿上。

所有参与者坐好后，教师给出指令，让各组队员按顺时针或逆时针方向转动。转动过程中，让参与者喊出相应的口号，以鼓舞士气、活跃气氛，如“齐心协力、勇往直前”等。

队形先出现松垮的小组退出游戏，队形坚持时间最长的小组获胜。

注意事项：

（1）全体队员将身上的硬物取出，以免伤害队友。

（2）队员要穿合适的鞋子，女生不得穿高跟鞋。

（3）后面参与者的脚放在前面队友的脚后跟时，一定要注意不要弄伤队友的脚。

游戏结束后，要求队员回顾并分享。

二、团队建设

（一）团队及团队精神的含义

团队是一群为了实现共同目标或完成共同任务而紧密结合在一起、互相高度依赖的人员。简单而言，一个团队就是一个集体。团队不仅强调个人的工作成绩，更强调团队的整体业绩。

所谓团队精神，是指团队成员为了团队的利益、目标而相互协作的作风。团队精神是大局意识、协作精神和服务精神的集中体现，反映的是个体利益和整体利益的统一，进而保证组织的高效率运转。团队精神的核心是奉献，奉献成为激发团队队员的动力。团队精神的精髓是承诺，团队成员共同承担集体责任。没有承诺，团队就如同一盘散沙。承诺使团队齐心协力，成为一个强而有力的集体。

（二）团队和团队文化建设的作用

1. 团队建设的意义

美国《财富》杂志最新统计资料表明：世界公司500强中，80%以上的公司都在极力倡导团队工作方式。在美国，团队已经在各种各样的组织中得到认可。同时，团队也被广泛应用在其他行业，如制造业、零售业等。总之，团队精神具有以下意义：

（1）团队精神能推动团队的运作和发展。

在团队精神的作用下，团队成员间产生了互相关心、互相帮助的交互行为，显示出关心团队的主人翁责任感，并自觉地维护团队的集体荣誉，自觉地以团队的整体声誉为重来约束自己的行为，从而使团队精神成为团队全面发展的动力。

（2）团队精神培养团队成员之间的亲和力。

一个具有团队精神的团队，能使每个团队成员显示出高涨的士气，有利于激发团队成员工作的主动性，由此形成集体意识和共同的价值观。

（3）团队精神有利于提高组织整体效能。

发扬团队精神，可节省内耗，增加企业成员的亲和力，增强企业的凝聚力。

2. 团队文化建设的意义

和谐的团队文化是维系团队的向心力。相同的文化理念，共同的价值、信念及利益追求，对团队中的每一位人员都具有一种无形的巨大的感召力。和谐的团队文化作为共同价值观念和共同利益的表现，决定了团队行为的方向，规定着团队的行动目标。

在进行团队文化建设的过程中，团队成员得到一个很好的沟通机会，彼此增进了解，这有助于形成正面的团队动力。团队文化建设，是团队训练的起点和开端，是形成团队风格、确定团队规范的时期，也是团队有效开展活动的保障。因此，在开始阶段需要让队员互相熟悉、接纳，形成融洽的氛围，减少队员之间的隔阂和设防，引导学生对团队充满期待和信任并愿意积极参与到活动中。

（三）团队建设活动举例

下面介绍求生墙拓展运动。

要求全队成员都要在一定的时间内，不借助任何外物（如衣服、腰带等）爬上高 4.2 m 的高墙。这个活动可以让我们懂得个人目标与团队目标的关系，只有团队获得胜利才是真正的胜利。

注意事项：

（1）所有人员都应取下身上及兜中一切尖锐及硬质物品，如手表、眼镜、发卡、腰带配件等。

（2）学员攀爬时不可踩人梯的头、颈、脊椎，只可以踩肩、大腿，拉人时不要拉人的衣服，拉手时要手腕相扣。

（3）大家要尽力保持人梯不塌，要有专人扶持人梯队员的腰及臀部，底层人梯应注意头颈及腰部用力。

（4）注意垫子的大小范围与软硬程度，注意垫上活动的安全，避免崴脚，不得有任何蹿跃、助跑起跳等行为。

（5）应注意自我保护，在做项目过程中，如觉身体无法承受时，大声说明，并稍坚持一小会儿，等大家都做好准备后停止动作。

（6）所有队员必须参与到保护当中，必要时，教师也应参与保护；保护人员应采取“抱石保护”手法，即以弓步站立在垫上或垫外，双手举过头，肘略屈，掌心对着攀爬者，抬头密切关注攀爬者，灵活控制自己的身体姿势及重心，当攀爬者出现不稳时，应随时准备扶持。当攀爬者摔落或人墙倒塌，应迅速在保护好自己的情况下做出如下动作：当攀爬者顺墙滑下，应将其推按在墙上；当攀爬者在不高的地方屈膝向后坐下，应上前托住；当攀爬者从高空向外摔出，应顺势接拉，将其放在垫上。

求生墙素质拓展运动结束后，要求队员回顾并分享：

（1）这面墙单靠一人或两人的力量可不可能上去？

（2）大家的方案有没有什么问题？可不可以改进？

（3）当你踩着别人的肩膀向上爬和被上边人往上拉时，心里有什么感觉？

（4）你身体条件不是太好，有没有犹豫过？大家终于把你拉上去了，感觉怎么样？

（5）你是最后一个人，当大家都上去了，拉你上去却多次受挫，你当时怎么想的？

（6）最后一人上去很困难，你们有没有想过放弃？是什么让你们坚持下来了？

（7）你们放弃了最后一人，而他恰恰就是为大家牺牲最多的人。现实生活中如果一个团队在每一次困难面前都抛弃功臣，这个团队可能长期存在或得到发展吗？

（8）这次活动中有没有特别感人的事例？

（9）“求生”和“逃生”的区别是什么？

（10）通过这次活动，你有何体会？

三、定向运动

（一）定向运动的定义

国际定向运动联合会将定向运动划分为徒步定向或定向越野、滑雪定向、山地自行车定向和轮椅定向。目前我们主要讨论徒步定向，如果没有特别说明，均指徒步定向或定向越野。为了照顾我国习惯，我们统称为定向越野。定向越野是定向运动（Orienteering）的主要比赛项目和内容。

定向越野或徒步定向是指参赛者借助于地图和指北针，在以尽可能短的时间内到达若干个被同时标记在地图和地面上的检查点的运动。参赛者可以是个人，也可以是由两人以上组成的队。

（二）定向运动的锻炼价值

定向运动是一项非常健康的智能型体育项目，是智力与体力并重的运动。它不仅能强健体魄，而且能培养人独立思考、独立解决问题的能力，以及在体力和智力遭遇压力时做出迅速反应、果断决定的能力。在高校学生中开展定向运动，不仅能培养学生独立分析、解决问题的能力和良好的逻辑思维能力，更能培养学生不怕困难、迎难而上的优秀品质。原国家教委于1995年8月在吉林市成立了中国大学生国防体育协会，同时举行了首届中国大学生国防体育节暨定向越野锦标赛。随着定向运动的快速发展，我国部分省市已经将定向运动作为素质教育的一部分列入体育、军事教育课程。定向运动被列入学校教育课程，为定向运动的发展提供了坚实的平台，必定会加速定向运动的普及和发展。

（三）定向运动基本技术

1. 拇指辅行法

先将地图正置，把拇指放在地图上自己所在的位置处。这样要前进的方向便在地图前面，可清楚观察四周的环境及地理特征。当前进时拇指随着移动，当改变前进方向时，地图也要随之转移，即保持地图北指向正北方。那样在任何时候都能立即指出自己在图中的位置。

2. 利用指南针

利用指南针可以准确地找出目标的方向，每次前往目标前，可先观察目标周围的地势，加深印象，务求快速及准确地到达目的地。

3. 扶手法

利用明显地理或人物特征做引导，使前进时更具信心。

4. 搜集途中所遇特征

辨别前往控制点途中所遇到的地理特征，确保前进方向及路线正确。

5. 攻击点

先找出控制点附近特别明显的特征，然后利用指南针从攻击点准确、迅速地前往控制点。攻击点必须容易辨认，如电塔架、小路交点等。

6. 数步测距

先在地图上度量两点间的距离，然后利用自己的步幅准确地测量要走的路程。方法：先度量 100 m 我们所需步行的步数（假设 200 步），当我们在地图上发觉由 A 点到 B 点的距离是 150 m，便可算出应走 300 步。为了减少数步的数目，多利用“双步数”，即只数右脚落地的一步，这样可把步数减半。

7. 目标偏测

目标偏测是为了安全到达线状特征上或线状特征附近的检查点，而有意识地瞄准目标一侧行进，从而避免到达线状特征时迷失行进的方向。

（四）定向运动的装备

1. 服装

服装应轻便、舒适并易于活动。远足经验较少的，可穿旅行靴，保护脚腕。有经验的运动员可穿上比赛用的运动鞋，鞋身要防水，鞋底有凸齿，在碎沙地不易滑倒。

2. 定向地图

野外定向地图有别于一般的导游图或街道图，图中的地域名称是不必要的，定向地图必须更详尽地记录地面的情况，等高线把同一高度的地方连起来，等高线的形态和密度可以反映山的形状、高度和斜度，利用各种颜色表示前进的易难、植物的分布等，各种符号代表地面的特征，如石块、地洞、建筑物等。务求提供清楚准确的资料，使运动员容易了解地面情况。

3. 指南针

指南针的主要作用是帮助运动员辨别方向，在定向运动中它是不可缺少的工具。

（五）定向运动举例

1. 徒步定向（定向越野）

这是各种定向运动比赛中组织方法比较简便、开展最为广泛的一种。由于其比赛的成败全在于个人的识图用图、野外定向和奔跑能力的强弱，因此适于各种年龄、性别的人参加。据国外有关资料记载，参加定向运动比赛的运动员最小的只有 8 岁，而最长者有 80 岁，这项运动可谓老少皆宜。为增加比赛的乐趣，也可以在判定比赛成绩的方法上有所区别，如可以个人跑计个人成绩、个人跑计团体成绩或个人跑计个人与团体成绩等。

优秀定向越野选手的技能可以概括为四个方面：一是在野外能够迅速辨别方向和熟练使用指南针；二是能熟练使用定向地图；三是既果断又细心，能够迅速选择最佳的越野路线；四是善于长距离的越野跑。但在任何情况下，辨别方向和使用地图的能力始终都是最基本的。

（1）判定方位。

在自然界中某些动物具有辨别方向的本能。而人们要在野外确定方向主要还是依靠经验和工具。

一是利用指南针指定。二是利用太阳与时表判定，即在晴朗的天气里野外常用的一种能较快地辨别概略方向的方法。要领是：时数折半对太阳，12 指的方向是正北方向。三是利用地物特征判定，利用房屋、庙宇、树木、凹凸等地物特征判定方向。

（2）现地使用地图。

现地使用地图也叫现地读图，是定向越野的最基本的要求。读图的一般规则：要完整地理解定向地图，有选择地了解定向地图内容，要综合阅读定向地图，注意既读又记图，要考虑可能的现地变化。

（3）选择定向路线。

最佳的定向路线是省力、省时、最安全、便于发挥自己的技能或体能优势的路线。另外，还应注意“有路不越野”“走高不走低”的原则。

（4）错了怎么办。

发现自己在野外走错了或判定按正常速度应该找到检查点而没有找到时，首先要稳定情绪并保持镇静，调整自己越野的步伐，解决的方法有两种：一是重新判定站立点位置。如果能确定站立点在图上的位置，则重新选择越野路线，寻找下一个检查点。二是原路返回。在无法确定站立点位置时，只好按原路返回刚才的检查点再选择路线行进。

（5）定向越野跑。

定向越野的水平一般来说是由野外定向和识图的能力决定的。但掌握一定的奔跑技术，可以更大地发挥体能优势，并能避免一切可能发生的危险。定向越野跑是一种间歇式的赛跑，要求一方面尽可能地减少人体能量消耗，维持一定的跑速；另一方面又能根据越野路线和地形的情况，具有加速度的能力。

2. 校园定向

校园定向即在学校的操场上或体育馆内为学生们设计的一种运动，这也是目前我国大学生参与最多的一种定向运动方式。校园定向运动相对于其他的户外活动形式，它费用低、危险因素少等，越来越受到高校组织者的重视。

（六）参加定向运动应注意的问题

1. 场地因素

学校开展定向运动时应把学生安全放在首位。在场地选择上尽量选择校园、公园等比较安全的场所。如果要进行野外练习，应尽量选择离学校较近的地方，并根据地图对实地进行全面勘察，危险地域要在地图上予以标注，同时在路线的选择上应避开危险地带，确保学生的安全。

2. 应急用品

在夏季进行定向越野会遇到高温、高湿或强烈日光暴晒，因此要穿轻薄宽松的衣物，及时补充含盐饮料，以免发生中暑和脱水，也可以随身携带藿香正气水、人丹等中药。由于定向运动环境的特殊性，发生运动损伤的概率是比较高的，要在运动前做好准备活动，易受伤的关节、肌肉要充分活动开，并随身携带绷带、创可贴、止血带、消毒棉球、止痛药等急救药品及器械。另外，随身携带哨子或手机等通信设备，以备在发生受伤等意外事件时发出求救信号。

3. 躲开动物袭击

在树林、草丛中可能遇到蛇、蝎子等有毒动物，在穿越过程中要提高警惕，不要随意在草丛中坐卧，禁止将手伸入鼠洞或树洞内，并且穿好鞋袜，扎紧裤腿。当遇到蛇时，应远道绕过；当被蛇追逐时，应忽左忽右转弯跑，切勿直线跑。

思考题

1. 简述素质拓展运动的作用。
2. 素质拓展运动项目有哪些？

第二十章 花样跳绳

第一节 花样跳绳概述

跳绳在中国具有悠久的历史，南宋以来，每逢佳节都举行跳绳比赛，称为“跳白索”，原属于庭院游戏类运动，后发展成民间竞技运动。跳绳是一种在环摆的绳索中做各种跳跃动作的体育游戏。跳绳不仅可以促进少年儿童身体正常发育，而且对发展其灵敏、速度、弹跳及耐力等身体素质和身体机能有良好的作用，跳绳深受广大青少年的喜爱。

花样跳绳是近年来国际流行的一个娱乐性很强的健身项目。它是在中华民族传统体育项目跳绳的基础上，结合音乐、舞蹈、体操、武术、身体技法为一体的跳绳表演健身项目。

花样跳绳不受人数、季节、年龄的限制，且场地要求小，器材简单，易于操作；只要一根绳子，一人或多人都可以运动起来。其运动特点是全身协调配合，具有较强的节奏感和趣味性，因此深受大众的喜爱，是一项理想的大众健身项目。

近年来，中国花样跳绳运动迎来了全新的发展契机，在国家体育总局和社会体育指导中心的推广下，先后举办了多届全国跳绳公开赛，并在全国学生阳光体育运动中大力推广。为顺应我国市场经济体制改革的大环境，中国花样跳绳运动发展的路线正逐渐清晰明朗，花样跳绳迎来了自己的春天。

20 世纪 80 年代，源于自身简便易行的独特魅力和近乎完美的健身健心效果，花样跳绳被健身运动专家和运动医学专家极为推崇，并迅速全球化。加拿大提出了“跳绳强心”的口号：“为了你的心脏跳绳吧!”英国、美国、瑞士、德国、荷兰、加拿大等欧美发达国家以及亚洲的日本、韩国、印度、新加坡、马来西亚等国家，都把跳绳运动列为本国运动会的正式比赛项目。欧洲跳绳组织每年 7 月的最后一周都会举办全欧洲跳绳大赛——欧洲跳绳冠军赛。

随着跳绳运动的不断发展和升温，在加拿大、美国、澳大利亚和欧洲的许多发达国家先后出现了许许多多的跳绳运动俱乐部，大多数俱乐部都建立自己的网络。在日本各地也分布着许多“跳绳道场”（相当于跳绳俱乐部），韩国已经有 500 多家跳绳俱乐部。目前很多世界上优秀的著名跳绳运动员大都出自这些跳绳俱乐部。

第二节　花样跳绳的技术与分类

一、花样跳绳基本技术

在跳个人组合动作时，首先要注意以下几点。

上肢：大臂夹紧贴在身体两侧，两手臂自然下垂至两胯处，两手心尽量向下或者相对，两手在前侧（向后跳时两手略往后靠）不离开身体。

下肢：身体保持自然前倾、弯曲的姿势，微屈膝盖，用前脚掌起跳和落地。

呼吸：要自然有节奏。

摇绳：用手腕发力做外展内旋运动，使两手在体侧做画圆动作，把手臂的力量全都集中于手腕爆发出去。

停绳：向前摇时，一脚伸出，前脚掌离地，脚跟着地，使绳停在脚掌下；向后摇时，一脚后出，脚跟离地，脚掌着地，使绳停在脚底。

二、花样跳绳的分类

根据参加跳绳的人数，可分为个人花样跳绳、两人花样跳绳、三人花样跳绳及集体花样跳绳。

（一）个人花样跳绳

1. 正向直摇

从基本准备动作开始，两脚掌蹬地发力，跳起一定高度，提膝、收腹、稍含胸，大臂下垂，尽量贴近身体，双手以手腕发力为主，迅速向前摇绳绕身体一周，屈膝，前脚掌着地，即为完成一次。

2. 正摇停绳

由基本准备动作开始，右脚前伸（以右脚为例），脚后跟着地，前脚掌抬起，同时两手腕依次向上、向前、向下发力摇绳，将绳子摇起经过头顶，并停在脚下。

3. 反向直摇

由基本准备动作开始，绳子停在体前，两脚掌发力，跳起一定高度，提膝、收腹、稍含胸，大臂下垂，尽量贴过身体，双手以手腕发力为主，迅速向后摇绳绕身体一周，屈膝，前脚掌着地，即为完成一次。

4. 反摇停绳

由基本准备动作开始，绳子停在体前，右脚后伸，前脚掌着地，后脚跟抬起，同时两手腕依次向上、向后、向下发力摇绳，将绳子摇起经过头顶，并停在脚下。

5. 正向体前交叉

由基本准备动作开始，两脚蹬地发力，跳起一定的高度，同时两手迅速向前摇绳，当绳子越过头顶后，两手顺势于腰部位置做交叉动作，让绳子顺利地通过脚下，绕身体一周，即为完成一次。

6. 正向侧甩

由基本准备动作开始，两手发力摇绳，把绳子先摇至左侧（以左侧为例），左手在下，右手在上，绳子从体后摇向体前并在绳子触底前跳起，让绳子顺利地通过脚下，即为完成一次。

7. 正向侧甩体前交叉

由基本准备动作开始，两手发力摇绳，把绳子先摇至左侧（以左侧为例），左手在上，右手在下，当绳子从体后摇向体前时两手变为交叉形状，并在绳子触底前跳起，让绳子顺利通过脚下，即为完成一次。

（二）两人花样跳绳

1. 两人单绳

（1）两人单绳停绳。

两人并排站立，外侧手各持一条绳的两端，由基本准备动作开始，同时右脚前伸，脚后跟着地，前脚掌抬起，同时两人持绳手向上、向前、向下摇绳，让绳子越过头顶，并顺利停在脚下。

（2）两人同面正向单绳同步跳。

两人并排站立，外侧手各持一条绳的两端，由基本准备动作开始，同时跳起，迅速同步向上、向前、向下摇绳，落地前让绳子顺利通过脚下，绳子绕身体一周，即为完成一次。

（3）两人同面正向单绳带人跳。

两人前后站立，一人持绳，由准备动作开始，同时跳起一定高度，同时持绳人迅速向前摇绳，两人落地前绳子顺利通过两人脚下，绕身体回旋一周，即为完成一次。

（4）两人同面正向单绳左右带人跳。

两人并排站立，外侧手各持一条绳的两端，由基本准备动作开始，左边的跳绳者先跳单直摇，右边的跳绳者给左边的跳绳者摇绳，但不跳起，然后右边的跳绳者跳单直摇，左边的跳绳者给右边的跳绳者摇绳，两人各跳绳一次，即为完成一次。

（5）两人同面正向单绳单内转 360°。

两人并排站立，外侧手各持一条绳的两端，由基本准备动作开始，同时向前摇绳，一位跳绳者跳起，让绳子顺利通过脚下，另一位跳绳者向内转身一周，当绳子再次摇至体前时两人同时起跳，落地前让绳子顺利通过两人的脚下，即为完成一次。

2. 两人两绳

（1）两人同面正向基本车轮跳。

两人各持一绳，同面并排间隔 50 cm 自然站立，两人内侧绳互相交换手柄，同侧手臂以车轮状正向协同配合摇绳，双脚依次同步跳绕身体一周的绳子，恢复基本位置，停绳，即为完成一次。

（2）两人同面正向单内转 360°车轮跳。

两人由车轮跳准备动作开始，同侧手臂以车轮状正向协同配合摇绳，一位跳绳者跳绳一次，另一位跳绳者顺势向内转身一周，让绳子从两人中间通过，每人完成两拍动作后，恢复基本位置停绳，即为完成一次。

（三）三人交互绳

1. 交互绳的摇法

两名摇绳者间隔一定的距离（略短于绳长）相对站立，左、右手各持一绳（绳长相等），依次向内一上一下交替摇绳。

2. 交互绳的进法

跳绳者站在一摇绳者的前侧方，当远绳（离跳绳者较远的那根跳绳）打地时，跳绳者迅速跑进两绳的中间，并跟着绳子的节奏起跳。

3. 交互绳的出法

在跳出前，确定最后一根打地绳子触地时的方向，然后向相反的方向跳出。

（四）集体长绳

集体长绳如长绳“8”字跳。

两摇绳者间隔一定的距离各持一根长绳的两端相对站立，并按顺时针或逆时针方向摇绳，跳绳者站成一路纵队绕“8”字形状从绳子中间一个接一个地跳过。

三、花样跳绳的要求及注意事项

跳绳运动是一种极安全的运动，极少有运动伤害的发生，即使跳跃失败或停顿，也不会有坠落、跌倒、冲突或被用具所伤的危险。况且跳绳者又能随自己的身体状况自由调节跳绳的强度和运动负荷，因此可以放心练习。以下几点是练习跳绳时的要求和注意事项。

（一）选择合适的场地

跳绳对场地的要求不是很高，平整的泥土地、塑胶、木质地板等光滑有弹性的场地是首选。

（二）穿着合适的服装

跳绳时，最好穿运动服或宽松轻便的服装，穿软底布鞋或弹性较好的运动鞋，比较理想的是选择抗震强的轻质运动鞋，这样活动起来会轻松、舒适，也不容易受伤。

（三）充分做好准备活动和整理活动

跳绳是一项运动量较大的户外运动，练习前一定要做好身体各部位的准备活动。特别是脚腕、手腕、膝关节、踝关节等一定要活动开。

（四）要循序渐进练习

开始练习跳绳时，动作要由慢到快，由易到难。先学单人跳绳的各种动作，然后再学较复杂的多人跳绳或团体跳绳动作。

（五）活动时间

跳绳的时间一般不受任何限制，但要避免引起身体不适，饭前和饭后半小时内不要跳绳。学生可利用课间操或下课时间或课外活动时间练习。

第三节　花样跳绳竞赛规则简介

目前，世界跳绳锦标赛是国际上最有影响力的跳绳赛事，吸引着众多国家和地区的跳绳爱好者参与。

世界跳绳锦标赛分三大类赛事：第一类为大师赛，有 30 s 单摇跳、3 min 单摇跳、连续三摇跳和个人花样四个比赛项目；第二类为团体赛，有 4×30 s 单双摇接力、4×45 s 交互绳接力、2×60 s 交互绳接力、两人同步花样、四人同步花样、三人交互绳花样、四人交互绳花样七个比赛项目；第三类为表演赛（参考 2011 年世界跳绳锦标赛规则）。

速度赛场地大小为 5 m×5 m，要求在限定的时间和规定的场地内完成尽可能多的指定跳绳动作，累积成功跳绳的次数为最后得分。

个人花样、两人同步花样、四人同步花样三项比赛场地大小为 12 m×12 m，在 60~75 s 时间内按照跳绳运动的基本规律，合理运用身体姿势的变化或人绳之间的配合，凭借选手想象力和创意将各种个人绳技术、动作组合在一起，配以合适的音乐，全面展示个人绳项目的技巧性和艺术性。具体评分元素如表 20-1 所示。

表 20-1　个人、两人同步、四人同步花样比赛评分元素

评分元素	比例	内　　容
动作难度	50%	从一级到五级难度动作，一级最易，五级最难
完成质量	35%	音乐（15%）、场地（5%）、动作质量（5%）、印象分（10%）
动作元素	15%	缠绕、体操、力量、放绳、交叉、多摇、后摇、变向、变速

三人交互绳花样和四人交互绳花样两项比赛场地大小为 12 m×12 m，在 60~75 s 时间内按照跳绳运动的基本规律，合理运用身体姿势的变化或人绳之间的配合，凭借选手想象力和创意将各种交互绳技术动作组合在一起，配以合适的音乐，全面展示交互绳项目的技巧性和艺术性。比赛时只能使用一副交互绳，不能添加其他器材或特殊装备；每位参赛者至少摇、跳三个不同的花样，如果未达到要求将被扣分。两绳交替着地的动作给予评分，两绳同时着地的动作不予评分。如果摇绳者花样不同，跳绳者重复的花样可再次评分；如果跳绳者花样不同，摇绳者重复的花样可再次评分。运动员在指定的场地内比赛为有效动作。具体评分元素如表 20-2 所示。

表 20-2　三人、四人交互绳花样比赛评分元素

评分元素	比例	内　　容
动作难度	50%	从一级到五级难度动作，一级最易，五级最难
完成质量	35%	音乐（15%）、场地（5%）、动作质量（5%）、印象分（10%）
动作元素	15%	连接、力量、体操、摇绳者花样

表演赛在 4~8 min 的时间内，由 8~16 名运动员，通过多样的表现形式、丰富的表现内容、高超的技术进行展现，全面展示跳绳运动的多样性、观赏性、创意性、娱乐性和默契的团队配合。具体评分元素如表 20-3 所示。

表 20-3 表演赛评分元素

评分元素	比例	内　　容
动作难度	40%	难度级别、元素、风格、连接、转换
创意编排	40%	质量、队形、音乐、原创性
娱乐表演	20%	娱乐性、流畅性、细节、互动性

思考题

1. 简述花样跳绳基本技术。
2. 简述花样跳绳的分类。